Arqueología de la segunda guerra carlista en Navarra

Colección / Bilduma
Investigación sobre el carlismo

Título / Izenburua
Arqueología de la segunda guerra carlista en Navarra.
Una aproximación al conflicto desde el registro material

Autor / Egilea
Iban Roldan Bergaratxea

Edita / Argitaratzailea
Gobierno de Navarra / Nafarroako Gobernua
Departamento de Cultura, Deporte y Turismo / Kultura, Kirol eta Turismo Departamentua
Dirección General de Cultura-Institución Príncipe de Viana / Vianako Printzea Erakundea-
Kultura Zuzendaritza Nagusia
Servicio de Museos. Museo del Carlismo / Museoen Zerbitzua. Karlismoaren Museoa

Diseño y maquetación / Diseinua eta maketazioa
KEN

Impresión / Inprimaketa
Gráficas Alzate

ISBN
978-84-235-3745-7

DL NA 2216-2025

Promoción y distribución / Sustapena eta banaketa
Fondo de Publicaciones del Gobierno de Navarra /
Nafarroako Gobernuaren Argitalpen Funtsa
Navas de Tolosa, 21
31002 Iruña / Pamplona
T. 848 42 71 21
fondo.publicaciones@navarra.es
https://publicaciones.navarra.es

IBAN ROLDAN BERGARATXEA

Arqueología de la segunda guerra carlista en Navarra
Una aproximación al conflicto desde el registro material

Índice

Resumen

Esta publicación es el resumen y la adaptación de la tesis doctoral titulada *Arqueología de la segunda guerra carlista en Navarra. Una aproximación al conflicto desde el registro material*, realizada por Iban Roldan Bergaratxea y defendida en 2021 en la Universidad del País Vasco/Euskal Herriko Unibertsitatean (UPV/EHU), bajo la dirección de los doctores Sergio Escribano Ruiz y Alfredo González Ruibal.

Dicho trabajo sirvió para la creación de la exposición temporal 2023-2024 del Museo del Carlismo bajo el título «Si la tierra hablase... Arqueología de las guerras carlistas en Navarra»; que se completó con la publicación de un catálogo en el que se expuso gran parte de la cultural material documentada durante las labores arqueológicas de la tesis. De manera que en el libro que tiene ante usted, nos centraremos principalmente en la memoria intelectual desarrollada y presentaremos aquellas conclusiones a la que pudimos llegar.

Dicho todo lo anterior, en las próximas líneas abordaremos el estudio del registro material de la segunda guerra carlista (1872-1876) en Navarra a través de dos niveles de análisis.

En una escala general, a nivel provincial, nos centraremos en estudiar el origen y desarrollo del patrimonio militar edificado durante la guerra. Para el cual, se ha recurrido primero a hacer una secuenciación histórica de la guerra en Navarra y posteriormente una secuenciación constructiva del paisaje militar. Mediante ambos, hemos querido ofrecer una visión general de cómo se fue construyendo un paisaje militar a lo largo de la guerra, hoy totalmente desconocido y en vías de desaparición.

Por otro lado, a una escala particular, hemos estudiado la cultura material de la guerra a partir de tres casos de estudio en las inmediaciones de Estella (Navarra). Hemos intentando alcanzar un registro diverso para un mayor conocimiento de la cultura material asociada a este conflicto, por esa razón, cada uno de los casos estudiados es único. Mediante la excavación arqueológica, hemos intervenido en dos fuertes de finales del conflicto, uno liberal (el fuerte de la Princesa de Asturias) y otro carlista (el fuerte de San Juan). Esto ha servido para conocer aspectos básicos como la dieta de la tropa, el armamento con el que contaban, su indumentaria, los materiales arquitectónicos escogidos, o las tipologías empleadas en su construcción. Este cuerpo empírico es por el momento el más completo que tenemos para el entendimiento de este conflicto.

El tercer caso de estudio es el campo de batalla de Abárzuza (Navarra) de 1874, en el que mediante una prospección metálica nos ha ayudado a conocer aspectos tales como la ubicación de las distintas unidades en combate, o la diversidad de armas empleadas. Un campo de estudio poco conocido, en el que tan solo contábamos con un caso de estudio anterior de esta cronología (la batalla de Somorrostro de 1874), en el que se estudió de forma sistemática algunas zonas del campo de batalla. Estos tres casos de estudio aúnan muy bien la complejidad de la cultura material de este conflicto, por vez primera estudiada y presentada.

1. Introducción

1.1. Arqueologías del conflicto y de los campos de batalla

El patrimonio militar que analizaremos en las siguientes páginas se engloba dentro de lo que actualmente se define como arqueología del conflicto y arqueología de los campos de batalla. La primera, de corte más generalista, puede dividirse en dos grandes grupos: aquella que tiene que ver con la guerra en sus distintas facetas (campos de batalla, fortificaciones, trincheras, hospitales de campaña, fosas, etc.); y la centrada en la violencia política y la represión (campos de concentración, etc.) (González-Ruibal y Ayán, 2018: 374). Esta arqueología se ha centrado sobre todo en las dos últimas décadas, en el estudio de los conflictos contemporáneos, y en menor medida en los de época moderna. Cuenta con unas técnicas y metodologías de trabajo propias, que son aplicables a cualquier periodo histórico (Hernàndez y Rojo, 2012: 160), lo cual ha posibilitado la realización de estudios multitemporales que van desde la prehistoria hasta la actualidad. De hecho, se ha defendido que se pueden diferenciar tres periodos de estudio divididos por su enfoque: el primero centrado en los conflictos de la prehistoria, partiendo desde una visión antropológica; el segundo, aplicado a periodos históricos, donde se pone el énfasis en la historia militar y en los campos de batalla; y por último, el estudio de época contemporánea, que aborda prioritariamente la gestión del patrimonio y la memoria (Carman, 2013: 87).

Por su parte, la arqueología de los campos de batalla, considerada una subdisciplina de la arqueología del conflicto (Pollard, 2014: 17), fue la primera en desarrollarse hace ya tres décadas. El primer estudio realizado fue el conocido caso de la batalla de Little Bighorn, estudiado en 1989. A pesar de que hoy por hoy está considerada como una disciplina desarrollada a nivel mundial, llama la atención su tardía aparición. Como bien justifica Gracia Alonso: «es evidente que los grupos humanos se han agredido y dado muerte por múltiples causas económicas o ideológicas desde el inicio de su configuración como sociedades a nivel básico, sorprendentemente la arqueología del conflicto es muy reciente» (Gracia-Alonso, 2011: 5). ¿Cómo puede explicarse esta situación? A pesar de que nuestro pasado ha estado repleto de conflictos, muchos de los cuales terminaron manifestándose en la creación de campos de batalla, la arqueología no decidió embarcarse en su investigación de forma concienzuda hasta prácticamente entrado el siglo XXI (Editorial Arkeogazte, 2015: 12-13).

1.1.1. Orígenes

El inicio de estas arqueologías se remonta a los años posteriores de la Segunda Guerra Mundial (1939-1945), momento en el que se inicia el interés, por los restos materiales de la contienda y la localización de los lugares vinculados al conflicto. En este inicio jugaron un papel primordial los aficionados y las distintas asociaciones que se fueron creando, en relación a la aparición de los primeros detectores de metales (Rodríguez Temiño, 2012: 73). Además de incentivar la creación de colecciones particulares, de esta forma se comenzó a recuperar y patrimonializar numerosos entornos arqueológicos. De esta etapa cabe mencionar a modo de ejemplo, el caso del historiador Don Rickey, que en 1958 localizó con su detector líneas de fuego de la batalla de Little Bighorn de 1876 (Scott y McFeaters, 2011: 106); o la localización en 1987 del emplazamiento de la batalla del bosque de Teotoburgo por el detectorista mayor del ejército Tony Clunn, tras descubrir 160 denarios romanos (Sutherland y Holst, 2005: 13). A pesar de las reticencias todavía existentes por muchos arqueólogos respecto al uso del detector, cada vez existen más colaboraciones con detectoristas para el desarrollo de investigaciones, en especial para la Primera y Segunda Guerra Mundial (Van der Schriek y Van der Schriek, 2014).

Por su parte, como hemos señalado, la academia no comenzó a interesarse en estas arqueologías hasta finales del siglo XX. Algunos autores han tratado de explicar cómo la tardía aparición se debió al ambiente antimilitarista que comenzó a gestarse tras el fin de la Segunda Guerra Mundial, coincidiendo con una nueva generación conocida como la *flower power*. Los investigadores en arqueología que se educaron a finales de los sesenta y setenta, dentro del ámbito de la *Nueva Arqueología*, optaron por obviar a grandes rasgos el tema militar, por no estar de moda y ser repudiado por la sociedad del momento (Pollard y Banks, 2005: iv; Quesada, 2011: 44). Sin embargo, esto no impidió que se llevasen a cabo algunas investigaciones, como la realizada por Peter Newman en la década de los setenta, sobre la batalla de Marston Moor (1644) (Pollard y Banks, 2005: iv; Sutherland y Holst, 2005: 13); o la de Dean R. Snow, realizado con detector de metales en los setenta, sobre la batalla de Saratoga (1777) (Scott y McFeaters, 2011: 107-108). Hay que matizar en este punto, que el mal uso al que se le destinó a los detectores de metales por parte de aficionados, logró relacionar el empleo de esta herramienta con el furtivismo. Esto ocasionó que su uso fuera repudiado por parte de un amplio sector de la academia, cuyo rechazo puede percibirse hasta la actualidad[1].

Habría que esperar hasta finales de la década de los ochenta, para ver el despegue definitivo de la arqueología de los campos de batalla. En 1988, gracias al trabajo de investigación ejecutado por Douglas Scott y Richard Fox sobre la batalla de Little Bighorn (1876), no solo lograron documentar un campo de batalla, sino que sus resultados consiguieron cuestionar y desbaratar uno de los mitos historiográficos tradicionales norteamericanos, el de la tenaz resistencia del teniente coronel George Custer y su 7.º de caballería, que cayeron derrotados en manos de una congregación indígena y que había servido como hito nacional (Landa y Hernández, 2014: 38). Durante los trabajos de campo que contemplaron el empleo de técnicas de prospección metálicas, la creación de mapas de dispersión, la recogida de materiales y la excavación arqueológica, lograron reescribir ese momento histórico. Demostraron a partir de la identificación de vainas de cartuchos y la dispersión de los cadáveres, que más que una resistencia por el ejército norteamericano, resultó ser una masacre, en el que un ejército indígena muy superior logró romper la formación del 7.º de caballería y darles muerte allí donde cayeron. De esta forma se puso en entredicho la muerte heroica de esos hombres y la epopeya que se creó a raíz de ese enfrentamiento. Los resultados de dicha investigación fueron publicados un años después en un libro (Scott et al, 1989), iniciándose así una nueva línea de investigación, que no ha parado de aportar nuevas investigaciones, al quedar demostrada la importancia de la arqueología como medio de estudio, incluso para los enfrentamientos más recientes. La metodología desarrollada para el estudio del campo de batalla de Little Bighorn, ha ido posteriormente adaptándose a las necesidades de los diferentes especialistas (Scott y McFeaters, 2011: 109). No obstante, salvo algunas variaciones y evoluciones debido al desarrollo tecnológico de estos últimos años, la base metodológica permanece prácticamente inalterada.

1.1.2. Desarrollo
Como decíamos, desde finales de los ochenta comenzaron a proliferar los estudios de esta disciplina. Primeramente en Estados Unidos, seguido de Gran Bretaña en Europa. Para el primer caso, son muchas las investigaciones que se han realizado extendiéndose a diversas guerras como la de independencia de los Estados Unidos (1775-1783), la guerra anglo-estadounidense (1812), la guerra creek (1813-1814), la guerra de intervención estadounidense o guerra de Estados Unidos-México (1846-1848), la guerra de secesión o guerra civil estadounidense (1861-1865), y las guerras indias (desde el siglo XVII, hasta la década de 1920) (Scott y McFeaters, 2011: 110). Dentro de estos conflictos, destacan por su mayor número de publicaciones, aquellas centradas en la guerra civil estadounidense. A modo de ejemplo cabe mencionar los trabajos recogidos en el capítulo segundo (*Battlefield Analysis and Reconstruction*) del libro *Look To The Earth* (Geier et al, 1996), o los recogidos en el libro *From These Honored Dead* (Geier et al, 2014). Al mismo tiempo, desde finales de siglo comenzaron a organizarse los primeros congresos internacionales. En 1999, tenemos la primera conferencia dedicada al estudio de los conflictos del siglo XX, realizada en la ciudad de Cape Town. En esta conferencia fueron abordados trabajos centrados en la Primera y Segunda Guerra Mundial, o en la guerra fría (Carman, 2013: 8). En el 2000, se celebró en la Universidad de Glasgow la primera conferencia internacional sobre la arqueología

de los campos de batalla (*Fields of Conflict Conference*), cuyo certamen comenzó a celebrarse bianualmente desde entonces (Pollard y Banks, 2005: iv; Ferguson y Scott, 2016: 134), lo cual nos habla de la madurez que ha alcanzado actualmente esta subdisciplina. Otro ejemplo son las conferencias organizadas en Inglaterra desde el año 2011, bajo el título *Postgraduate Conference on Conflict Archaeology (PGCA)* (Ferguson et al, 2012; Damlund y McMillan, 2019). O, sin salirnos de la isla, la creación en 2005 de la revista *Journal of Conflict Archaeology* (Pollard y Banks, 2005), que es un referente a día de hoy en el estudio del conflicto. Precisamente uno de sus directores, el arqueólogo Tony Pollard, fue quien creó, en 2006, a partir de su experiencia profesional y académica, los congresos *Fields of Conflict* y también el programa de posgrado *Conflict Archaeology and Heritage* dentro de la institución *Center for Battlefield Archaeology*[2] de la Universidad de Glasgow (Gracia-Alonso, 2011: 24). El creciente interés suscitado en Inglaterra desde comienzos de siglo, se manifestó también en la creación de otro encuentro anual (*Modern Conflict Archaeology*[3]), inaugurada en 2009 por el arqueólogo Nicholas J. Saunders de la Universidad de Bristol.

Aunque Reino Unido ha sido el referente europeo en este tipo de arqueología, a lo largo del siglo XXI se ha ido generalizando su estudio a otros países vecinos, en los que destacan por sus trabajos en los conflictos del siglo pasado, como el de la Primera y Segunda Guerra Mundial, o la guerra fría (Landa y Hernández, 2014: 39). En el ámbito latinoamericano, la llegada de esta arqueología se remonta al cambio de siglo, siendo Argentina, uno de los países en donde más se ha desarrollado hasta la fecha. Destacan los trabajos realizados sobre el estudio de la *Conquista del Desierto* y la guerra de frontera (Landa et al, 2009; Leoni, 2014), o aquellos sobre la batalla de Vuelta de Obligado (1845), batalla de Cepeda (1859) o la batalla de La Verde (1874) (Landa y Hernández, 2014: 40-44). Estos últimos trabajos y otros vieron finalmente la luz en la publicación de una obra colectiva que ejemplifica el florecimiento de la arqueología del conflicto en América Latina en el 2014: *Sobre Campos de Batallas. Arqueología de Conflictos Bélicos en América Latina* (Landa y Hernández: 2014). En esta importante obra se realizó un compendio de diferentes trabajos realizados en cuatro países: Argentina,

Brasil, Cuba y México. A raíz de este interés, se creó un *Grupo de Investigación en Arqueología del Conflicto*[4] (GIAC), que desde una vertiente pluridisciplinar, ha servido como vía para conocer algunos de los diversos proyectos que se han realizado en suelo latino. La reciente publicación en 2020 del libro *Arqueología en Campos de Batalla. América Latina en Perspectiva* (Landa y Hernández: 2020), viene a ser un desarrollo de la publicación de seis años atrás. Esta nueva obra trata sobre conflictos desde el siglo XVIII al XX, como la guerra de la triple alianza (1864-1870), la guerra del pacífico (1879-1884), la revolución mexicana (1910-1917) o la crisis de los misiles durante la guerra fría (1962) (Landa y Hernández, 2020: 21). Como se puede observar, destacan los proyectos de investigación centrados en el siglo XIX, al iniciarse en esta época la configuración de los estados-nación actuales de Latinoamérica.

1.1.3. La situación en España

Los países donde se desarrolló el estudio de los campos de batalla, se caracterizaban por ser países en los que existía y existe a día de hoy un sentimiento de orgullo nacional. Podemos citar los casos de Estados Unidos (por ejemplo la guerra de independencia, o la guerra civil americana), Gran Bretaña (desde la rebelión jacobita, hasta las guerras coloniales), o Francia (con las guerras napoleónicas); entre otros. Sin embargo, en España, su pasado contemporáneo ha estado marcado por cruentas guerras civiles que, a lo largo del siglo XIX y XX dejaron al país sumido en la pobreza. Hasta tal punto, que no tuvo fuerza para poder hacer frente a los alzamientos de sus colonias, por lo que acabó perdiéndolas todas para finales del siglo XIX. Al mismo tiempo invirtió muchos recursos en luchar en guerras impopulares como la de Cuba o Marruecos. Por lo que esta temática quedó durante muchos años prácticamente relegada al estudio por parte de aficionados en la materia (Quesada, 2011: 46-47). Habría que esperar hasta el cambio de siglo para ver una mayor profusión de investigaciones en este ámbito, que fueron abarcando desde la antigüedad clásica hasta la Guerra Civil (Landa y Hernández, 2014: 39).

Mientras los trabajos sobre la presencia romana han sido considerables (Costa, 2015; Bellón et al, 2017), a fecha de hoy, la mayor parte de las investigaciones en arqueología del conflicto y campos de batalla en España, están enfocadas hacia el estudio de la Guerra Civil (Ramírez, 2017: 445). Esto se debe en parte a la creciente demanda social, que junto con la creación de la ley de la memoria histórica del año 2007, han favorecido la aparición de una multitud de trabajos a escala nacional, hasta convertirse esta temática en la nueva tendencia de estudios de esta última década (Tourigny et al, 2017: 517). Destaca aquí el *I congreso de la guerra civil española* celebrado en Vitoria/Gasteiz en 2014, en donde pudo observarse la consolidación de dicha disciplina. Sin lugar a dudas, uno de sus principales investigadores es el arqueólogo Alfredo González-Ruibal, que en su libro *Volver a las trincheras. Una arqueología de la guerra civil española* (González-Ruibal, 2016) realizó la primera obra compilatoria de los diversos trabajos desempeñados junto con su equipo desde la llegada de esta disciplina a España.

Finalmente, como enmarca Ramírez en su análisis sobre los estudios realizados en España, existe un escaso número de trabajos para la comprensión de los conflictos de la Edad Media y Edad Moderna. Entre los pocos casos, tenemos la prospección de la batalla de las Navas de Tolosa (1212), realizada en 1999, o la de la batalla de Montiel (1369) en 2012 (Ramírez, 2017: 445). Mientras que de época moderna, o desde el uso de armas de avancarga, destacan los trabajos de la batalla de Somosierra (1808) del 2001 (Pastor y Adán, 2014), de la batalla de Talamanca (1714) del 2008 (Rubio y Hernández, 2012), o la acción sobre el puente de Marialba (1811) de 2017 (González García, 2018) y 2018 (González García, 2020b). En este sentido, llama la atención la ausencia de estudios arqueológicos en España entre el periodo de la guerra de independencia y la guerra civil española, teniendo en cuenta la belicosidad del siglo XIX español. A este respecto, Carman también hace referencia a la ausencia de trabajos centrados a nivel europeo en conflictos como la guerra de Crimea (1853-1856), la franco-prusiana (1870-1871) o las guerras alemanas de mediados de siglo XIX. Por lo que queda constatada la existencia de una laguna en estudios del conflicto del siglo XIX para este continente. Carman señala que una de las claves para entender esta situación, se deba a la relativa novedad de esta disciplina y que esta sea una de las razones por la cuales no se haya abordado un estudio de los acontecimientos bélicos del siglo XIX (Carman, 2013: 81-82; Roldan Bergaratxea, 2016: 110).

1.2. La arqueología de las guerras carlistas: un estado de la cuestión

Hemos aludido ya a la supuesta ausencia de estudios arqueológicos del siglo XIX y a continuación vamos a analizar el estado actual de las investigaciones en relación al patrimonio militar. A este respecto, en 2016 Navalón y Guimaraens se preguntaban: «¿Por qué el patrimonio militar de las guerras carlistas no ha recibido la atención oportuna a diferencia del de otros momentos históricos?» (Navalón y Guimaraens, 2016: 125). Parece verdad que la arqueología de las guerras carlistas estaba aún por iniciarse. No obstante, decidimos comprobar la veracidad de estas sospechas y realizamos una labor de síntesis a través de un vaciado de información por internet, empleando dos bases de datos sobre la producción científica, como son Dialnet y Google Scholar[5]. En ambos casos, las búsquedas han sido realizadas empleando las palabras: *arqueología del carlismo* y *fortificaciones de las guerras carlistas*. En el primer caso, en alusión a la búsqueda de proyectos relacionados con posibles intervenciones arqueológicas en restos de las guerras carlistas; mientras que para el segundo, nos interesaba conocer aquellos trabajos de estudio centrados en el patrimonio construido de la guerra. Como comprobaremos enseguida, los resultados hablan por sí solos, al hallar un número significativo de trabajos que, desde diferentes enfoques metodológicos, se han realizado en diferentes puntos del país.

Tras este trabajo de síntesis inicial, nos hemos centrado en el estudio de la Comunidad Autónoma Vasca y la Comunidad Foral de Navarra, tradicionalmente consideradas parte del llamado *Frente Norte* durante las guerras carlistas. Para realizar esta tarea, hemos realizado una nueva labor de búsqueda en las principales revistas arqueológicas de estas comunidades, a saber: Kobie, Munibe, Arkeogazte, Arkeoikuska[6] (para la Comunidad Autónoma Vasca) y Trabajos de Arqueología Navarra[7] (para la Comunidad Foral de Navarra). Además, todo lo anterior se ha completado con búsquedas específicas a través del portal Google. Tras esta labor, hemos comprobado la existencia de algunas intervenciones realizadas estos últimos años, aunque como ahora veremos, con enfoques y metodologías variadas.

Fruto del análisis de esa información, a continuación presentamos la síntesis de los resultados obtenidos tanto a escala nacional como a nivel regional. Para lograrlo, hemos realizado una clasificación dividida en cuatro bloques, dependiendo de la temática de cada trabajo. De esta forma encontramos trabajos históricos, arqueológicos, antropológicos, y aquellos centrados en el estudio de la cultura material.

1.2.1. Trabajos históricos

Este primer grupo está compuesto por un número importante de investigaciones que, partiendo de las fuentes escritas o cartográficas, se han centrado en el análisis del patrimonio construido de las guerras carlistas. Resulta interesante matizar cómo su abordaje se ha hecho tanto por arqueólogos, como historiadores, historiadores del arte, arquitectos e incluso eruditos locales. Por tanto, es lógico pensar que ante tal diversidad de especialistas, los enfoques hayan sido algo variados.

Otro aspecto importante de reseñar es que, los elementos de análisis se han dividido en dos ámbitos. Aquellos trabajos que exclusivamente se han centrado en el estudio de las ciudades fortificadas durante las guerras (con el objetivo no tanto de reivindicar su protección, sino más bien de dar constancia del hallazgo de restos ubicados en la evolución del tejido urbano) y los trabajos cuyo objetivo era el estudio de fuertes u otros elementos afines.

a. En ciudades

Para este primer caso, traemos a colación las referencias halladas a nivel estatal, como los casos de Segorbe (Martín y Palomar, 1999), León (Morais, 2007), Cervera de Pisuerga (Rodríguez Durántez, 2008), Albacete (Valero, 2015), Cuenca (Domínguez y Muñoz, 2016), Ampostas (Gordillo, 2016), o Teruel (Sancho, Hernández y Martín, 2017). Queremos subrayar los casos de Requena y Chulilla (Navalón y Guimaraens, 2016; y 2018-2020), por ser los dos únicos ejemplos en los que se expone de manera clara la necesidad de crear medidas de protección para este patrimonio, así como el reconocimiento de la arquitectura militar de campaña.

En general son trabajos que se han centrado en el estudio histórico y cartográfico de las obras militares construidas durante las dos guerras carlistas dentro de los cascos urbanos. Con especial relevancia sobresalen los tres últimos trabajos de Cuenca, Teruel y Requena, al realizarse en ellos estudios sobre la evolución de los restos militares hasta la actualidad, propios de la metodología empleada en la arqueología de la arquitectura.

b. En fuertes
Debido al gran número de investigaciones, en este apartado los hemos clasificado según la provincia o ámbito de origen:

1. País Vasco
Existe aquí una catalogación exhaustiva de los fuertes del final de la época moderna y comienzos de la contemporánea, de las que destacan las referidas a la primera y segunda guerra carlista (Arrieta, 2015).

2. Gipuzkoa
Aquí destacan los trabajos de Juan Antonio Sáez García[8], cuya labor ha sido fundamental para que a día de hoy sea Gipuzkoa una de las provincias en donde mejor se conoce el legado material de estas guerras (Sáez, 2000; 2001; 2002; 2009; 2014a; 2014b; entre otros). También se han estudiado 12 fuertes de la primera y segunda guerra carlista en Andoáin (Moraza et al, 2012).

3. Álava
Para esta provincia contamos con un libro que se centró en el estudio de un fuerte y algunas torres construidas durante las guerras carlistas (Ortiz, 2005), al igual que un estudio que analiza alguna de las obras militares realizadas en la Rioja Alavesa (Gómez-Díez, 2020).

4. Comunidad Foral de Navarra
Únicamente hemos localizado la publicación de un estudio sobre los fuertes liberales construidos en Monte Esquinza (Ocáriz y Roldan, 2014).

5. Cantabria
Como en el caso de Gipuzkoa, aquí contamos con los trabajos de Rafael Palacio Ramos[9], que nos ayudan a generar una visión bastante completa del patrimonio edificado en Cantabria. Destacan entre sus numerosas publicaciones *La fortificación en Cantabria en el si-*

glo XIX: *pervivencias y cambios* (Palacio, 2011), *Las fortificaciones liberales en Cantabria durante la tercera Guerra Carlista* (Palacio, 2017a), o su libro *La Tercera Guerra Carlista en Cantabria* (Palacio, 2017b), donde dedica su cuarto capítulo a hablar sobre los fuertes tanto liberales como carlistas que se construyeron durante la guerra.

6. Resto del estado
Aquí tenemos una serie de trabajos procedentes de otros rincones, como es el de los fuertes de San Blas y de la Estrella de Segorbe (Martín y Palomar, 1999), del fuerte de Novillas (Blasco, 2002), la reutilización de castillos medievales durante las guerras en la Serranía del Turia (Sebastián, 2005), o los fuerte de Cantavieja (San Blas y el de las Horcas) (Del Romero et al, 2010).

A esta suma de trabajos añadimos en un párrafo aparte por su importancia, el trabajo realizado por David Olivares en 1997, que recoge en un pequeño libro, un estudio descriptivo detallado de las fortificaciones liberales de la comarca de Bages en Cataluña (Olivares, 1997).

1.2.2. Trabajos arqueológicos
En este segundo bloque se concentran los resultados obtenidos a escala regional sobre intervenciones arqueológicas realizadas principalmente en el País Vasco y en Navarra. No obstante, debido a que hemos encontrado alguna otra intervención fuera de este ámbito geográfico, hemos decidido incorporarla para ofrecer una visión más amplia del mismo.

Según la naturaleza de las intervenciones, podemos distinguir tres tipos diferentes, según el método o el objetivo de los mismos:

a. Descriptivos
Nos encontramos con trabajos que, teniendo por objetivo el estudio de estructuras constructivas de la guerra, se han centrado en la publicación exhaustiva de los restos hallados.

1. País Vasco:
El fuerte de San Enrique (Rodríguez Salíz, 1986; Rodríguez Salíz, 1987; y Urteaga, 2015), el casco Arramendi (Benito, 2003; y Benito, 2004),

el alto de Lugaritz (Ayerbe, 2005), el fuerte de Ametzagaina (Moraza y García, 2009), el fuerte Zumalakarregi (Buces, 2011), la fortificación de Atxetilun (Arrese, 2013), el fuerte Oriamendi (Moraza, 2013), el fuerte de la isla de Garraitz-San Nicolás (Moraza, 2015a), el fortín y ermita de Santa Catalina (Moraza, 2015b), o las dos intervenciones de limpieza en el fuerte de Pagamendi (Moraza, 2017 y 2018).

2. Cantabria
Contamos con un único caso de estudio sobre las evidencias arqueológicas de la batalla de Ramales (García Alonso, 2011). El autor nos describe, siguiendo el hilo de los acontecimientos, las diferentes obras militares que todavía hoy se perciben en el terreno. A partir de este estudio, en el año 2016 los arqueólogos Enrique Gutiérrez Cuenca y José Ángel Hierro Gárate, realizaron una entrada en su blog, titulada *Ramales y alrededores: paisaje después de la batalla*[10], ampliando la información recopilada anteriormente por el arqueólogo Manuel García Alonso.

3. Cataluña
Tenemos la intervención en el fuerte liberal Mauricio, de la primera guerra, en Balsareny (Barcelona). Fue un estudio encargado por el ayuntamiento de Balsareny, a la empresa de arqueología *Arqueociencia Serveis Culturals S.L.* (Vila, 1997).
    Estos trabajos conforman una base informativa de primer nivel para estudios de caracterización y síntesis posteriores.

b. Accidentales
Por otro lado, nos encontramos con trabajos que tratan sobre restos materiales de época carlista, pero no porque fueran objeto de estudio en sí mismos, sino como consecuencia de la búsqueda de contextos, generalmente anteriores, ya sea mediante seguimientos arqueológicos a través de empresas, de investigaciones particulares o universitarias.

1. País Vasco
Algunas prospecciones para identificar materiales y estructuras de la Edad del Hierro (Olano, 1997), del estudio de la muralla de la villa de Peñacerrada (Fernández, 2004), de San José de la Isla (Aníbarro,

2006; Aníbarro, 2007; y Aurrekoetxea, 2011), del castillo de Labastida (Quiros, 2014) o del monte San Bernabé (Martinez, 2015).

2. Comunidad Foral de Navarra

Destacan las intervenciones realizadas por el gabinete de arqueología *Navark* en los castillos[11] de Huarte y Monjardín; ambas del 2005. Cabe mencionar también, los materiales recogidos por el gabinete de arqueología *Trama*, en la labor de prospección en la localidad de Olaz (valle de Egüés), dentro del contexto histórico del bloqueo de Pamplona (1874-1875) (Zuazúa et al, 2016).

3. Aragón

Destaca la intervención arqueológica realizada en el castillo de Peracense (Teruel) durante los años 2015 y 2016 (Hernández et al, 2016). Gracias a dicho trabajo supimos que las labores arqueológicas eran una continuación de los trabajos iniciados entre 1988 y 1991. Esta información es importante, ya que los resultado de las primeras intervenciones realizadas en su momento por José Luis Ona González, hallaron evidencias arqueológicas del contexto de la primera guerra carlista (Ona, 1991). Dichos resultados fueron expuestos años más tarde en 2003, como anexo de un artículo sobre las guerras carlistas, en el que se hablaba de la cultura material aparecida en el castillo (Aldecoa, 2003).

4. Comunitat Valenciana

Contamos con las intervenciones arqueológicas realizadas sobre el cerro de Sopeña, en donde se asentaba el castillo de Segorbe. En las campañas de 1994 y 1995 se documentaron estructuras murarias de las guerras carlistas (Martín y Palomar, 1999). También cabe destacar la excavación arqueológica en la muralla de la calle Gaibiel de Castellón de la Plana (Melchor y Benedito, 1999).

Es importante señalar que en los citados estudios, estos restos fueron considerados y estimados a pesar de su cronología reciente.

c. Arqueología de las guerras carlistas

En este grupo hemos incorporado aquellos estudios dirigidos a la época que planteamos, que han tratado de ir más allá del enfoque descriptivo y han aportado nueva información sobre el periodo. Dentro de este grupo, destacan por provincias:

1. País Vasco

Los estudios de la torre del telégrafo de Quintanilla (Sánchez Pinto, 2009 y 2010), los fuertes de Arrontegi (Martínez Velasco, 2011), monte San Cristóbal (Martínez Velasco, 2013), la propuesta metodológica para la prospección en campo de batallas carlistas (Arrate, 2014), el fuerte de Kastillozar (Escribano-Ruiz et al, 2016), la aproximación al estudio de tres fuertes en el entorno de Bilbao (Martín Etxebarria, 2017), la evaluación de impacto de unas obras sobre parte de la zona de presunción arqueológica del campo de batalla de Somorrostro (Moraza y Arrate, 2018), o sobre la construcción de los sistemas defensivos y plazas-fuerte del entorno de Bilbao (Martín Etxeberria, 2019).

2. Comunidad Foral de Navarra

Contamos con los trabajos que hemos ido realizando estos últimos años. Destacan las intervenciones de los fuertes de la Princesa de Asturias y San Juan, al igual que la puesta en valor de los diferentes fuertes que engloban el conocido como *Frente de Estella* (Roldan y Escribano-Ruiz, 2015 y 2017; Roldan Bergaratxea, 2015 y 2017).

3. Cantabria

Destaca un trabajo específico de Rafael Palacio, en el que nos habla de la situación del patrimonio fortificado de época moderna en Cantabria (Palacio, 2008).

4. Comunitat Valenciana

El trabajo más importante de todos los que hemos podido documentar es la tesis doctoral de Clemente González García sobre la primera guerra carlista en Castellón[12]. Fruto de esa labor de investigación, tenemos la publicación de su trabajo sobre el campo de batalla de las Useras de 1839 (González García, 2020a).

1.2.3. Trabajos antropológicos

En este tercer bloque hemos querido recoger los pocos trabajos que actualmente existen sobre estudios forenses realizados de fosas o cementerios de las guerras carlistas. Como resaltaron Herrasti y compañía: «... no son muchos los trabajos referidos a antropología y paleopatología de las guerras carlistas de las que apenas se han recuperado restos humanos a excepción de los casos procedentes de Morella...» (Herrasti et al, 2012). Por lo que, efectivamente, hasta el años 2012 solo podemos hablar de dos artículos centrado en el estudio del cementerio viejo de Morella, en donde se recuperaron numerosas huellas de traumas *perimortem* provocados por armas blancas atribuibles a bayonetas u otras armas punzantes (Duarte y Núñez, 2009; Polo et al, 2011). Desde entonces no se ha vuelto a realizar ningún trabajo de esta índole, salvo el hallazgo casual y su posterior estudio de la primera fosa de las guerras carlistas documentada en febrero del 2020 en Abanto (Bizkaia). Se cree que los diez cuerpos encontrados pertenecientes al batallón Cazadores de las Navas, n.º 14, perdieron la vida en la batalla de San Pedro de Abanto, de finales de marzo de 1874[13], dentro del contexto de la segunda guerra carlista. Por el momento, no hay ninguna publicación al respecto.

También aunque de corte histórica, tenemos el estudio de la localización de tres fosas carlistas de 1874 en Lezuza (Albacete). Para realizar ese trabajo, el autor se ha servido de fuentes escritas primarias y de testimonios orales del pueblo de Pradorredondo (Lezuza) (Munera, 2020).

1.2.4. Trabajos del estudio de la cultura material
Terminamos con un último bloque conformado por los dos únicos trabajos que hemos podido hallar sobre el estudio de la cultura material bélica generada de estas contiendas. Ambos se centran en analizar la cartuchería empleada en estas guerras (Martínez Velasco, 2008; Palacio, 2016).

1.2.5. Conclusiones
En primer lugar, queremos destacar que los trabajos históricos recopilados demuestran la naturaleza esencialmente descriptiva de los mismos. Tanto en los trabajos de obras de fortificación dentro de las ciudades, como de las fortificaciones exteriores. A pesar de que estos trabajos son necesarios para la localización y difusión del pa-

trimonio en primera instancia, hemos notado la falta de trabajos que vayan más allá de una narrativa historicista.

En segundo lugar, el estudio historiográfico de los trabajos arqueológicos centrados en las guerras carlistas, ha demostrado que no se trata de un campo de estudio totalmente nuevo, o al menos en la Comunidad Autónoma Vasca. Sin embargo, este no ha sido acometido de forma sistemática en el resto del país, ya que la mayoría de los trabajos se han desarrollado al amparo de las leyes de patrimonio o gracias a iniciativas particulares y no como fruto de líneas de investigación centradas en el carlismo.

En relación a los dos últimos bloques del trabajo de síntesis, hay que matizar la casi ausencia de estudios tanto antropológicos, como aquellos relacionados con la cultura material. En relación al primer caso, llama la atención que mientras se han realizado más de 740 exhumaciones de víctimas de la guerra civil española entre los años 2000 y 2018 (Etxeberria y Solé, 2019: 404), tan solo tengamos dos ejemplos de la anterior guerra civil. En el segundo caso, nuevamente se evidencia la falta de interés que ha generado el estudio de la cultura material de las guerras carlistas, dado que solo hemos podido encontrar dos artículos al respecto y ambos relacionados exclusivamente con la cartuchería.

Por otro lado, a nivel regional, queremos destacar de la Comunidad Autónoma Vasca el trabajo realizado por Jesús Ángel Arrate Jorrín a finales de marzo de 2010, que con el apoyo de asociaciones culturales y corporaciones municipales de la provincia de Bizkaia, llevó a cabo el primer estudio de un campo de batalla de las guerras carlistas (Arrate, 2014). Este trabajo fue fundamental para plantear los primeros resultados y una metodología sobre campos de batalla del siglo XIX, que fue expuesta en la jornada de *Arqueologías de Épocas Recientes en el País Vasco* que tuvo lugar en el Museo Arqueológico de Bilbao en 2013.

En cuanto a la Comunidad Foral de Navarra, hay que incidir en la falta de estudios, a pesar de que Navarra desempeñó un papel preponderante en ambas guerras carlistas. Hasta nuestra primera intervención en 2016, tan solo se habían registrado dos intervenciones sobre dos castillos medievales que durante las guerras carlistas fueron reutilizados como fuertes, ambas del 2005. Por lo que nuevamente se puede argumentar que la arqueología de las guerras carlistas es una disciplina en ciernes.

No obstante, todo parece indicar que esta situación está cambiando. Una muestra ha sido la primera defensa de una tesis doctoral, en la que se ha estudiado arqueológicamente un campo de batalla de la primera guerra carlista (González García, 2019). Seguido de la defensa de la tesis que se resume en este libro, sobre el patrimonio material de la segunda guerra carlista en Navarra. Y tercero, una nueva tesis que espera ser defendida en los próximos años, por parte de Gorka Martín Etxabarria, doctorado de la UPV/EHU, sobre arqueología de las guerras carlistas en Bizkaia[14]. Dos de estas aportaciones proceden de la misma universidad y demuestran el esfuerzo que se está realizando desde la UPV/EHU para asentar las bases de este nuevo campo en la academia.

2. Origen y desarrollo del patrimonio material de la segunda guerra carlista en Navarra

Durante mi trabajo de fin de grado y trabajo de fin de máster, me centré en la localización y estudio de diferentes restos bélicos del patrimonio militar navarro, de la segunda guerra carlista, en las inmediaciones de Estella (Navarra). De esta investigación pude concluir, que son muchos los restos del conflicto que a día de hoy siguen materializados en nuestro paisaje. Fuertes, baterías, trincheras, etc. son en general las huellas que han quedado de lo que fue. Y aunque no hayan transcurrido muchos años desde el fin de la guerra en 1876, los pueblos han olvidado casi totalmente lo ocurrido. Se dice, y lo hemos comprobado, que el cerebro tiene la habilidad de borrar o distorsionar nuestros peores recuerdos, para poder seguir viviendo humanamente (Augé, 1998: 101-102; Todorov, 2000: 15-16). Se desecha lo malo y se guarda lo bueno. Pero aunque pasen los años y en la memoria colectiva de la comunidad se vaya apagando el recuerdo de lo que pasó, lo cierto es que no ocurre de la misma forma, o mejor dicho, a la misma velocidad, con nuestro paisaje. La guerra y las construcciones que se edifican mientras dura su proceso lo cambian y lo amoldan a la realidad del momento, el conflicto en este caso. De tal modo que, a menos que se destruya o erosione intencionadamente, continuará sobreviviendo al paso del tiempo y a las siguientes generaciones, hasta tal punto que, una vez que éstas no guarden el recuerdo de lo ocurrido, debido a la existencia de una amnesia colectiva, nadie recordará que pasó en estos lugares.

Este patrimonio se convertirá así en un mero accidente geográfico, una erosión en el terreno, invisible incluso para los pueblos que los construyeron. Están condenados, por tanto, a desaparecer en el más miserable olvido, puesto que no se puede proteger lo que no se conoce. Y partiendo de esta reflexión, ya que muchas veces las instituciones públicas desconocen la existencia de estos paisajes, estos quedan sin protección y, por tanto, algunos de estos yacimientos están siendo salvajemente expoliados por furtivos que desgraciadamente parecen ser los únicos conocedores del lugar.

Ante esta realidad, extrapolable a otros conflictos modernos de la historia, se encuentra hoy el arqueólogo que quiere investigar el patrimonio de la segunda guerra carlista. Y si al olvido le añadimos la escasez de fuentes primarias que nos ilustren sobre el paisaje bélico, del que tan solo se conserva una pequeña parte y prácticamente solo de la generada por el bando vencedor (los liberales), cabe concluir que la investigación sobre la materialidad del conflicto carlista está severamente condicionada. Es por esta razón, que durante mis trabajos de fin de grado y máster, cada vez que me encontraba con elementos del conflicto, no paraban de aparecerme las siguientes interrogantes: ¿En qué momento se construyeron? ¿Debido a que? ¿Hasta cuándo estuvieron en uso? etc. Sin poder dar respuestas a estas preguntas por el momento, de la mano de otros especialistas, fuimos desvelando que el patrimonio militar de esta guerra no solamente estaba anexo a las inmediaciones de Estella, como a primera vista podía parecer, sino que se extendían por diversas zonas de Navarra y, al igual que en Estella, me sentí con la necesidad de dar respuesta a esas mismas preguntas. De modo que cuando en 2016 tuve la oportunidad de iniciar mi tesis doctoral, investigamos arqueológicamente desde ese año hasta el 2019 tres yacimientos arqueológicos, a saber: el fuerte Princesa de Asturias, el fuerte San Juan de Arandigoyen y el campo de batalla de Abárzuza. Estos tres, aun estando geográficamente bastante cerca unos de otros[15], se preveía que sus orígenes no provenían de momentos históricos afines. Por ello, se consideró plantear un primer catálogo del paisaje militar de corte general para intentar resolver algunas cuestiones y poder estructurar una secuenciación histórica de la guerra, partiendo de las fuentes escritas, primeramente, y más tarde articular en él un discurso material a través de la localización de fases de fortificación mediante la información histórica. De este modo se ha logrado algo que hasta la fecha no existía y que va a ayudar en el futuro al entendimiento básico del patrimonio bélico generado en esta guerra civil, ya que la creación de fases constructivas dentro de una secuenciación histórica, ayudará a entender, en definitiva, aspectos básicos como el origen mismo de este paisaje militar.

2.1. Secuenciación histórica

Para realizar este trabajo, tomamos como fuente principal de análisis seis volúmenes (del II al VII tomo) de la *Narración Militar de la Guerra Carlista*, escrita por el Cuerpo de Estado Mayor del Ejército. En estos tomos, se abarcan todos los sucesos ocurridos entre 1869 a 1876, tanto en el País Vasco, como en Navarra. Sin duda, esta obra, junto con otras como puede ser la del historiador Antonio Pirala, representan la base de cualquier trabajo de investigación de quien quiera iniciarse en el estudio de este conflicto.

Después de estudiar los tomos mencionados, pudimos percibir la existencia de ciertas etapas históricas que, incluso llegaban a materializarse en el discurso. De esta lectura pudimos llegar a establecer cinco fases clave para entender el desarrollo de la guerra en Navarra, que en algunos casos podían llegar a diferenciarse del resto de las provincias del norte comprometidas en esta guerra.

No obstante, hay que recordar que la secuenciación de la guerra se ha realizado desde la consulta de una fuente liberal y que, por tanto, ante la problemática de escasez de fuentes carlistas, esta resulta ser por el momento la única vía posible para la creación no solo de una secuenciación de la guerra, sino también de cualquier estudio. Y conocedores de esta realidad, creemos haber realizado correctamente una distribución de fases desde una anhelada postura objetiva.

Aunque parezca mentira, en la bibliografía consultada, sólo hemos hallado un artículo que proyectara una secuenciación histórica de la guerra. Se trata del trabajo de Juan Pardo San Gil *La Segunda Guerra Carlista en «El Norte» (1872-1876): Los ejércitos contendientes* (Pardo, 2000), que llegó a secuenciar la guerra en cuatro fases para el País Vasco y Navarra, siguiendo otros criterios que no son especificados en su artículo, y que van a resultar diferentes de los que expondremos a continuación.

En nuestro caso, como decíamos, hemos considerado dividir la guerra en cinco fases, usando como criterio principal el desarrollo de acciones militares de primer orden, que tuvieron como conclusión directa cambios en el tablero de juego y por tanto, el cese de una etapa y el comienzo de una nueva. Estas a su vez, han podido ser subdivididas en diferentes sub-fases, siguiendo un criterio similar. Es decir, debido a acciones militares importantes de segundo orden, o bien otros sucesos que por su importancia merecían ser divididos.

2.1.1. Fase I: inicio de la insurrección-acción de Eraul (abril de 1872-5 de mayo de 1873)

a. Inicio de la insurrección-acción de Oroquieta
(Abril de 1872-4 de mayo de 1872)
Podemos considerar el inicio de la insurrección a partir del 22 de abril de 1872, cuando se declaró el estado de guerra por varias partidas carlistas y es sustituido José Allende Salazar, capitán general de las provincias Vascongadas y Navarra, por Francisco Serrano, duque de la torre. En este tiempo se organizaron columnas para perseguir a las partidas con escaso éxito. Los carlistas intentaron tomar alguna población como es el caso de Lumbier en la noche del 25 de abril, pero no lo lograron. Estas partidas decidieron finalmente reconcentrarse para plantar cara al ejército gubernamental el 4 de mayo en Oroquieta, una vez que el pretendiente carlista, Carlos de Borbón y Austria-Este, entrara en Navarra para liderar sus fuerzas. El mariscal de campo Domingo Moriones, comandante general de Navarra, derrotó sin grandes esfuerzos a los carlistas, poniendo temporalmente fin al alzamiento en Navarra.

b. Acción de Oroquieta-acción de Eraul
(4 de mayo de 1872-5 de mayo de 1873)
Tras el fracaso del alzamiento de abril, Carlos nombró al general Antonio Dorregaray, comandante general de las provincias Vascongadas, Navarra y Logroño; y al general Ollo, comandante general de Navarra. El 20 de diciembre se inició de nuevo la insurrección en Navarra, tras entrar por la frontera los líderes Ollo, Argónz y

Pérula. El alzamiento tuvo más fuerza que el anterior y comenzaron a desarmar algunos destacamentos. A pesar del mayor esfuerzo por parte de las autoridades de detenerles, todo esfuerzo resultó ser insuficiente. El 11 de febrero de 1873 se produjo la abdicación del rey Amadeo de Saboya (1870-1873), lo que provocó la proclamación de la I República Española (1873-1874) y con ella el fortalecimiento de la insurrección carlista, ante la parálisis militar del gobierno por la necesidad de sustituir generales liberales por otros más acordes al nuevo sistema político. Esto propinó un estancamiento momentáneo de la lucha, la cual fue aprovechada por los tradicionalistas. El 17 de febrero, vista la positiva evolución del enfrentamiento, Dorregaray entró en Navarra. Se inició un periodo de persecución con destrucción de muchos puentes, para delimitar las correrías carlistas, por parte de la nueva estrategia del nuevo general en jefe del Ejército del Norte, el teniente general Ramón Nouvillas. Finalmente, el 5 de mayo de 1873 en Eraul, las partidas nuevamente como hace casi un año, decidieron enfrentarse a las del ejército de la república, derrocando a la columna republicana del coronel Navarro. Esta primera victoria hizo preocupar al gobierno, trasladando el estado insurreccional al de guerra civil.

2.1.2. Fase II: acción de Eraul-acción de Abárzuza (5 de mayo de 1873-25-27 de junio de 1874)

a. Acción de Eraul-acción de las alturas de Sª Bárbara y montes de Guirguillano (5 de mayo de 1873-6 de octubre de 1873)

Con la primera victoria le siguieron otras como fue la acción de Udabe del 26 de mayo de 1873. Los carlistas continuaron haciéndose fuertes y consiguieron hacer claudicar a poblaciones de mayor entidad, como fue el caso de Puente la Reina un 12 de julio, o Estella un 24 de agosto de 1873. Poco a poco fueron expandiéndose, al mismo tiempo que sus partidas iban experimentando un proceso de maduración, que fue escenificado durante la batalla del 6 de octubre, en la acción de las alturas de Sª Bárbara y montes de Guirguillano. Las fuerzas carlistas se encontraron por primera vez bien organizados en batallones. Por tanto, pudo considerarse el primer enfrentamiento de dos ejércitos profesionales, aunque no con las mismas bases económicas, ni las mismas prestaciones armamentísticas.

b. Acción de las alturas de Sª Bárbara y Montes de Guirguillano-acción de Abárzuza (6 de octubre de 1873-25-27 de junio de 1874)
Después de esta batalla, se dio otra de gran calado conocida como la acción de Montejurra, de los días 7-9 de noviembre de 1873. El 13 de enero de 1874, finalizó la guerra cantonal (1873-1874) y se reforzaron las tropas republicanas del norte, pasando a un nuevo estadio de la guerra que se caracterizó por una mayor agrupación de hombres por batalla. Sin lugar a dudas, la primera escenificación de ello lo encontraríamos durante la sucesión de las batallas que engloban las llamadas batallas de Somorrostro, de los meses de febrero y abril de 1874 (Arrate, 2014: 113), que tuvieron como fin liberar la capital vizcaína de un prolongado asedio carlista. Tras esta, parte de ese famoso ejército republicano pasó a Navarra, con el objetivo de terminar con la guerra civil. El enfrentamiento se dio en la famosa batalla de Abárzuza de los días 25-27 de junio, en el que el gran ejercito republicano se replegó tras producirse duros enfrentamientos y fallecer en combate su general en jefe Manuel Gutiérrez de la Concha e Irigoyen. La trascendencia de tales hechos se materializa hoy en el fin de la segunda fase, e inicio de la siguiente.

2.1.3. Fase III: acción de Abárzuza-acción de Lácar (25-27 de junio de 1874-3 de febrero de 1875)

a. Acción de Abárzuza-acción de Biurrun y monte San Juan (25-27 de junio de 1874-20-23 de septiembre de 1874)
Tras la batalla se dio el repliegue del ejército republicano a la ribera Navarra, en donde se posicionó en una clara posición defensiva, en vista de la fuerza que los carlistas habían adquirido recientemente. Aprovechando esta situación de debilidad por parte del ejército de la república, los carlistas comenzaron a estrechar y bloquear la capital navarra, con intención de hacerla claudicar. Ante esta situación y por expreso auxilio de Pamplona, Domingo Moriones, capitán general de Navarra del ejército republicano, encabezó el último convoy de suministros a Pamplona un 20 de septiembre, emprendiendo su regreso el 22. A la ida y la vuelta se desencadenaron diferentes contiendas que quedaron reconocidas en los anales de la historia del carlismo, como la acción de Biurrun y monte San Juan.

Estas, causaron el cierre definitivo de la línea de comunicaciones con la capital, dejándola temporalmente a su propia supervivencia.

b. Acción de Biurrun y monte San Juan-acción de Lácar (20-23 de septiembre de 1874-3 de febrero de 1875)
En las siguientes semanas, el gobierno se mostró totalmente preocupado con la extrema situación de Pamplona, a medida que los carlistas siguieron fortificando la línea del Carrascal[16] y la zona media navarra, con tal de impedir que fuerzas del exterior ayudasen a romper dicho bloqueo. Para inicios del mes de diciembre, el gobierno empezó a organizar una nueva campaña militar que tenía como fin desbloquear la ciudad, una vez que el 4 de diciembre, el general en jefe de las tropas carlistas, Torcuato Mendiry, decidiera estrechar más el bloqueo, tras decidir que no entraría ni saldría nadie de la población. Para esta labor, el gobierno nombró general en jefe de las tropas republicanas, un 8 de diciembre, al general Francisco Serrano y Domínguez, duque de la Torre. A finales del mes, con los preparativos hechos, se iba a comenzar con el desplazamiento de tropas, cuando el 29 de diciembre se dio el pronunciamiento del general Martínez Campos, a favor de Alfonso, hijo de Isabel II. En lo sucesivo, fue proclamado como Alfonso XII y cesado el general en jefe por el general Manuel de la Serna. Tras este contratiempo en la lucha por la liberación de Pamplona, finalmente la campaña se reanudó con el nuevo rey al frente, a finales de enero de 1875, logrando entrar en Pamplona el 2 de febrero. El ejército carlista retrocedió, e incluso los alfonsinos pensaron en tomar Estella. Sin embargo, el día 3, en un contraataque carlista, conocida después como la batalla de Lácar, trajo una decisiva victoria carlista, que ayudó a dilatar la guerra prácticamente un año más.

2.1.4. Fase IV: acción de Lácar-acción de Miravalles-Oricáin y reconquista de la Trinidad de Lumbier (3 de febrero de 1875-22-26 de noviembre de 1875)
a. Acción de Lácar-caída del Centro y traslado de algunas fuerzas a Navarra (3 de febrero de 1875-mes de julio de 1875)
Tras la sorpresa carlista en Lácar, se decidió dar por finalizada la campaña militar, sin intentar tomar Estella, prolongando durante más tiempo el fin de la guerra. Para entonces, el gobierno decidió

35

asestar el golpe definitivo a las tropas del Centro[17]. Para la cual, una división entera que había sido enviada para la campaña de Navarra, fue devuelta al Centro. Lo que trajo que el ejército liberal apenas se quedara con efectivos suficientes para iniciar una guerra ofensiva en Navarra. No obstante, esto no resultó ser un problema importante, debido a que tras la batalla de Lácar, ambos contrincantes experimentaron una nueva manera de hacer la guerra, centrada ahora en el control del territorio, una guerra defensiva, mediante la construcción de líneas de fortificación que narraremos más adelante. Con la caída del Centro tras la decisiva batalla del 29 de junio de 1875 en Villafranca del Cid (Castellón), el 3 de julio las fuerzas carlistas recibieron la orden de abandonar ese territorio. En consecuencia, algunas columnas carlistas decidieron poner rumbo a Navarra para ayudar desde ahí a reactivar la guerra. De modo que a partir del mes de julio, la zona este de Navarra, que hasta la fecha apenas había tenido importancia en el teatro de la guerra, pasó a ser el escenario principal. A pesar de los esfuerzos de los alfonsinos de detener cualquier entrada a Navarra, no lo lograron. De modo que para finales de julio, el día 25, se ordenó iniciar la fortificación de tres localidades: Lumbier, Sangüesa y Cáseda; para intentar detener ese flujo que pudiera en definitiva volcar la balanza de la guerra a favor de los carlistas en Navarra.

b. Caída del Centro y traslado de algunas fuerzas a Navarra-acción del alto de la Trinidad de Lumbier (mes de julio de 1875-22 de octubre de 1875)

A inicios de septiembre, el teniente general José Reyna, encargado desde el 25 de agosto del mando del 1er Cuerpo y de las fuerzas liberales en Navarra, decidió trasladar gran parte de sus efectivos a la cuenca de Pamplona, en vista del avance de tropas carlistas con el General Dorregaray a la cabeza, que querían llegar a Navarra por Aragón. El 2 de septiembre, para impedir que los carlistas que operaban en Navarra ayudaran a entrar a las fuerzas de Dorregaray, el general Reyna provocó el 3 de septiembre un combate en Aoiz. A pesar de su victoria, Dorregaray consiguió entrar. Tras esto, los carlistas comenzaron a reconcentrar tropas sobre las cumbres, en una línea que fue desde el norte de Pamplona, en donde estaban realizando obras de explanación para un nuevo bloqueo, pasando por Aoiz, hasta Lumbier. El propósito era intentar ayudar a pasar a más columnas carlistas, mientras un poco más al sur los liberales habían terminado de construir defensas en la zona de Sangüesa. Para el 3 de octubre, en un reconocimiento liberal sobre las poblaciones de Domeño y Adansa (en la zona de Lumbier), se verificó la concentración de tropas carlistas, en vistas al auxilio de una nueva columna carlista que intentaba penetrar desde Aragón, con el general Boet a la cabeza. Con el objetivo de distraer a las fuerzas liberales, el general en jefe del Ejército Carlista del Norte, José Pérula y de la Parra, organizó la ocupación de Lumbier atacándola y tomando posesión el 20 de octubre de la ermita de la Trinidad. Desde ese punto amenazó a la población de Lumbier, a lo cual resolvió el general Reyna atacando la ermita el día 22, recordado posteriormente como el día de la acción del Alto de la Trinidad, en el que los liberales fueron rechazados por los carlistas. Esta fue la última victoria carlista de aquí hasta el final de la guerra en territorio navarro.

c. Acción del alto de la Trinidad de Lumbier-acción de Miravalles-Oricáin y reconquista de la Trinidad de Lumbier (22 de octubre de 1875-22-26 de noviembre de 1875)
Tras la derrota del general Reyna por el control de la ermita, se iniciaron diferentes estrategias para echar a los carlistas de ese punto y de la sierra de Leire, que terminaron fracasando. Entre tanto, las fuerzas carlistas que desde inicios de septiembre se hallaban realizando acondicionamientos y construcciones en los montes del norte de Pamplona, se encontraban para entonces hostilizando a la población con el objetivo de iniciar un nuevo bloqueo a la capital, tras llevar bombardeando tres meses a la ciudad. Ante esta situación, y en vistas que era imposible desalojar a las fuerzas carlistas de la sierra de Leire, por orden del general en jefe liberal, Genaro de Quesada y Matheus, se ordenó preparar un nuevo ataque para eliminar el obstinado bloqueo que los carlistas estaban intentando crear nuevamente en Pamplona. De tal forma que, durante los días 22 y 23 de noviembre, se produjo la batalla de Miravalles-Oricáin, en la que los alfonsinos lograron finalmente adueñarse de los monte del norte de la ciudad.

Para esta acción, el grueso de las tropas carlistas acantonadas en la sierra de Leire se trasladaron a Pamplona, para reforzar el bloqueo. De modo que en lo sucesivo, el general liberal Delatre, que se había quedado con sus fuerzas en Lumbier, consiguió finalmente entre los días 25 y 26 de noviembre llegar a la ermita de la Trinidad, mientras las pocas fuerzas tradicionalistas que ahí quedaban la abandonaban, retrocediendo a la sierra de Navascués, un poco más al norte.

2.1.5. Fase V: acción de Miravalles-Oricáin y reconquista de la Trinidad de Lumbier-fin de la guerra (22-26 de noviembre de 1875-28 de febrero de 1876)

a. *Acción de Miravalles-Oricáin y reconquista de la Trinidad de Lumbier-toma de Santa Bárbara de Oteiza (I acción sobre Estella, 30/01/1876) y avance hasta Elizondo (22-26 de noviembre de 1875-30-31 de enero de 1876)*

Una vez finalizadas las operaciones con victoria liberal sobre el norte de la cuenca de Pamplona y la zona fronteriza del este de Navarra, comenzaron a edificarse, en el primero, varias fortificaciones alfonsinas en los montes al norte de Pamplona, para evitar un tercer intento de bloqueo a la capital.

Estando todo en relativa calma, el gobierno decidió reorganizar su ejército el 14 de diciembre, una vez conquistado el Centro y Cataluña. Las tropas que se hallaban en el País Vasco y Navarra, pasaron a denominarse el *Ejército de la Izquierda*, con el general Genaro de Quesada como general en jefe, cuya misión sería terminar la guerra en el País Vasco. Por otro lado, los ejércitos victoriosos del Centro y Cataluña, pasaron a denominarse *Ejército de la Derecha*, con el general Arsenio Martínez Campos como general en jefe, cuya misión sería terminar la guerra en Navarra. En resumen, mientras las tropas carlistas seguían estando cada vez con menos efectivos, fruto del inicio de las deserciones y las bajas, el ejército de operaciones en el norte se vio sumamente reforzado. Tan solo sería cuestión de tiempo que se organizase una nueva campaña militar, para deponer a las tropas de Carlos VII.

Las operaciones en Navarra, a pesar de que el general liberal Martínez Campos quería comenzarlas a mediados de enero, tuvieron que ser pospuestas hasta final de mes, debido al mal tiempo. Llegado el momento, dividió su ejército en dos, para asestar dos golpes al mismo tiempo y así debilitar a las fuerzas carlistas. Una parte de su ejército, al mando del teniente general Fernando Primo de Rivera, comandante en jefe del 2.º Cuerpo del *Ejército de la Derecha*, apoyado por la artillería de batalla y ayudado por la brigada de la ribera, atacó las inmediaciones de Estella el 30 de enero, con objetivo de tomar el fuerte de Santa Bárbara de Oteiza. Todo esto ocurrió mientras las restantes fuerzas (el 1er Cuerpo de ejército, la división de reserva y la artillería de montaña), al mando de su general en jefe, avanzaban con dirección al Baztán, logrando en la noche del 31 llegar a Elizondo sin enfrentarse a fuerzas carlistas. De esta manera, se alcanzaron varios puntos estratégicos en los que con anterioridad habría sido imposible. Para el primer caso, la ansiada conquista del fuerte de Santa Bárbara de Oteiza, que llevaba planeándola el general Quesada desde la construcción de las obras de Monte Esquinza y Oteiza casi un año atrás; y en el segundo caso, la apertura final del norte de Pamplona, cerrada casi desde el inicio de la guerra, al estar bajo control carlista.

b. Toma de Santa Bárbara de Oteiza (I Acción sobre Estella) y avance hasta Elizondo-toma de Estella (II acción sobre Estella), toma de Peña Plata y acción de las Palomeras de Echalar (30-31 de enero de 1876-17-19 de febrero de 1876)
Tras estas primeras operaciones, mientras el general Primo de Rivera aguardaba instrucciones del general Martínez Campos, este se hallaba incomunicado en Elizondo. Por ese motivo y ante la escasez de víveres, se apoderó de Dancharinea y Urdax en la frontera con Francia. El objetivo de Campos era avanzar hasta tomar Vera (en la frontera con Gipuzkoa) y unir fuerzas con las tropas del general Quesada, para una vez alcanzado ese propósito, barrer el territorio hacia el sur, cortándoles a los carlistas la huida a Francia. Sin embargo, el tiempo les impidió seguir. Una vez que los carlistas supieron del avance liberal hasta el Baztán, Alfonso Carlos de Borbón y de Austria, conde de Caserta (hermano de Carlos VII), junto con el Comandante General de Navarra, José Pérula, empezaron a aglutinar tropas para atacar a Campos, mientras otras fuerzas protegían Vera. Pero el número in-

ferior de fuerzas carlistas hacía insostenible defenderse al unísono el norte y las inmediaciones de Estella. En el momento en que el general carlista Pérula el 14 de febrero trasladaba fuerzas del norte a Estella, Campos al día siguiente amagó un ataque a Vera, confundiendo a Pérula, que intentó volver al norte. Ante este juego de estrategias, estando las fuerzas de Pérula moviéndose hacia el norte, el 17 comenzó el general liberal Primo de Rivera con el ataque definitivo a Estella, sabiendo que no tenía tiempo Pérula de llegar con refuerzos. De este modo entre los días 17 y 18 cayó el fuerte de San Sebastián de Montejurra. Como conclusión, los carlistas abandonaron esa misma noche Estella y al día siguiente el ejército de la nación se apoderó sin defensa alguna, de la capital carlista de Navarra.

Al unísono, Campos inició el 17 los movimientos que le llevaron a Vera, aprovechando que Pérula se hallaba a medio camino. Pero para poder lograr ese objetivo, tuvo que pasar la profunda cañada que había entre el monte Centinela y Peña Plata, las cuales estaban fortificadas y bien protegidas. Se libró un combate el 18, por la disputa de Peña Plata, logrando finalmente su posesión el general Martínez Campos, el 19 de febrero. Esto posibilitó la continuidad a Vera, pero no sin antes volver a someter a los carlistas en el Alto de las Palomeras el mismo 19. Ésta fue la última batalla que libraron los carlistas en suelo navarro.

c. Toma de Estella (II Acción sobre Estella), toma de Peña Plata y acción de las Palomeras de Echalar-paso de Carlos a Francia (17-19 de febrero de 1876 -28 de febrero de 1876)
Tan solo quedaban las fortificaciones de los montes de Vera y Endarlaza para lograr el objetivo de unir las fuerzas del general Martínez Campos con las del general Quesada en Gipuzkoa. Por ese motivo, se esperaba una obstinada resistencia carlista para el día 20. Sin embargo, no hubo resistencia alguna, lográndose finalmente el propósito de Campos, e iniciándose así un movimiento de persecución a las fuerzas carlistas, dispersas por la zona norte de Navarra y que poco a poco comenzaron a rendirse entregando sus armas.

No obstante, quedaban varios puntos aislados que todavía permanecían bajo dominio carlista. A saber, el castillo de Lapoblación, el fuerte sobre la ermita de la Trinidad de Irurzun, el puerto de Velate y los Alduides. Sin embargo, a pesar de prepararse el ejército alfonsino para someter a las fuerzas de estos puntos, no encontraron resistencia, logrando controlar estos enclaves sin problema alguno. Para el día 27 de febrero, los restos del ejército carlista se hallaban hacia Santesteban y Eugui, al noroeste de Navarra. Finalmente Carlos VII decidió pasar la frontera con Francia el 28, finalizándose así la guerra. El carlismo había vuelto así a perder una nueva guerra, pero al no ser apresado el pretendiente y huir con él un número importante de hombres en su exilio, el carlismo no fue derrotado, procurándose así opciones de continuar con un nuevo alzamiento en el futuro. Sin embargo, esto nunca volvió a ocurrir bajo su reinado, aunque eso no causó que la llama de la contrarrevolución no fuera continuada bajo otros pretendientes en el futuro. En este contexto se entiende, por ejemplo, la participación del carlismo en la última guerra civil española.

2.2. Secuenciación constructiva del paisaje militar

Tras realizar la propuesta de la secuenciación histórica, comprobamos que con esa misma secuencia se podían correlacionar otras tantas fases en las que se inició la construcción de las fortificaciones, convertidas hoy en el legado material de este conflicto. Esta conexión se origina en base a la ley de causa y efecto, por la cual, ante un resultado militar importante, ambos contrincantes decidieron construir líneas de defensa o de ataque en nuevos puntos. De este modo, se entiende que ambas secuencias están constantemente ligadas entre sí, porque como veremos a continuación, a cada fase histórica le correspondió una nueva fase de fortificación. A todas, salvo a la última fase de construcción, que perduró durante las fases históricas cuatro y cinco.

A continuación, presentamos de forma esquemática las cuatro fases constructivas que hemos llegado a identificar y que serán desarrolladas más adelante. Para poder realizar este trabajo, nos hemos vuelto a basar en las crónicas de la *Narración militar de la Guerra Carlista de 1869 a 1876* (Cuerpo de Estado Mayor del Ejército, 1883-1886).

2.2.1. Fases de construcción

I. fase de fortificación: periodo uno de la guerra. Inicio de la construcción de algún fuerte liberal de campaña en puntos estratégicos para el control de las partidas carlistas, fortificación de algún destacamento y protección de las estaciones de la línea del ferrocarril.

II. fase de fortificación: periodo dos de la guerra. Comprometida a construcciones de campaña, proliferación de defensas en ciertos destacamentos clave, continuación de la protección de estaciones y puentes. Inicio de las construcciones de fuertes carlistas en territorio ocupado.

III. fase de fortificación: periodo tres de la guerra. Continuación de construcciones de campaña e inicio de construcciones de carácter mixto, debido a la comprometida necesidad de defender la línea del Ebro y la ribera de Navarra. Continuación de las construcciones de campaña carlistas centradas en la línea media del Carrascal.

IV. fase de fortificación: periodo cuatro y quinto de la guerra. Auge de las construcciones de carácter mixto. Construcción de hasta tres conjuntos liberales fortificados:

1. La *línea del Arga*: sierra del Perdón, montes de Puente la Reina y Monte Esquinza.
2. La frontera con Aragón: Lumbier, Sangüesa y Cáseda.
3. Montes de Pamplona: Miravalles y San Cristóbal.

Auge de las construcciones carlistas de campaña e inicio de las de mixtas.

Quedaría una V fase relegada para los puntos fortificados y nuevas construcciones tras la guerra, orientadas por el gobierno a mantener un control sobre la provincia recién sometida. Pero que debido a los límites temporales de esta publicación, no se ha trabajado, dejando así abierta la posibilidad de seguir estudiándose en él en un futuro.

2.2.2. Morfología de las obras construidas

Dentro de la secuenciación constructiva del paisaje militar, siguiendo las directrices de ingenieros militares (Torner, I, 1898) y civiles (Clairac y Saenz, III, 1884) de mediados finales del siglo XIX, se definen dos tipos morfológicos de fortificación empleados en periodo de guerra: la fortificación de campaña y la fortificación mixta o semipermanente. Ambas fueron empleadas a lo largo de la segunda guerra carlista por ambos bandos, como veremos más adelante. Por el momento, analizaremos cuáles son sus características principales y las diferencias entre una y otra basándonos en el *Diccionario General de Arquitectura e Ingeniería* del ingeniero Pelayo Clairac y Saenz.

a. Fortificación de campaña
Se ejecuta durante la guerra por medio de los mismos soldados que la defienden. En la mayoría de los casos, por medio de movimiento de tierras, auxiliadas algunas veces con madera que se usa para revestimientos, abrigos, caponeras, etc; y son abandonadas cuando termina la guerra.

Se distinguen tres elementos principales: el obstáculo, destinado a impedir la marcha del enemigo; la masa cubridora, que protege al defensor de los tiros del mismo, y el terraplén, por donde el defensor puede circular al abrigo del fuego. El obstáculo lo constituye el foso, cuyas dimensiones depende de la importancia de la obra; la masa cubridora el parapeto, cuya altura y espesor depende también de la naturaleza de la obra a que se aplica; y el terraplén en las obra de campaña se hace excavando una trinchera, con el objetivo de disminuir la altura del parapeto, haciendo que se termine el trabajo con más rapidez (Clairac y Saenz, III, 1884: 156-159).

b. Fortificación mixta o semipermanente
Siempre que la importancia de las posiciones lo requiera y no apremien las circunstancias, se dan mayores dimensiones y más fuerza a los perfiles de campaña, constituyendo fortificaciones semipermanentes, las cuales tienen por objeto principal el que no puedan ser atacadas con los recursos ordinarios que acompañan a los ejércitos en campaña, siendo necesario llevar ya el material que se requiere para los sitios.

En comparación con el de campaña, aumenta la altura del parapeto, para proporcionar mejor abrigo a las tropas. El foso debe ofrecer mayor obstáculo al enemigo, aumentando su profundidad y anchura. Esto requiere varias semanas de trabajo. En las obras mixtas hay que disponer de mayor número de emplazamientos para

43

artillería, que es también de mayor calibre y toda su organización interior es mucho más completa que los de campaña. Lo que caracteriza a estas obras es el revestimiento de las escarpas y el flanqueo de los fosos por medio de caponeras, ambas de madera. Los trazados de estos fuertes son análogos a los de las obras permanentes, si bien sus dimensiones suelen ser algo menores, a menos que exista la idea de convertirlos poco a poco en obras permanentes (Clairac y Saenz, III, 1884: 163-164).

Nos quedaría por añadir a este apartado morfológico las fortificaciones permanentes. Pero debido a que este tipo de obras se realizaban en periodos de paz, simplemente lo citamos ya que no vamos a tener ejemplo alguno de este tipo de obra.

Una vez definidas los dos tipos morfológicos que emplearemos a la hora de clasificar las fortificaciones construidas en cada una de las cuatro fases constructivas, a continuación resumimos someramente los distintos tipos de obras que aparecerán a continuación.

2.2.3. Tipología de las obras

Tras estudiar las crónicas de la *Narración militar de la Guerra Carlista de 1869 a 1876* (Cuerpo de Estado Mayor del Ejército, 1883-1886), decidimos clasificar las obras construidas en cuatro tipologías diferentes. A saber: las villas, los fuertes, los puentes y las estaciones de ferrocarril. Los dos primeros funcionaron como puntos de control sobre un territorio, mientras que los dos últimos estaban íntegramente ligados a la protección de las vías de comunicación. Fuera de esta clasificación general se han quedado por el momento obras de carácter menor, como pudieron ser baterías para la artillería de campaña, o la infinidad de líneas de trincheras excavadas.

Atendiendo a estos cuatro grandes grupos tipológicos, los hemos encontrado repartidos por toda Navarra, dándose cualquier variable. Por ejemplo, que en una localidad tan solo se construyera un fuerte, o bien más de una construcción tipológica distinta.

2.2.4. La secuenciación

En base a los datos recopilados, a continuación narraremos fase por fase toda la información, acompañando con mapas sobre la dispersión de las obras militares realizadas en la geografía navarra. Aquí es importante matizar el desarrollo de los propios mapas, que a lo largo de las cuatro fases irán complicándose, ya que construcciones edificadas en fases anteriores pervivirán con las de nueva obra. Esto nos va a ayudar en definitiva, a tener una mayor perspectiva del paisaje militar que llegó a albergar Navarra durante estos años de conflicto.

a. Fase I
1. Discusión histórica
Según los acontecimientos históricos, con el inicio del nuevo alzamiento militar del 20 de diciembre de 1872, el gobierno estableció pequeños destacamentos formados por el ejército liberal, la Guardia Civil, los carabineros y los milicianos simpatizantes del gobierno, agrupados bajo el nombre de *Voluntarios de la Libertad*[18]. Estos se desplegaron por las principales ciudades o puntos clave: Pamplona, Estella, Tudela, Tafalla, Campanas, Irurzun, Echarri, Huarte-Araquil, Alsasua, Puente la Reina, Viana, Vera, Elizondo, Echalar, Santesteban y Goizueta.

A pesar del despliegue de guarniciones, es importante destacar que tan solo hemos hallado información relacionada con obras de defensa hechas en las poblaciones de Ibero, Estella y Tafalla[19]. Pero cabe pensar que, se hubieran realizado en más lugares en donde se situaron estos destacamentos y que las fuentes obviaron esta información.

Desde que tomó posesión el mariscal de campo Domingo Moriones, como capitán general de las provincias Vascongadas y Navarra el 7 de enero de 1873, se mandó la fortificación ligera (de campaña) de algunos puntos que se pueden ver en la figura 1 que acompañamos. Destacan por un lado los encomendados al coronel capitán de ingenieros Enrique Manchón, cuya tarea se centró entre los meses de enero a marzo de 1873 en fortificar estaciones de ferrocarril del trayecto Castejón-Pamplona. Esto estuvo motivado por los asaltos y sabotajes que algunas partidas carlistas estaban realizando en este tramo y que como resultado se originó el incendio de algunas estaciones[20]. De ahí, la necesidad de protegerlos, sobre todo con miembros del cuerpo de carabineros. Esto pone de manifiesto el esfuerzo por parte de las autoridades para restablecer y mantener las vías de comunicación, vitales para el abastecimiento del ejército, o los movimientos de tropas.

Por otro lado, también en estas fechas están las obras de fortificación que se confiaron al brigadier Ignacio María del Castillo en la sierra de Urbasa y sierra de Andía, al ser este paraje refugio natural carlista desde la primera guerra. El objetivo fue controlar y bloquear aquellas partidas carlistas que quisieran cruzar desde la Barranca[21] a los valles limítrofes de Estella; es decir, de norte a sur o viceversa. Por ese motivo, se mandó edificar tres *Blockhaus*. El primero, en el túnel de Lizarraga sobre el puerto del mismo nombre. El segundo, sobre el puerto de Bacáicoa en la ermita de San Adrián; y, el tercero y último, en algún punto montañoso dentro del municipio de Unanua, puesto que el nombre que recibe es el mismo que el del municipio. Este último estaría situado más al este que los dos anteriores, pero debido a la falta de datos, hemos optado no señalarlo en el mapa. Al mismo tiempo, se solicitó pólvora para practicar voladuras en el puerto de Irañeta, situado más hacia el este, siendo otro de los puntos importantes por donde se podía ascender a la sierra de Andía y de allí adentrarse en el valle de Goñi, o en el de Ollo.

Al unísono, se le ordenó al brigadier Castillo, como había pasado con el coronel capitán Manchón, que fortificara una línea de estaciones de ferrocarril, que comenzando en Alsasua, continuara por Álava y Gipuzkoa. Sin embargo, del trayecto Pamplona-Alsasua, fue en este último punto en donde se realizaron finalmente obras de fortificación, debido a la importancia que desempeñaba Alsasua como punto de confluencia de las dos líneas. La primera proveniente de Vitoria (Araba), y la segunda de San Sebastián (Gipuzkoa).

No sabemos si se les encargó a alguno de estos dos militares fortificar la estación de Irurzun, pero lo cierto es que el 20 de junio de 1873, se habla del ataque del general carlista Dorregaray al fuerte de Irurzun (Cuerpo de Estado Mayor, III, 1884: 20). Por lo que presuponemos, que en esta primera fase se debió de fortificar esta estación.

Mientras, en el mismo mes de febrero, en la zona septentrional de Navarra, se le ordenó al coronel Sáenz de Tejada, quien operaba en esta parte, que fortificase el puente de Endarlaza (Cuerpo de Estado Mayor, II, 1884: 372), ya que este representaba un paso importante de unión con Gipuzkoa, que podía ser empleado por las partidas carlistas en sus constantes marchas interprovinciales.

También en febrero, concretamente el 29, se mandó fortificar el puente de Ibero sobre el río Araquil. Aunque no se cita quién y el motivo, está claro que este también era un punto de paso importante a la cuenca de Pamplona, ya que bajo su control, posibilitaba que aquellas partidas que quisieran bajar de la sierra de Andía no pudieran hacerlo.

En definitiva, si hacemos un análisis global de los puntos levantados en esta primera fase, se percibe la necesidad por el capitán general Moriones de controlar ciertos lugares de la provincia en donde se estaban moviendo las partidas carlistas. Estas obras se llevaron a cabo entre los meses de enero a marzo, desde la llegada de Moriones al cargo. Esta concatenación de construcciones en un tiempo tan corto, nos habla de la situación que estaba llegando a alcanzar la insurrección en Navarra y, por tanto, las medidas que se vio obligado a tomar el capitán general.

Los dos reductos construidos en los puertos de montaña, junto con el del puente de Ibero y las obras de este pueblo, más las realizadas en Estella, denotan la preocupación del gobierno por aislar los movimientos de las partidas que no son capaces de capturar, dentro de esta montañosa enmarcación geográfica, representada principalmente por la sierra de Andía. De esta forma, la inversión puesta en estas obras fue recompensada con un mayor control de las correrías, con el objetivo final de alcanzarlas y derrocarlas.

Por su parte, la pronta necesidad de proteger la vía del ferrocarril de cualquier golpe de mano que rompiera las comunicaciones, hizo necesario fortificar aquellos puntos que pudieran verse debilitados. Por lo que se demuestra la importancia que llegó a alcanzar la protección de la red de comunicaciones. Es decir, tanto de la línea del ferrocarril, como del tendido de la vía telegráfica que viajaba junto a él.

2. Obras construidas

En esta primera fase, los liberales realizaron obras de fortificación en las poblaciones de Estella e Ibero y en el puente de esta última localidad. Igualmente se erigieron tres pequeños fuertes aislados sobre las sierras de Urbasa y Andía; y se construyó un fuerte en Tafalla en el cerro de Santa Lucía. Se fortificó el puente de Endarlaza que unía Navarra con Gipuzkoa y que limitaba al mismo tiempo con Francia. Y finalmente, se construyeron algunas obras de fortificación localizadas en torno a la línea del ferrocarril, en diferentes puntos, pero prácticamente distribuidos en toda la inmensidad de la línea. Fueron un total de nueve (de norte a sur): Irurzun, Alsasua, Campanas, Tafalla, Olite, Caparroso, Marcilla, Villafranca y Milagro.

3. Discusión de la materialidad

Esta primera fase se caracteriza por la poca información sobre puntos fortificados y detalles de los mismos. Tal vez medianamente justificados por la constitución propia de las mismas obras, de campaña, como así dice que fueron el capitán general Domingo Moriones: «... desde luego pensó Moriones en fortificar, siquiera ligeramente, algunos puntos...» (Cuerpo de Estado Mayor, II, 1884: 254). Estas obras fueron principalmente realizadas por Enrique Manchón, Ignacio María del Castillo y Sáenz de Tejada, como hemos podido ver. Debido a que todavía en esta fase los carlistas no disponían de artillería alguna (hasta tras la batalla de Eraul del 5 de mayo 1873), es lógico pensar que las obras levantadas fueran principalmente hechas con tierra y madera. Es decir, la construcción de fosos, trincheras, parapetos y obras sencillas de madera, para poder controlar puntos clave de la geografía navarra, con una pequeña dotación militar. Posiblemente, de las construcciones realizadas, los *blockhaus* sean las obras más complejas edificadas en esta fase, y a pesar de ello, actualmente no hemos sido capaces de encontrar resto alguno de su materialidad. Esto nos ayuda a reforzar el carácter efímero de estas obras de campaña construidas al inicio de esta guerra.

b. Fase II

1. Discusión histórica

Con el inicio de la segunda fase, la guerra se recrudece y, tras la batalla de Eraul, pasó de ser considerada insurrección, a guerra civil. A grandes rasgos se experimentó un repliegue general de los republicanos[22] condicionado por varios factores clave:

Figura 1. Mapa con la distribución de lugares fortificados durante la fase I

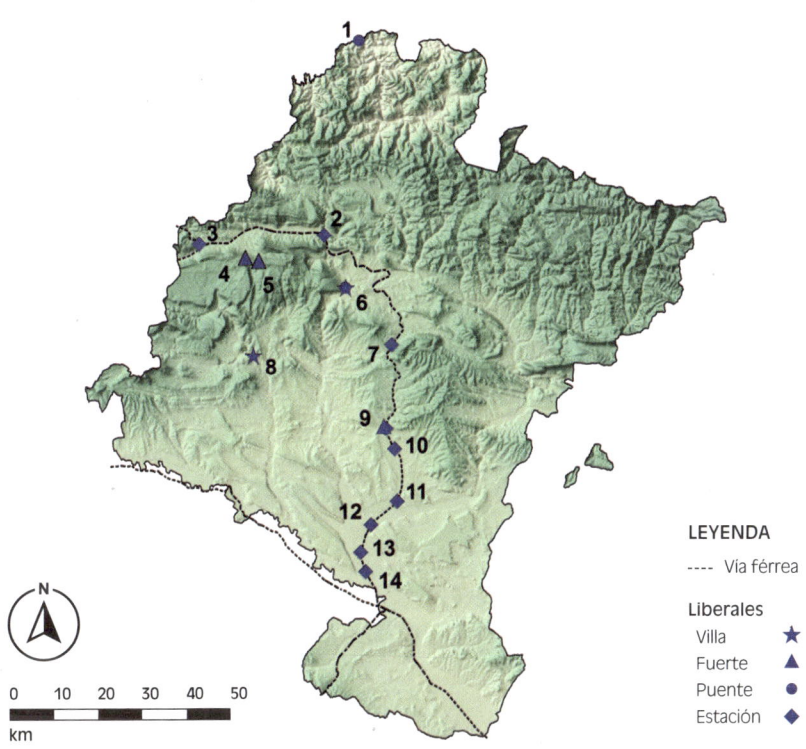

Lugares fortificados (de norte a sur): **1.** Endarlaza; **2.** Irurzun; **3.** Alsasua; **4.** Bacáicoa; **5.** Lizarraga; **6.** Ibero (villa y puente); **7.** Campanas; **8.** Estella; **9.** Tafalla (fuerte de Santa Lucía y estación); **10.** Olite; **11.** Caparroso; **12.** Marcilla; **13.** Villafranca; **14.** Milagro.

- En primer lugar, la adquisición tras la batalla de Eraul del primer cañón para el bando carlista. Este hecho puede parecer insignificante, pero en realidad fue muy importante, ya que muchos destacamentos liberales de la fase anterior, aunque fortificados, eran vulnerables a la artillería. Por tanto, esta fue una de las razones por las que en la primera parte de esta segunda fase, los carlistas consiguieron tomar varios puntos clave bajo dominio republicano.

- También es sustancial hablar del constante cambio de ministros de guerra y generales republicanos que pasaron a capitanear las

49

fuerzas del norte, cada cual con un propósito distinto al anterior. Esta variabilidad no ayudó a desarrollar planes de larga duración para acabar con la guerra. A esto se suma también la falta de fondos para la guerra, que motivó un aumento en la indisciplina del ejército.

- En tercer lugar, el inicio de la insurrección cantonal del 12 de julio de 1873. La república, inmersa en los enfrentamientos de la segunda guerra carlista, se vio agraviada con este otro conflicto militar, que le ocasionó tener que desviar fuerzas de norte a sur, con las consecuencias que suponía debilitar las posiciones del norte. Justo en un momento clave en el que los carlistas comenzaban a afianzarse y a superar a las fuerzas estatales en diferentes puntos de la geografía navarra.

En cuanto a las fortificaciones se refiere, desde que tomó el mando del Ejército del Norte el general José Sánchez Bregua un 15 de julio, comenzó a darse un progresivo repliegue general, abandonando puntos débiles, para así poder reconcentrar fuerzas en otros que sí se prestaban a una mejor defensa. Estos sucesos se contextualizan en un momento en el que el ejército del gobierno, debilitado, resulta incapaz de proteger muchos puntos al mismo tiempo. Esto ocasionó que las fuerzas carlistas tomaran el control sin apenas esfuerzo de muchos lugares, incrementando la popularidad de la causa carlista.

Un claro ejemplo de esto último lo encontramos en la zona septentrional de Navarra. Por entonces, el comandante general de Navarra, Manuel Álvarez Maldonado, mandó al coronel Sáenz de Tejada abandonar sus posiciones de Sumbilla, Santesteban y Elizondo. De esta forma, se replegaron las últimas fuerzas que controlaban el territorio de Cinco Villas y el Baztán, a finales de julio de 1873. Al abandonarlas, Sáenz de Tejada manifestó su descontento al comandante general de Navarra, ya que estos puntos habían sido fortificados con esmero y al abandonarlos tardarían mucho en volver a controlarlos, una vez que cayesen en manos carlistas. Pero sin los efectivos suficientes para el control del territorio, Maldonado ordenó abandonar el norte de Navarra.

Los carlistas, por su parte, siguieron atacando la línea del ferrocarril, en su empeño de romper la línea de comunicación y abastecimiento. A lo cual Bregua resolvió reconcentrando los destacamentos de las estaciones, ya que se hacía inviable que en cada punto siguiera habiendo una guarnición. Por ejemplo, al destacamento de Campanas se le dio la opción de replegarse a Pamplona o Tafalla; o a los de Marcilla, a Caparroso o Azagra.

Del mismo modo, Bregua felicitó las obras de fortificación que se habían hecho en tiempos del mando del general Moriones, ya que ahora le eran indispensables. Pero debía seguir fortificando alguno de esos puntos de gran importancia. Por ese motivo, en el mes de julio mandó restablecer el puente fortificado de Puente la Reina y mejorar las defensas tanto de la estación de Alsasua, que se hallaba débilmente fortificada, como las del fuerte de Lizarraga.

Pero estas obras sirvieron de poco, una vez que las tropas del general carlista Dorregaray consiguieran tomar el 23 de julio los fuertes aislados de Lizarraga y Bacaicoa, y al día siguiente el destacamento de Ibero decidiera abandonar su posición. Estos acontecimientos desencadenaron un efecto dominó sin precedentes sobre muchas guarniciones desde finales de julio hasta el primer tercio del mes de septiembre. Entre estos podemos citar las poblaciones de Alsasua, Campanas, Puente la Reina, Estella, Viana, Sangüesa, Lumbier y Vacarlos, entre otras.

La toma repentina de un sinfín de pueblos hasta ahora en manos republicanas por los carlistas, les ocasionó el mismo problema que estaban padeciendo los republicanos; es decir, el de tener que mantener fuerzas suficientes en cada uno de esos puntos si querían preservarlos. Por ese motivo, decidieron en el caso de las poblaciones más sureñas como Viana, Lumbier o Sangüesa, no ocuparlas y hacerse más fuertes en otras de la zona media de Navarra, como fueron Estella o Puente la Reina. Resulta curioso analizar cómo estos pueblos de la zona media no fueran ocupados tras echar a los republicanos y que estos tampoco luego volvieran a reocuparlos. Esto originó la apertura de una brecha territorial neutral, que se extendería entre esta fase y la siguiente por la zona meridional de Navarra.

Tras este repliegue generalizado por los republicanos, Domingo Moriones volvió a ser nombrado como general en jefe del Ejército del Norte el 13 de septiembre, e hizo constar al comandante general de Navarra, Maldonado, que se reconcentrara en los puntos clave que todavía conservaban. Es decir, Pamplona, Tafalla y Tudela como ciudades importantes. Mientras, los voluntarios de la República sostendrían otros puntos de la Ribera, entre otros, Caparroso o Marcilla. Por lo demás, los carlistas prácticamente ya eran dueños del territorio restante. Es decir, desde el norte hasta la parte media de la provincia (zona montañosa), con exclusión del paso del Carrascal y la cuenca de Pamplona.

A partir de noviembre de 1873, Moriones concluyó que ante la imposibilidad de recuperar territorio perdido[23], tendría que ocupar sus energías en fortificar las poblaciones en las que se habían visto replegados. El control de la cuenca de Pamplona y la Ribera era lo único que les quedaba y de perderlo, peligraba un avance más allá del Ebro, con las consiguientes consecuencias que podrían depararles. Para remediar esa posible situación, se comenzaron a realizar obras de fortificación en poblaciones como Lerín, Lodosa, Miranda de Arga, Peralta, Marcilla o Azagra. Una de las principales obras de esta segunda fase fue fortificar las cabezas de puentes, para controlar cualquier correría carlista y limitar al máximo el tránsito en la Ribera.

Gracias al cese de la insurrección cantonal el 13 de enero de 1874, el gobierno pudo volver a concentrarse en la guerra del norte y con ese motivo mandó más efectivos, posibilitando defender estos nuevos destacamentos y villas que ya se estaban fortificando.

Con el inicio de las macro operaciones en Bizkaia a partir de febrero, que tendrían como resultado el levantamiento del bloqueo carlista a Bilbao a inicios de mayo, fuerzas republicanas y carlistas se fueron concentrando en ese territorio, posibilitando un periodo de relativa calma para Navarra. Sin embargo, tras este periodo y en particular en las inmediaciones de Estella, Navarra volvería a ser foco de atención, con el desencadenamiento de la victoria carlista en la batalla de Abárzuza de los días 25-27 de junio de 1874, que daría por finalizada la segunda fase de fortificación.

En lo relativo al territorio carlista, iniciaron la construcción de un total de tres fuertes. El 16 de julio de 1873 tenemos la primera referencia a una fortificación carlista construida en Navarra. Se trataba del fuerte de Peña Plata (al norte de Navarra), que se hallaba en fase de construcción, erigido por el guipuzcoano Dorronsoro. Por lo que con este primer asentamiento, se entiende que estaban comenzando a afianzar el territorio recientemente conquistado (Giménez, 1876: 84).

También se sabe que para el 11 de enero de 1874 se estaba reforzando el castillo de Monjardín, cerca de Estella, con dos cañones más. Esto nos hace ver que tras la conquista de Estella en agosto de 1873, hasta enero de 1874 como mínimo, se estaba volviendo a reutilizar como en la primera guerra carlista el castillo medieval. Como en el caso anterior, parece ser una clara muestra de las intenciones del bando por afianzarse en la zona meridional de Navarra.

Finalmente dentro de esta fase, hemos querido añadir una última construcción edificada en los preámbulos de la batalla de Abárzuza, a finales de junio de 1874. Representa posiblemente la última fortificación edificada por ambos bandos en esta fase de la guerra. Ésta, a diferencia de las dos anteriores, se construyó con el objetivo de proteger a Estella del ataque republicano que se daría en la batalla de Abárzuza. Por tanto, era una obra de campaña construida a base de tierra prensada, que posiblemente después de la batalla quedara inservible.

En resumen, sintetizando lo que hemos expuesto en la segunda fase, se puede afirmar que en esta etapa se inició por parte republicana, una lucha por intentar mantener todavía el pleno control de la provincia. Proliferaron las menciones de villas que se hallaban fortificadas, pero con la llegada al mando de general José Sánchez Bregua a mediados de julio de 1873, la inestabilidad trajo el inicio de un proceso de repliegue a zonas más seguras, por lo general al sur, en donde se fueron reconcentrando los diferentes destacamentos para poder ejercer una mejor defensa. Durante los meses de julio a septiembre, cayeron a un ritmo frenético un sinfín de destacamentos, lo que supuso que los carlistas se adueñaran de la mitad superior de Navarra. Esto desplazó a las fuerzas del gobierno, que se manutuvieron en posesión defensiva en el eje central Tudela-Pamplona. Estando en esta situación, se iniciaron obras de fortificación en la ribera para frenar el avance y evitar la pérdida total de la provincia. Mientras, unas pocas obras carlistas oficializaron la reciente conquista. Gracias al cese de la insurrección cantonal y las macro operaciones que se iniciaron en febrero en Bizkaia, se dio un respiro a las fuerzas republicanas acantonadas en la Ribera, en un momento de máxima tensión por el control de la zona sur de Navarra.

2. Obras construidas

REPUBLICANAS

En cuanto a obras nuevas se refiere, tenemos muchas más poblaciones fortificadas que en la fase anterior, aunque es probable que algunas de ellas ya estuvieran con anterioridad edificadas. No obstante, según la *Narración Militar*, en esta fase se construyeron (de norte a sur) en Sunbilla, Elizondo, Santesteban, Valcarlos, Burguete, Aoiz, Puente la Reina, Estella, Lumbier, Sangüesa, Tafalla, Viana y Lerín.

Por otro lado, hemos contabilizado un total de cuatro fuertes. Por un lado tenemos las reformas efectuadas en el fuerte de Lizarraga, antes de que fuera tomado por las tropas carlistas del general Dorregaray. Las restantes tres se construyeron *ex novo* en la zona meridional de Navarra. Por un lado los fuertes de San José de Tafalla y el fuerte de Marcilla, para blindar la protección de la línea del ferrocarril. El tercero, en Azagra, a orillas del Ebro, para vigilar la barca que servía como medio de comunicación entre ambas orillas.

A diferencia de la fase anterior, aparece la necesidad de defender ciertos puentes, sobre todo en la ribera, para controlar las correrías carlistas, de ahí la construcción de un total de seis (de oeste a este): en el río Ebro, en Lodosa; en el río Ega, en Lerín; en el río Arga (de norte a sur), en Puente la Reina, en Miranda de Arga y en Peralta; y finalmente en el río Aragón, en Marcilla (en el puente del ferrocarril).

En lo referido a las estaciones de ferrocarril, en esta fase se fortificaron un total de tres: se mejoró la de Alsasua, por su importancia, pero cayó en manos carlistas, lo que supuso su final al ser incendiada. La toma de Alsasua originó la interrupción de la vía férrea desde Pamplona, hacia el norte. Por otro lado, la estación de Olite fue reforzada. Y finalmente la estación de Caparroso, que había sufrido incendio y estaba destruida desde el primer piso. Esta se reconstruyó y se reforzó (Rodríguez De Quijano, 1876: 49).

CARLISTAS

Por vez primera aparecen en esta fase alusiones a las construcciones carlistas en un total de tres puntos. Los dos primeros en Peña Plata y Monjardín, construidos a la sombra del territorio recién tomado. El tercero, en Muru (valle de Yerri), fue un fuerte terrero construido a finales de esta fase, en los prolegómenos de la batalla de Abárzuza.

Figura 2. Mapa con la distribución de lugares fortificados durante la fase II

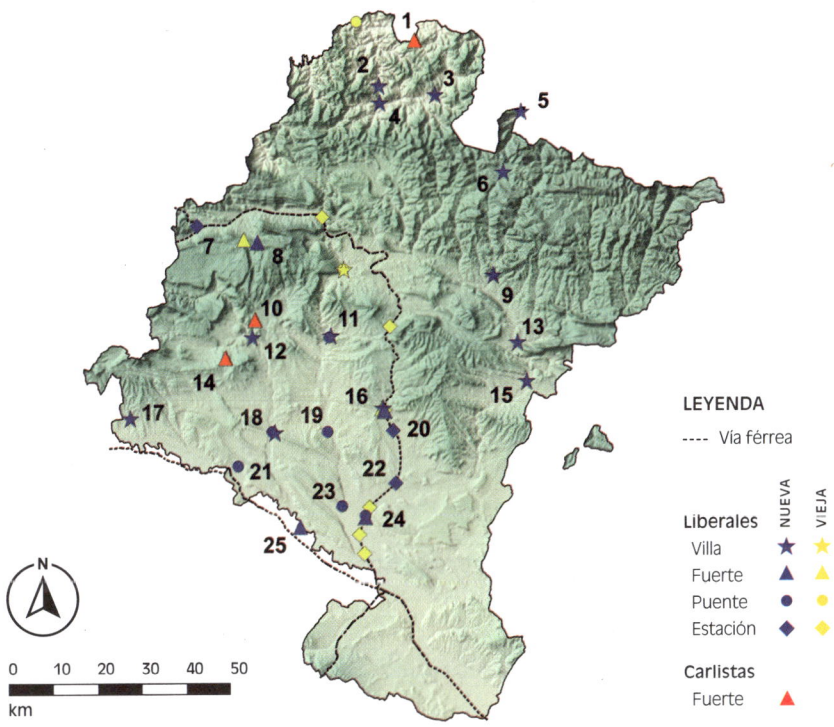

Lugares fortificados (de norte a sur): **1.** Peña Plata; **2.** Sumbilla; **3.** Elizondo; **4.** Santesteban; **5.** Valcarlos; **6.** Burguete; **7.** Alsasua; **8.** Lizarraga; **9.** Aoiz; **10.** Muru; **11.** Puente la Reina (villa y puente); **12.** Estella; **13.** Lumbier; **14.** Monjardín; **15.** Sangüesa; **16.** Tafalla (villa,y Fuerte de San José); **17.** Viana; **18.** Lerín (villa y puente); **19.** Miranda de Arga; **20.** Olite; **21.** Lodosa; **22.** Caparroso; **23.** Peralta; **24.** Marcilla (fuerte y puente); **25.** Azagra.

3. Discusión de la materialidad

Esta segunda fase volvió a caracterizarse por el empleo de obras de campaña. Aunque a diferencia de la fase anterior, en esta proliferaron muchas más, sobre todo en cuanto a villas y puentes fortificados nos referimos. Se siguieron mejorando fortificaciones de la fase anterior, como fue el caso del fuerte de Lizarraga, que a pesar de carecer actualmente de más información, presuponemos que se siguieron usando los mismos materiales perecederos (madera y tierra) que los vistos en la fase anterior. Por primera vez apareció, aunque de forma tímida, alguna obra de carácter mixta con materiales más duraderos, como el ladrillo. Este caso lo podemos ver en el fuerte de Azagra, ya que en la Ribera, a falta de piedra, se empleó en su sustitución el ladrillo. Un material más barato que la piedra, pero también resistente. Si nos preguntamos el porqué de la construcción de un fortín de estas características más acorde con la siguiente fase de fortificación, la respuesta la podríamos hallar, como en la fase anterior, en el inmenso empeño que puso el gobierno por controlar las vías de comunicación, en este caso, para el control del paso del Ebro. Tal vez por este motivo, el fortín de Azagra representa una insólita construcción temprana de lo que acontecería la siguiente fase, caracterizada como veremos por el inicio de las fortificaciones de morfología mixta.

En cuanto a los carlistas, finalmente comenzaron en esta segunda fase a fortificar. La primera de todas ellas, en la elevada cumbre sobre el monte Peña Plata, seguida del castillo de Monjardín (reutilizado, como en la primera guerra carlista) y finalmente, un reducto terrero para la batalla de Abárzuza en Muru. Cada una de ellas representa las tres formas distintas de construcción que se van a utilizar a partir de esta fase. Las construcciones *ex novo*, como el de Peña plata, que parece que iba construyéndose lentamente, lo cual nos lleva a pensar en la utilización de la piedra como elemento base y de ahí su posible carácter como obra mixta. Por otro lado, la reutilización de un antiguo enclave, como es el caso del castillo de Monjardín. Y finalmente las obras de campaña en las que predomina el uso de la tierra y de ahí la denominación de fuerte terrero.

c. Fase III

1. Discusión histórica

La tercera fase comienza tras la victoria carlista en los campo de Abárzuza entre los días 25-27 de junio de 1874, tras la muerte en el propio campo de batalla del general en jefe de las tropas republicanas Manuel Gutiérrez de la Concha e Irigoyen. Este hecho produjo un colapso estatal al ver como las mejores fuerzas del estado y su mejor general eran derrotados. Todavía en plena conmoción por lo sucedido, en un momento de plena crisis, el ejército se replegó a sus bases de la ribera esperando a nuevas órdenes. Sin duda, este fue el momento más crucial en el que se encontró el país. Sea como fuere, el 29 de junio nombraron al general Juan de Zavala, marqués de sierra Bullones, como general en jefe, mientras la comandancia de Navarra quedaba a cargo del general Moriones.

Tras el fracaso, el gobierno optó por la estrategia de enviar más efectivos a las operaciones del Centro, para pacificar esta zona del conflicto. Algunos efectivos que se hallaban en Navarra fueron requeridos para tales fines y sin fuerzas suficientes, se encomendó a Moriones que pasase a un estado de defensa casi total, centrado en la protección de la ribera Navarra con las fuerzas de que disponía, a saber: el 1er cuerpo del Ejército del Norte y la 1.ª brigada de vanguardia. Por ese motivo, en esta fase se inició el proceso de construcción de una red de fortificaciones de morfología mixta, empleando mejores materiales, como eran la piedra y el ladrillo, invirtiendo más tiempo y dinero en su construcción. Pero sin dejar de lado la construcción de fortificaciones de campaña. Este proceso comenzó tras la batalla de Abárzuza, continuando de forma ininterrumpida hasta finales de diciembre de 1874. La mayoría de estas obras se realizaron en el plazo de entre uno y dos meses, generalmente entre los meses de julio a septiembre, pero en el caso de las fortificaciones de las principales villas, como luego veremos, duraron prácticamente medio año.

A pesar de que llevaban tiempo fortificando la línea del ferrocarril, las obras continuaron durante esta fase. Ahora desde más al sur, en el importante cruce de caminos de Castejón. Primero mediante obras de campaña en las inmediaciones de la estación y finalmente con la construcción de dos torres que protegieran la estación de una toma de manos. Por lo demás, las estaciones de Villafranca, Marcilla (puente del ferrocarril y estación), Caparroso y del Carrascal (en la venta del *Piojo*), se fortificaron con obras de campaña. Con esta serie de nuevas construcciones se pretendía afianzar la comunicación directa con Pamplona, mientras que desde ese último punto a Alsasua, resultaba imposible al estar bajo control carlista.

Al mismo tiempo, seguía siendo imprescindible el control de los puentes de los principales ríos de la ribera. Por ese motivo se siguieron fortificando otros en los principales cursos fluviales (de oeste a este): para el Ebro, los puentes de Lodosa y Tudela; para el Ega, el puente de Andosilla; y para el Arga (de norte a sur), los puentes de Pamplona (puente de Miluze), Larraga, Miranda de Arga, Falces y Peralta.

En cuanto a obras de fortificación de villas se refiere, fueron fortificadas las principales (de norte a sur): Pamplona, Tafalla, Lerín, Larraga y Tudela. También, aunque de una forma un poco más modesta si cabe, las poblaciones de Peralta y Azagra. Este último por iniciativa del propio ayuntamiento, debido al sentimiento liberal que procesaban sus vecinos.

Al mismo tiempo se erigieron fortificaciones de carácter mixto dentro de algunas poblaciones en clara posición defensiva (de norte a sur): la ciudadela de Pamplona, el castillo de Larraga, los fuertes de Tafalla (Santa Lucía y San José), el castillo de Miranda de Arga, los fuertes de Lerín (fuerte Cazorla e Isabel II), las dos torres de Castejón y en Tudela el castillo de Santa Bárbara y la torre de Monreal.

Durante esta fase de fortificación apenas hubo acción alguna, salvo la batalla de Oteiza del 11 de agosto de 1874, cuyo objetivo era distraer tropas en Navarra para que en Álava la población de Laguardia fuera recuperada por la república.

Tras esta batalla y durante el mes de septiembre, atendiendo a la escasa información disponible, parece que los carlistas comenzaron a centrarse en estrechar y bloquear el tránsito de comunicaciones y suministros a Pamplona, por la zona del Carrascal. El objetivo era hacer claudicar a la capital, para así ganar ese espacio de terreno que les quedaba para controlar plenamente la zona media de Navarra. El general Moriones, como comandante general de Navarra, ante el socorro solicitado por el alcalde de Pamplona, comenzó a organizar un destacamento que flanquearía un convoy de provisiones a la ciudad. Finalmente se realizó a finales de noviembre con éxito, pero no sin haber entablado reñidos combates con los carlistas en las inmediaciones del Carrascal, conocidas como las acciones de Biurrun (20/11/1874) y monte San Juan (23/11/1874). Tras estas, el paso del Carrascal quedó finalmente bloqueado por los carlistas y la capital incomunicada. A partir de entonces, los carlistas continuaron con mayor insistencia realizando obras de defensa en la zona media de Navarra, delimitando así el espacio geográfico bajo su control. Estas obras fueron llamadas genéricamente bajo el nombre de la *línea del Carrascal*. Se trataba de una línea horizontal que, partiendo (de oeste a este) de los montes de San Gregorio, seguía por las faldas de Montejurra, Monte Esquinza, falda meridional de la sierra de Guirguillano, alturas de San Gregorio de Puente la Reina, Añorbe, Tirapu, Olcoz, sierra de Alaiz, hasta enlazarse con las peñas de Unzue, para luego prolongarse hasta el valle de Ibargoiti. Fueron líneas de trincheras que se extendieron en un recorrido ininterrumpido de unos 65-70 km de longitud, al que se le unió una segunda línea oblicua, por si esta era sobrepasada, que partiendo de la sierra del Perdón se unía con la sierra de Alaiz. Esta línea se cree que fue ejecutada por el ingeniero carlista Amador Villar, que en cuestión de poco tiempo pudo ponerla en funcionamiento. No obstante, como sería criticado por las fuentes, la línea no se extendió con igual fuerza hacia la línea del río Irati, ya que por entonces esta zona del este de Navarra todavía no mostraba el interés militar que más tarde tendría.

Es de suponer que a esta línea de construcciones de trincheras y baterías carlistas se le añadirían algunos reductos, que son los que tratamos en este capítulo. No se sabe si fue con antelación o en este contexto, cuando aparecieron finalmente los fuertes del castillo de Lapoblación, Santa Bárbara de Mañeru, ermita de Añorbe y dos más al sur, sobre la población de San Martín de Unx[24]. De la segunda línea oblicua, tenemos dos fortificaciones construidas a ambos lados de la antigua carretera del paso del Perdón, que lógicamente flanqueaban el camino y servirían como guardianes del bloqueo que los carlistas estaban realizando a Pamplona.

El 3 de octubre, el general Torcuato Mendiry fue nombrado general en jefe de las tropas carlistas, y con él se siguió trabajando

en la línea del Carrascal y en el bloqueo de Pamplona. Por entonces, el gobierno se mostraba preocupado por el temor de perder la
capital navarra, y por ese motivo, comenzó a organizar una nueva campaña militar a marchas forzadas. Pero esta se paralizó con
la proclamación como rey del hijo de Isabel II, Alfonso XII, por
parte del mariscal de campo Arsenio Martínez Campos. En ese
momento, tras un nuevo cambio de generales, el general La Serna fue nombrado general en jefe del Ejército del Norte. Tras este
nombramiento, decidieron proseguir con la campaña y el propio
rey se personificó en Navarra para lanzar la nueva campaña militar
con objeto de desbloquear Pamplona y situarse en la línea del río
Arga para tomar Estella. Esta campaña finalmente tuvo lugar a
inicios de febrero de 1875, logrando romper la línea del Carrascal
y su línea oblicua de la sierra del Perdón, desbloquear la capital
y situarse a los pies de Estella. Sin embargo, una ofensiva carlista
realizada en la localidad de Lácar el 3 de febrero (llamada sorpresa
de Lácar), trajo una oportuna victoria carlista, que logró intimar a
las fuerzas alfonsinas. Estos hechos acarrearon el final de la campaña militar, en la que a punto estuvieron de arrebatar la ciudad de
Estella a los carlistas. Esta última batalla del 3 de febrero, tuvo la
trascendencia suficiente como para equipararse a la célebre batalla
de Abárzuza. Desde nuestro punto de vista, esta decisiva victoria
carlista ayudó a prolongar la guerra un año más en el territorio del
norte. Por ese motivo, es causa más que suficiente para marcar el
final de la tercera fase y el inicio de la cuarta.

En resumen, en esta fase se experimentó un retroceso y recon-
centración del ejército liberal en la ribera Navarra y se inició un
proceso de fortificación sin precedentes, motivado por el miedo de
un avance carlista que conquistara finalmente la última parte del
territorio de la provincia. Salvo Pamplona, que trabajó casi aisladamente, los principales enclaves ribereños en poder de la república
(Larraga, Tafalla, Lerín y Tudela) fueron fortificados no solamente
con obras de campaña, sino también con mixtas, dentro de las localidades, buscando la defensa total.

Los carlistas, por su parte, al no disponer todavía de una artillería y caballería lo suficientemente fuerte para avanzar hacia el
sur, se concentraron en consolidar sus últimas conquistas. De este

modo, armaron la línea del Carrascal para impedir cualquier avance hacia su territorio y hacer claudicar a Pamplona.

2. Obras construidas

REPUBLICANAS/ALFONSINAS

En esta tercera fase, las fuerzas liberales continuaron concentrándose en la zona de la ribera. Representa hasta el momento el mayor periodo de fortificación, centrada en resguardar las principales villas de la ribera.

En esta ocasión, siguieron fortificando poblaciones que ya estaban siendo fortificadas en la fase anterior y que ahora continuaron con otras nuevas (de norte a sur): Pamplona, Tafalla, Lerín, Peralta, Azagra y Tudela.

En cuanto a los fuertes, todas ellas se edificaron dentro de las villas para poder protegerlas de un ataque carlista. Salvo Tafalla, que ya se había comenzado a construir en las dos fases anteriores, todas las demás fueron de nueva construcción. Tenemos un total de once (de norte a sur): la ciudadela de Pamplona, uno en Larraga, dos en Tafalla (Santa Lucía y San José), uno en Miranda de Arga, dos en Lerín (Isabel II y Cazorla), dos en Castejón y dos en Tudela (Santa Bárbara y la torre de Monreal).

El control de los puentes ribereños siguió siendo vital para el ejército republicano, de ahí la aparición de hasta nueve puentes (de oeste a este): en el río Ebro, Lodosa y Tudela; en el río Ega, Andosilla; en el río Arga (de norte a sur), Pamplona, Larraga, Miranda de Arga, Falces y Peralta; y finalmente en el río Aragón, el puente del ferrocarril de Marcilla.

Tras el incendio de varias estaciones de ferrocarril, se volvieron a edificar y fortificar cinco estaciones (de norte a sur): la del Carrascal, Caparroso, Marcilla, Villafranca y Castejón.

CARLISTAS

Por su parte, los carlistas, a pesar de la escasa información de la que disponemos, parece que construyeron un mínimo de siete fuertes aislados (de norte a sur): dos en la sierra del Perdón, en Santa Bárbara de Mañeru, en la ermita de Añorbe, en el castillo de Lapoblación y dos en los altos sobre San Martín de Unx.

Figura 3. Mapa con la distribución de lugares fortificados durante la fase III

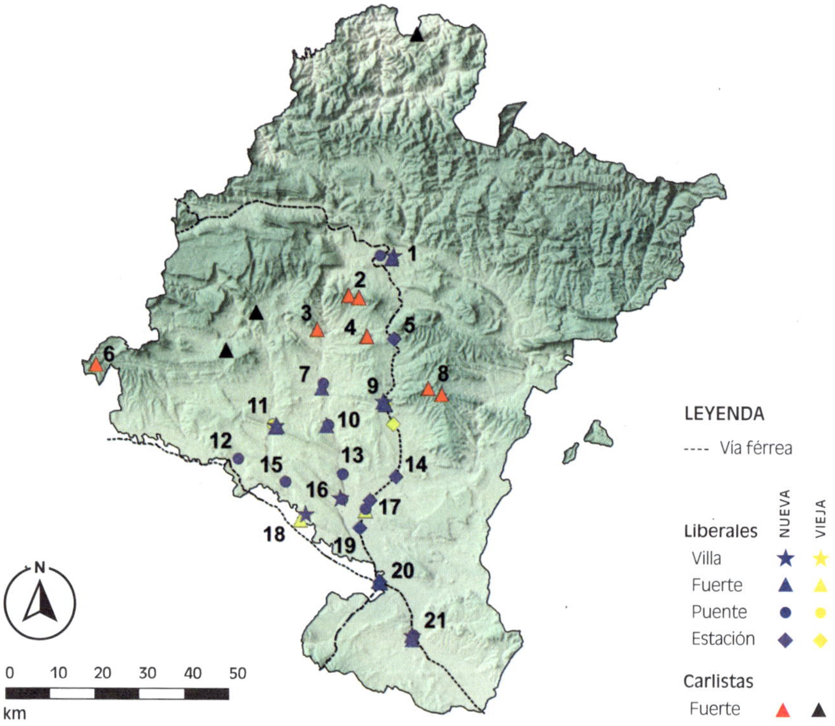

Lugares fortificados (de norte a sur): 1. Pamplona (villa, ciudadela y puente); 2. Sierra del Perdón; 3. Santa Bárbara de Mañeru; 4. Ermita de Añorbe; 5. Carrascal («Venta del Piojo»); 6. Castillo de Lapoblación; 7. Larraga (fuerte y puente); 8. Sierra de Guerinda; 9. Tafalla (villa, Fuerte Santa Lucía y Fuerte San José); 10. Miranda de Arga (fuerte y puente); 11. Lerín (villa, Fuerte Cazorla y Fuerte Isabel II); 12. Lodosa; 13. Falces; 14. Caparroso; 15. Andosilla; 16. Peralta (villa y puente); 17. Marcilla (puente y estación); 18. Azagra; 19. Villafranca; 20. Castejón (dos fuertes y estación); 21. Tudela (villa, Fuerte de Santa Bárbara, Torre de Monreal y puente).

3. Discusión de la materialidad

Tras el fracaso republicano en la batalla de Abárzuza, la importancia de contener a los carlistas y que no se extendieran hacia el sur fue vital. De ese modo, nuevamente el general Moriones encomendó la fortificación de la ribera, tanto de villas, como de fuertes, puentes y estaciones que hasta la fecha no estaban resguardados; y continuó mejorando otros que ya habían comenzado a ser protegidos en fases anteriores.

Las construcciones que encontramos en esta fase, en general son más laboriosas que las de fases anteriores, predominando las de carácter mixto. Como hemos mencionado, generalmente se edificaron dentro de las poblaciones buscando la defensa total, pero sin renunciar al carácter ofensivo. Ante esta situación, los carlistas se ocuparon en fortificar la zona media de Navarra, exactamente en la línea del Carrascal. Esta línea discurre por una serie de cordilleras de diferentes alturas que, representan la primera línea de montañas en el ascenso hacia el Pirineo, una muralla natural de la que los carlistas sacaron provecho armándose en ellas. Para ello, comenzaron a levantar lo que creemos que fueron algunos fuertes de campaña (ante la falta de datos), para cubrir en poco tiempo la extensa línea que pretendían defender. Gracias a la fotointerpretación y las imágenes LIDAR autogeneradas, hemos podido documentar varias de ellas, aunque su estudio queda fuera del marco de este trabajo.

d. Fase IV
1. Discusión histórica
Tras la sorpresa de Lácar del 3 de febrero de 1875, Alfonso XII convocó una reunión el 6 de febrero en Puente la Reina. En esa reunión se decidió dar por finalizada momentáneamente la campaña y fortificar el territorio recién adquirido. Sin embargo, hubo quienes pensaron que no era una buena idea en un momento en el que se contaba con un gran ejército y podían intentar la toma de Estella para terminar cuanto antes con la guerra. Entre quienes apostaban por continuar, se hallaba el propio general en jefe La Serna, que en vistas a que la campaña en Navarra se paralizaría, decidió dimitir de su cargo. Fue sustituido el 20 de marzo por el general Jenaro Quesada, que sí estaba de acuerdo en fortificar el nuevo territorio y en hacer así lo que el rey pretendía.

Las obras comenzaron en el propio mes de febrero y se centraron en consolidar lo que los liberales llamarían la *línea del Arga*, es decir, una línea fortificada compuesta de hasta tres conjuntos de fortificaciones: en la sierra del Perdón, en las alturas de Puente la Reina y en la sierra de Monte Esquinza.

Por su parte, el pretendiente carlista también reunió en Estella el 6 de febrero a sus generales, para tomar decisiones sobre la nueva situación de la campaña. A pesar de que no se conservan testimonios de esa importantísima reunión, los resultados se materializaron en los próximos meses en la creación de una red de fortificaciones opuestas a las liberales. Por lo que se puede intuir que las decisiones tomadas en aquel consejo priorizaron proteger el nuevo frente de guerra (denominado por nosotros como el *frente de Estella*), con tal de no ceder nuevos territorios que hubieran podido ocasionar la pérdida de la capital carlista.

Por estos motivos, durante los meses de febrero a junio aproximadamente, los liberales construyeron una cadena de fuertes aislados en los altos de Puente la Reina y Monte Esquinza. En el primero de ellos, se alzaron tres fortificaciones lindando a Puente la Reina: sobre la ermita de San Guillermo, el fuerte de Isabel II y el fuerte de los Topos. Cerca de ellos, sobre la población de Añorbe, en retaguardia, sobre la ermita fortificada por los carlistas, se edificó un cuarto fuerte que, cerraría este conjunto. Las obras de Puente la Reina fueron encargadas al 1er cuerpo del Ejército del Norte, en el que tanto los ingenieros, como otros cuerpos, se ocuparon de la construcción, mientras el resto velaba por su seguridad.

En la sierra de Monte Esquinza, el 2.º cuerpo del Ejército del Norte fue el encargado de proteger las obras de las cuatro fortificaciones que se erigieron: el de Alfonso XII, el del Marqués del Duero, el de Cáceres y el de la Princesa de Asturias. Este último se hallaba en una posición de retaguardia y hablaremos de él en los siguientes capítulos, por ser uno de los dos fuertes excavados años atrás bajo nuestra dirección.

También, bajo la protección de tropas del 1er cuerpo se construyeron fuertes sobre la sierra del Perdón. Al comienzo se ocuparon temporalmente dos fuertes carlistas que se hallaban a ambos lados del antiguo paso de la sierra y que habían sido precipitadamente abandonados por los carlistas en el contexto de la batalla de Lácar del 3 de febrero. Entre los meses de febrero y abril los liberales construyeron temporalmente cinco fuertes de campaña en la sierra del Perdón, abarcando toda la cordillera, para más tarde reconcentrar las guarniciones en dos nuevos fuertes de morfología mixta que se iniciaron a finales de abril en donde anteriormente habían estado los dos fuertes carlistas. Los cinco fuertes de campaña eran: el del

Alto del Perdón, el de la Luneta de la Cruz, el de las Bordas de Arlegui, el del Alto de las Trincheras y el del Alto de la Cuesta Grande; seguido de los dos mixtos del fuerte Duque de la Victoria y el del fuerte Eolo.

Junto con estos tres bloques que pertenecen a la fase posterior a Lácar, se fortificaron varias villas para el abastecimiento y control del territorio. En este marco tenemos cuatro villas (de este a oeste): la primera es el pueblo de Uterga, que figura fortificado desde el mes de abril de 1875 (*El Imparcial*, 22/04/1875), posiblemente como asentamiento para el paso de tropas liberales entre la sierra del Perdón y Puente la Reina. Este último pueblo también sería fortificado a conciencia para garantizar la protección de los fuertes de los montes de Puente la Reina[25]. En el tránsito entre este conjunto y Monte Esquinza, se fortificó también la villa de Mendigorría[26], para poder comunicar las fuerzas del 1er cuerpo con las del 2.º cuerpo, mediante la rehabilitación de su puente sobre el Arga. Hasta entonces, la comunicación entre ambos se hacía desde más al sur del río, ralentizando las comunicaciones entre ambos. Finalmente, Oteiza fue el último pueblo fortificado en esta línea[27], ya que resultaba vital para el complicado abastecimiento del 2.º cuerpo que vivía en la misma sierra de Monte Esquinza. A todas estas labores habría que añadir la construcción de una torre de telegrafía óptica elevada a media distancia entre Tafalla y Larraga, para la comunicación entre el gobierno y las tropas del 2.º cuerpo.

Mientras se generalizaron estas macro operaciones en la línea liberal, los carlistas también crearon su propia línea de defensa. En vistas a que las construcciones de la sierra del Perdón y Puente la Reina no representaban un peligro tan directo para Estella, como sí lo eran los fuertes de la sierra de Monte Esquinza, los carlistas se afanaron en proteger las inmediaciones de Estella, erigiendo desde Mañeru hasta Oteiza varias fortificaciones, a las que se le sumaría alguna existente de la fase anterior. En la sierra de Guirguillano encontraríamos (de este a oeste): el fuerte de Santa Bárbara de Mañeru, Zurundain e Iguste. Mientras que en las inmediaciones de Estella, se construyó una red de fortificaciones llamada por nosotros como el *Frente de Estella*, construidas para defender a esta villa (de norte a sur): Alto Muru, Apalaz, San Millán, San Juan, San Fernando, San Sebastián y Santa Bárbara de Oteiza. Este último, como posición más bien ofensiva contra las posiciones alfonsinas de la sierra de Monte Esquinza.

Mientras, más alejado en la frontera entre Navarra y Araba, siguieron los carlistas construyendo en el castillo de Lapoblación. Una construcción que estaba íntegramente relacionada con otra línea carlista que se estaba elevando en los montes de la sierra de Cantabria, ya fuera de nuestro ámbito geográfico de estudio.

Para el mes de junio de 1875, las obras liberales de la *línea del Arga* estaban tocando a su fin. Por entonces, tropas carlistas procedentes del Maestrazgo estaban consiguiendo sin apenas resistencia introducirse en Navarra, una vez finalizada la guerra en aquel territorio. La peregrinación a suelo navarro por muchas de aquellas tropas amenazaba con reactivar de forma peligrosa la guerra en Navarra. Por este motivo y para intentar paralizar ese tránsito, se dispuso la construcción de nuevas fortificaciones cerca de la frontera con Aragón, en la zona media de Navarra, sobre las poblaciones de (de norte a sur): Lumbier, Sangüesa y Cáseda. Las obras duraron unos dos meses, siendo finalizadas para el mes de septiembre.

En Lumbier, las construcciones se centraron en la propia villa, el puente sobre el río Irati, la construcción de un pequeño reducto en las inmediaciones del pueblo (llamado fortín del Rayo) y la fortificación de la ermita de la Trinidad. En Sangüesa, como en el caso anterior, se fortificó la villa, y alrededor de ella se elevaron cuatro fortificaciones, dos a cada lado del río Aragón, a saber: el fuerte de Pedro Navarro, el del Zarco del Valle, el de San Fernando y el de Santa Clara. Finalmente, en Cáseda, se realizaron las últimas obras fortificando la villa, su puente sobre el río Aragón, la ermita del Calvario y un fuerte no muy lejos de la ermita, al sur de la población (cuyo nombre desconocemos).

Durante el mes de noviembre de 1875, la guerra volvió a centrarse en Pamplona, ya que llevaban desde un tiempo atrás siendo nuevamente hostilizados por fuerzas carlistas que, desde los montes del norte de la capital, estaban siendo bombardeados, mientras fuerzas carlistas se dedicaban a construir nuevas fortificaciones con intención de reactivar el bloqueo sobre la capital navarra, como había ocurrido un año atrás. Con este motivo se erigieron tres fuertes carlistas: el de Miravalles (sobre el castillo medieval de Huarte), el del alto de San Cristóbal y un tercero llamado de Oricáin (sobre esta población). Las fuentes narran hasta un cuarto fuerte llamado de Ichure, pero la ambigüedad de las fuentes y el hecho de que no hayamos sido capaces de hallarlo, lo ha dejado fuera de nuestro mapa. Una vez que se produjo la acción de Miravalles-Oricáin de los días 22 y 23 de noviembre de 1875, estas posiciones fueron conquistadas por los alfonsinos. Fue entonces cuando estos decidieron también construir sus propias fortificaciones tanto en el alto de San Cristóbal, como en el fuerte de Miravalles, para evitar así un nuevo intento de bloqueo a la capital. Estas nuevas obras venían propuestas desde hacía tiempo atrás, cuando en una junta liberal celebrada en Pamplona el 21 de septiembre de ese año se vio la necesidad de ocupar permanentemente estos puntos, por el perjuicio que los carlistas estaban ocasionando al bombardear la capital desde esas posiciones.

Tras terminar la guerra en Cataluña, sólo quedaba activa en el País Vasco y Navarra. Por este motivo el Ejército del Norte se desarticuló y todos sus efectivos se reorganizaron bajo un nuevo ejército llamado *Ejército de la Izquierda*, que operaría en el País Vasco. Mientras, las fuerzas del Maestrazgo y Cataluña pasarían a formar el *Ejército de la Derecha*, operando en Navarra, bajo la dirección del general Martínez Campos.

Con la llegada del *Ejército de la Derecha* a Navarra a finales de diciembre de 1875, se comenzó a organizar la campaña militar que terminaría por finalizar la guerra civil. En Navarra, las macro operaciones liberales se centraron en las inmediaciones de Estella y en la zona norte, en donde todavía quedaban fuerzas carlistas importantes. Estas operaciones se iniciaron el 30 de enero de 1876 (I acción sobre Estella). Ese día, una parte del gran ejército combatió en las cercanías de Estella, bajo órdenes del general Fernando Primo de Rivera, mientras el resto, al mando del general en jefe, ascendían al norte hasta llegar el 31 de enero a Elizondo. Al siguiente día, comenzaron a levantar defensas en la villa, como parte del proceso de conquista. De aquí se extendieron por el Baztán hasta la aduana de Dancharinea (en la frontera con Francia), a principio de mes, en donde hallaron a medio construir un tambor por los carlistas, en el puente que comunicaba con Francia. Aquí el ejército se dedicó como en Elizondo a fortificar la Aduana y a levantar una torre en una colina cercana para controlar el paso fronterizo.

También, se fortificó a inicios de mes el castillo medieval de Maya (Amaiur en euskera), por el capitán de ingenieros Sadeta, al que lo bautizó con el nombre de Gaztelu (*El Imparcial*, 16/02/1876); y se levantaron defensas en el pueblo de Arraioz. Es decir, se invirtió en las obras necesarias para que el general Martínez Campos tomara posesión del valle de Baztán, antes de proseguir hacia el oeste y unir sus fuerzas en Vera, con las del *Ejército de la Izquierda*, tal y como tenían planeados los respectivos generales.

En cuanto a los carlistas, no conocemos muy bien las obras que tenían construidas en la zona norte de Navarra, por la poca información de que disponemos. Se ha recurrido a un mapa militar topográfico en el que aparece dibujado las construcciones militares de Gipuzkoa sobre la frontera con Navarra[28], ya que en él aparecen un total de tres construcciones en las inmediaciones del pueblo navarro de Vera. De ellas, gracias a la fotointerpretación y las imágenes LIDAR, creemos haber identificado dos de ellas, que son las que hemos incluido en el mapa de esta fase.

No son obras excesivamente complejas, debido a que fueron construidas mediante movimientos de tierra (obras de campaña). Pero eso no quiere decir que se hubieran levantado expresamente en enero o en febrero de 1876 ante el avance liberal. Puede ser que se alzaran con antelación. Pero debido a que en la *Narración Militar* se nos dice que los carlistas en esas semanas estaban fortificando este territorio, se ha optado por incluirlos en esta fase, pero con ciertos recelos como hemos indicado.

Una vez que el 19 de febrero cayó el fuerte carlista de Peña Plata (en la frontera con Francia), se produjo ese mismo día la batalla del Alto de las Palomeras de Echalar, en el que finalmente los carlistas sucumbieron en su última batalla en suelo navarro. Entonces, el general Martínez Campos pudo avanzar hasta Vera, en donde no halló defensa alguna por parte carlista, por lo que los tres fuertes de esta población a la que hemos hecho mención, se encontrarían a estas alturas abandonadas. Estella, por su parte, había caído también el 19 de febrero, lo que supuso una persecución generalizada de los restos de los batallones carlistas que comenzaron a dispersarse por todo el territorio navarro. Es aquí cuando por vez primera hasta la fecha los autores liberales narran la importancia de la posición carlista fortificada de Dos Hermanas, en Irurzun (fuerte sobre la ermita de la Trinidad), un enclave natural que servía de paso de la zona media de Navarra con el norte y que desde tiempo atrás había sido siempre objeto de gran interés militar. Este bastión y las obras del puerto de Velate, los Alduides y el castillo de Lapoblación representaban los últimos puntos aislados en donde todavía no habían sido sometidos por las fuerzas liberales. Pero en la gran mayoría no hallaron defensores. Tan solo en el castillo de Lapoblación como ahora comentaremos.

Al cabo de unos días, el 28 de febrero el pretendiente carlista traspasó la frontera de Navarra por Valcarlos. Este hecho se consideró el final de la guerra, una vez que junto con el pretendiente, fuerzas leales a la causa abandonaran el territorio para marchar al exilio por Francia. La guerra terminó, salvo para el comandante del castillo de Lapoblación, el general José María Montoya, que se negó a capitular hasta unas cuantas semanas después de haber concluido la guerra.

2. Obras construidas

En esta última fase podemos contemplar cómo el promedio de construcciones se ve incrementado muy exponencialmente a partir de la batalla de Lácar del 3 de febrero de 1875. Un proceso de construcción sin precedentes que realizaron ambos bandos hasta el final de la guerra.

ALFONSINAS

Mientras en la fase anterior vimos la fortificación de hasta seis villas navarras, en esta última fase se incrementaron hasta el número de diez. De ellas, siete, concentradas en la zona media de Navarra, mientras que las restantes tres, se edificaron en el Baztán.

En cuanto a fuertes, se llegó a alcanzar la cifra de 26 nuevas, más dos construidos sobre antiguos fuertes carlistas tras la acción de Miravalles-Oricáin de los días 22 y 23 de noviembre de 1875 (sobre el fuerte de San Cristóbal y Miravalles). Casi todas edificadas como en el caso de las villas, en la zona media de Navarra, salvo dos en el Baztán. Despuntan las construcciones de la *línea del Arga*, como el apogeo de este tipo de construcciones, generalmente de morfología mixta.

Finalmente, sobre las construcciones de las vías de comunicación, se ve un descenso importante. Tan solo hemos hallado la construcción de tres puentes (de norte a sur): en Puente la Reina, Lumbier y Cáseda. El descenso de obras también afectó a las estaciones de ferrocarril, en donde no nos consta la defensa de ninguna más.

CARLISTAS
Estos también se hallaban en plena fase constructiva. Sabemos que se realizaron defensas en la población de Estella. Es la única villa de toda la periodización en la que figura por vez primera la fortificación de una villa carlista. Aunque seguramente no fuera la única.

También se dedicaron a construir nuevos fuertes y a mejorar algunos anteriores. Contabilizamos un total de 17[29]. Son muchos menos que los liberales, pero muchos más que los siete carlistas de la fase anterior.

Por último, también hemos documentado el único puente fortificado por los carlistas de toda la periodización. Es el puente de la frontera con Francia de Dancharinea, que los liberales encontraron a medio hacer cuando llegaron en febrero a esta localidad.

3. Discusión de la materialidad
Sin lugar a dudas, esta última fase representa el apogeo de las construcciones militares de la segunda guerra carlista. A partir del inicio del cuarto y último periodo, no solo se multiplicaron las construcciones de carácter mixto por ambos bandos, sino que se convirtieron en las predominantes. Algunas de ellas incluso evolucionaron hasta casi alcanzar el carácter de obras permanentes, tan solo posibles en periodos de paz. Podríamos por ejemplo citar el fuerte liberal de Isabel II de Puente la Reina, o incluso el fuerte carlista de San Juan de Arandigoyen, del que hablaremos posteriormente. Podríamos citar más ejemplos de ambos bandos, pero lo que realmente nos interesa subrayar en este apartado es que la prolongación de la guerra y el estancamiento en la zona media de

Figura 4. Mapa con la distribución de lugares fortificados durante la fase IV

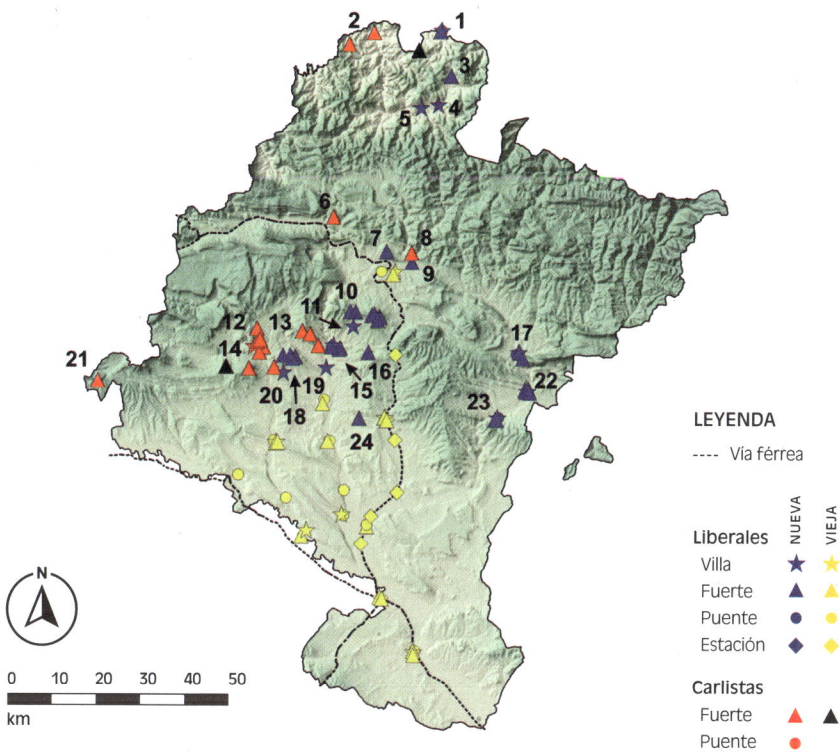

Lugares fortificados (de norte a sur): **1.** Dancharinea (villa, fuerte y puente); **2.** Vera (dos fuertes); **3.** Maya; **4.** Elizondo; **5.** Arraioz; **6.** Irurzun; **7.** San Cristóbal de Pamplona; **8.** Oricáin; **9.** Miravalles; **10.** Sierra del Perdón (de oeste a este): fuerte de la Victoria, Eolo, Alto del Perdón, Luneta de la Cruz, Bordas de Arlegui, Alto de las Trincheras, y Alto de la Cuesta Grande; **11.** Uterga; **12.** Frente de Estella (de norte a sur): fuerte de Muru, Apalaz, San Millán, San Juán, San Fernando, Santa Bárbara, y San Sebastián; **13.** Sierra de Guirguillano (de oeste a este): Iguste, Zurundain, y Santa Bárbara; **14.** Estella; **15.** Puente la Reina (villa, (de oeste a este): fuerte de los Topos, Isabel II, y San Guillermo; y puente); **16.** Ermita de Añorbe; **17.** Lumbier (villa, fuerte del Rayo, fuerte de la ermita de la Trinidad, y puente); **18.** Sierra de Monte Esquinza (de oeste a este): fuerte Cáceres, Marqués del Duero, Princesa de Asturias, y Alfonso XII); **19.** Mendigorría; **20.** Oteiza; **21.** Castillo de Lapoblación; **22.** Sangüesa (villa, (de oeste a este): fuerte de Pedro Navarro, Zarco del Valle, San Fernando, y Santa Clara); **23.** Cáseda (villa, dos fuertes, y puente); y **24.** Torre de Beratxa.

Navarra conllevó el inicio de un periodo de construcciones en el que no escatimaron en gastos, medios, ni tiempo. El porqué de esta actitud no se describe en las fuentes que hemos analizado, ya que no se comprende la necesidad real de semejantes construcciones, cuando tarde o temprano se intentaría avanzar sobre el frente carlista, y una vez rebasado este, los fuertes que se estaban construyendo pasarían a no desempeñar un papel tan importante. Sea como fuere, los carlistas en Navarra, siguiendo el mismo camino que los liberales, también se vieron inmersos en un proceso de construcción sin precedentes.

Para poder dimensionar el capital y medios invertidos durante los meses de febrero a junio de 1875 en la *línea del Arga*, puede decirse que, tras estas obras, todas las demás que vinieron tanto en Navarra como en Araba posteriormente, a pesar de ser todas ellas fortificaciones de morfología mixta, no alcanzaron ni el tamaño ni la complejidad de las anteriores. Para eso tenemos el ejemplo de las construcciones de la frontera con Aragón, las cuales fueron mucho más pequeñas que las de la *línea del Arga* y sin artillería. Lo cual denota sobre todo una escasez de materiales y medios tras las grandes construcciones de la *línea del Arga*. Lo mismo puede decirse de las construcciones que el ejército iba a levantar tras la batalla de Treviño en Araba del 7 de julio de 1875, en donde por falta de dinero y materiales no se pudieron elevar obras como las realizadas en Navarra, tan solo torres para el control del territorio sobre la línea del ferrocarril a Vitoria. O la imposibilidad de fortificar las localidades de Viana y Sesma en Navarra, promovidas por el brigadier Córdova, tras varios ataques carlistas a Viana e inmediaciones[30] con el objetivo de amenazar a Logroño.

Fuera del ámbito de los reductos, cabe la pena mencionar que durante esta última fase apenas se construyeron obras para el control de las vías de comunicación. En cuanto a puentes, hemos mencionado un total de tres nuevos frente a los nueve de la fase anterior; o la falta de obras sobre estaciones de ferrocarril, frente a las cinco también de la fase anterior. Esta manifestación se debe al pleno control que volvió a adquirir el gobierno alfonsino sobre las comunicaciones, a la vez que avanzaba haciendo retroceder al ejército carlista.

2.3. Conclusiones

El trabajo desencadenado en este apartado, de corte generalista, ha sido necesario para, a continuación, poder contextualizar y unir de forma clara los tres casos de estudio que presentamos, a saber: las excavaciones de un fuerte liberal y otro carlista de 1875, enmarcados según nuestros parámetros dentro de la cuarta fase histórico/constructiva; y la prospección del campo de la batalla de Abárzuza (de los días 25-27 de junio de 1874), de la segunda fase. Como podremos apreciar más adelante, la diferenciación de etapas no solo ha repercutido en la posibilidad de clasificar los sucesos ocurridos en esta guerra civil, puesto que a nivel arqueológico, también ha ayudado a diferenciar la cultura material existente entre una fase y otra.

3. El fuerte liberal de la Princesa de Asturias

3.1. Situación geográfica

El fuerte Princesa de Asturias se halla en una pequeña cumbre a 683 m de altura, en las coordenadas UTM: X: 587889 Y: 4722395. Junto con otras tres fortificaciones liberales más, forma el conjunto arqueológico militar liberal de la sierra de Monte Esquinza, dentro de la merindad de Tierra Estella (Navarra). La sierra está formada por un pequeño conjunto de cimas de modesta altura que, no superan en ningún caso los 740 metros de altura de la cima de San Cristóbal. Esta sierra representa uno de los últimos conjuntos montañosos de cierta importancia hacia la ribera del Ebro y a sus pies se localizan los pueblos de (según las agujas del reloj): Ciraqui, Mañeru, Oteiza, Villatuerta y Lorca. Entre la cima de San Cristóbal (al este) y la cima de Mauriáin (al oeste), se levanta un pequeño collado en donde tiene origen el arroyo Esquinza, cuyas aguas bajan al río Salado por Lorca (al norte). También está el arroyo de Nava, que corre al Arga recogiendo las aguas de las faldas orientales del monte de Baigorri. El monte de San Cristóbal y las lomas de Burguerio y de Maldabelz, forman una cadena de montañas que van desde Lorca hasta el río Arga, ocupando la derecha del rio Salado. Sus pendientes hacia este río son rápidas y suaves las meridionales que, con los altos en donde asienta Oteiza, y con el monte de Baigorri, ambos divisorios entre el Ega y el Arga, forman un anchuroso valle surcado por multitud de barrancos que afluyen al Arga, entre Mendigorría y Larraga (Cuerpo de Estado Mayor del Ejército, I, 1883: 23[31]).

3.2. Contextualización histórica

3.2.1. Situación geo-militar de la sierra de Monte Esquinza

A pesar de la importancia que pudo tener en el pasado la sierra de Monte Esquinza[32], su valor estratégico no volvió a florecer hasta la segunda guerra carlista. A inicios de 1875 se hallaba la sierra en posesión del ejército carlista y formaba parte de una franja de línea de defensa mayor, cuya construcción se había iniciado a finales de 1874 (dentro de nuestra tercera fase de fortificación). No obstante, una vez realizada la campaña liberal para desbloquear Pamplona de las fuerzas carlistas (febrero de 1875), el ejército liberal consiguió apoderarse de este conjunto de cimas y se convirtió repentinamente en la llave que abriría las puertas de Estella y daría por finalizada la guerra en Navarra, un año más tarde.

En la sierra se erigieron un total de cuatro fortificaciones, que fueron noticia en todos los periódicos tanto españoles como extranjeros. Esto demuestra la importancia que adquirió esta sierra para el ejército liberal. Todavía queda el recuerdo de dichas construcciones en el callejero de Madrid, en donde pasó al recuerdo de tales hazañas con el nombramiento el 14 de febrero de 1876 de una nueva calle llamada *del Monte Esquinza*, en paralelo al paseo de la castellana (Ocáriz y Roldan, 2014: 71).

Sin embargo, los avatares de la guerra no nos deben engañar. La sierra de Monte Esquinza no representaba militarmente un punto más estratégico que otros. Y esto puede ser demostrado, ya que ni en el trabajo del teniente general Pedro Ruiz Dana, en su *Estudio sobre la Guerra Civil en el Norte* (Ruiz, 1876); ni en el trabajo de algún militar anónimo, titulado *Navarra: ligera descripción de sus puntos y líneas estratégicas más principales en el caso actual de una guerra civil*[33], se menciona la sierra de Monte Esquinza como punto estratégico de interés.

3.2.2. La Monte Esquinza carlista

A mediados del año 1874, inmersos en plena guerra civil, la insurrección carlista estaba alcanzando su mayor grado de madurez. Las líneas liberales retrocedieron a la ribera y dentro del contexto de la campaña del general Concha para tomar Estella (junio de 1874), emergió rápidamente el interés de Monte Esquinza, por parte carlista, para proteger a Estella de un inminente ataque. Según las narraciones liberales de la batalla, el día 25 de junio (primer día de la batalla), las tropas de la 1.ª columna del general Martínez Campos y las de la 2.ª columna del general Echagüe, llegaron a la sierra sin encontrar apenas resistencia. Los carlistas habían construido durante el último mes algunas líneas de trinchera en el monte y será con la llegada a estas del ejército republicano, cuando el dibujante Emilio Pichot, corresponsal de la revista *La Ilustración Española y Americana*, dibujase para el número del 15 de julio de 1874 una ilustración en donde se podían ver las líneas de trincheras construidas por los carlistas.

Figura 5. Acción del 25 de junio: toma de las posiciones de los carlistas en el Monte Esquinza. **1**. Monte y trincheras de Esquinza, tomadas a los carlistas; **2**. Pueblo de Villatuerta; **3**. Estella; **4**. Posiciones de los carlistas del lado de Montejurra. (*La Ilustración Española y Americana*, 15/08/1874).

No obstante, es importante destacar que, mientras el corresponsal nos aporta información detallada de lo que los carlistas llegaron a edificar, las narraciones liberales tan solo nos describen el lugar con el apelativo de *fuertes posiciones* (De la Vega et al, 1874: 108), o *formidables posiciones* (Cuerpo de Estado Mayor del Ejército, V, 1885: 131). Por lo que se deja ver una falta de interés de pasar de la descripción general a la particular. Sea como fuere, hoy en día no se perciben restos de ninguna construcción sobre el lugar.

El siguiente acontecimiento que une a Monte Esquinza y la guerra tuvo lugar tan solo un mes y medio después, cuando el 11 de agosto de 1874 se produjo la batalla de Oteiza. A pesar de no darse enfrentamiento alguno en la misma sierra, varios batallones carlistas permanecieron a la defensiva en sus altos bajo orden del general carlista Argonz. Esto nos hace pensar en el hipotético uso de alguna de las trincheras anteriormente construidas, o la posible edificación de alguna nueva, como sabemos que sucedió en las inmediaciones de Oteiza. Tenemos, al menos, testimonio del empleo de algunas, según fuentes republicanas:

> ... al llegar a 2km de Oteiza, se convenció Moriones de que no solo se hallaba fortificado y atrincherado el pueblo, sino también una posición dominante de su derecha, y que a su izquierda, en el Monte Esquinza, se habían situado en trincheras construidas al efecto, algunos batallones carlistas con artillería... (Cuerpo de Estado Mayor del Ejército, V, 1885: 272).

También tenemos recogida otra referencia de una carta fechada el 19 de abril de 1875, por parte del corresponsal de prensa Mariano Araus del periódico *El Imparcial*, que hace mención a dichas obras, ya abandonadas:

> Antes de subir al reducto de Cáceres, tomamos una senda por la izquierda, y dejando los caballos en la última de nuestras avanzadas, nos dirigimos a una magnífica batería carlista recientemente abandonada por estos, que se construyó para impedir el paso al general Moriones cuando dio la magnífica batalla de Oteiza... Se abría a algunos pasos de distancia una trinchera carlista abandonada... (*El Imparcial*, 23/04/1875).

A partir de septiembre de 1874, los carlistas se prepararon en Navarra para tomar Pamplona, mientras planeaban la construcción de una línea de defensas para consolidar las posiciones carlistas. Partiendo del Carrascal, al sur de Pamplona, se inició la construcción de líneas de trinchera que discurrieron horizontalmente sobre la primera línea de montes de Navarra, de cara a la ribera, para evitar la ayuda liberal del exterior a esta plaza. Dentro de esta línea, se hallaba la sierra de Monte Esquinza en su extensión más occidental (Cuerpo de Estado Mayor del Ejército, V, 1885: 376-377).

Al iniciarse el año 1875, comenzó la campaña que tuvo como fin el levantamiento del bloqueo carlista a la capital de Navarra. Según fuentes carlistas, el 1 de febrero, el general carlista Mendiry ordenó a los batallones castellanos al mando del brigadier Cavero (que defendían Monte Esquinza), que abandonasen esa posición para reconcentrar fuerzas en el centro de la línea carlista. Esta decisión dejó abandonada una parte esencial de la línea, lo cual trajo que Monte Esquinza fuera ocupada por las tropas del general Primo de Rivera en la madrugada del 2 de febrero. Consciente Primo de Rivera de su importancia por la cercanía a Estella, mandó atrincherar sus fuerzas en el lugar (Brea, 1897: 252-253). Visto el gran error que el general Mendiry había realizado al abandonar Monte Esquinza, mandó conquistar la sierra el mismo día de la Batalla de Lácar (3 de febrero) pero, tras una ardua lucha, los carlistas no pudieron doblegar a los defensores alfonsinos y, por tanto, a partir de ese momento el ejército de Alfonso XII tomó posesión de la sierra hasta el fin de la guerra.

3.2.3. La Monte Esquinza liberal

Una vez que el 2.º cuerpo del Ejército del Norte tomó posesión de Monte Esquinza en la madrugada del 2, se posicionaron sobre las trincheras carlistas. De estos restos, lo único que conservamos son algunos dibujos que José Luis Pellicer dibujó para la revista *La Ilustración Española y Americana*, en donde se aprecian las construcciones de campaña abandonadas por los carlistas. En la figura 6 mostramos una batería con dos troneras visibles; mientras que en la figura 7 observamos una batería con tres troneras y una chabola adyacente.

Figura 6. Dibujo de José Luis Pellicer. Cerro de Muniáin o Pico de Villatuerta. Tomado por el 2.º cuerpo del Ejército del Norte el dos de febrero. (*La Ilustración Española y Americana*, 08/03/1875).

Figura 7. Dibujo de José Luis Pellicer. Batería abandonada por los carlistas (*La Ilustración Española y Americana*, 08/03/1875).

El 6 de febrero, tras la batalla de Lácar, se decidió en una junta presidida por el rey Alfonso XII en Puente la Reina dar por concluida la campaña militar que tenía como objetivo desbloquear Pamplona y tomar Estella. Y, por consiguiente, se decidió que en los próximos meses el ejército pasase a una posición defensiva en Navarra, con el objetivo de fortificar las posiciones recientemente conquistadas. Estas obras se articularon dentro de una línea de carácter defensiva que se llamaría la *línea del Arga*. Consistió en un conjunto de fortificaciones de nueva construcción, que abarcaba desde la sierra del Perdón (al suroeste de Pamplona), pasando por Puente la Reina y sus montes, finalizando en la sierra de Monte Esquinza y Oteiza (Cuerpo del Estado Mayor del Ejército, VI, 1885: 130).

Con la decisión de la construcción de la *línea del Arga*, el general en jefe del Ejército del Norte, el general La Serna, presentó su dimisión ya que opinaba que la campaña militar tenía que haber continuado hasta haber tomado Estella. En vistas de que se avecinaba un período de estancamiento casi total, fruto de la necesidad de mucha mano de obra para las nuevas construcciones, apenas quedaron fuerzas para dedicarse a operaciones activas. Este fue el panorama inicial con el que debió de empezar el nuevo general en jefe, Jenaro Quesada. Acudió a supervisar las obras que enseguida comenzaron a realizarse, con las instrucciones del comandante general de ingenieros, Ángel Rodríguez Arroquia. Este hombre fue quien desarrolló y mandó ejecutar las obras que se construirían en Monte Esquinza, mientras que el teniente coronel de ingenieros, Eduardo Mariátegui y Martín, fue el encargado de construirlas (Ocáriz y Roldan, 2014: 50).

Durante los seis meses aproximados en que estuvieron construyéndose los fuertes (febrero-julio), acamparon junto a ellos los batallones del 2.º cuerpo del Ejército del Norte, casi 12.000 hombres, para defender la posición hasta que las obras estuvieran concluidas. El fuerte que a nosotros nos interesa, el de la Princesa de Asturias, no se inició hasta abril, una vez vista la necesidad de cubrir los escasos manantiales de agua dulce que se emplazaban en Monte Esquinza (Cuerpo del Estado Mayor del Ejército, VI, 1885: 348) y la necesidad de defender la vía de suministros que diariamente recorría el personal de la intendencia, entre Oteiza y la sierra. Para cumplir con estas importantísimas obligaciones, se dotó al fuerte de dos piezas de artillería de 8 cm largos (Fernando, 1878: 270).

Figura 8. Vista panorámica de los campamentos de Monte Esquinza. Aparecen un total de siete puntos indicándonos qué son: 1- Punto en donde se proyecta la construcción de un nuevo reducto (el futuro Princesa de Asturias), 2- Montejurra, 3- Monjardín, 4- Sierra de Urbasa, 5- Reducto Cáceres, 6- Reducto Marqués del Duero (antes llamado Fajardo), 7- Ermita de San Cristóbal y reducto Alfonso XII. (*La Ilustración Española y Americana*, 30/03/1875; imagen procedente del Centro de Documentación del Museo del Carlismo).

En un primer plano cartográfico elaborado por el cuerpo de ingenieros del mes de marzo, podemos ver la localización y el compromiso de levantar un total de tres fortificaciones, entre los que no aparece el fuerte de la Princesa de Asturias (figura 9).

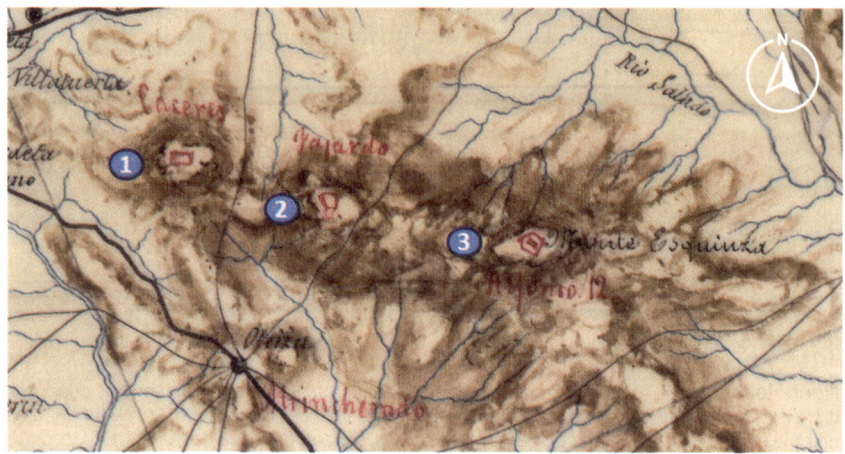

Figura 9. Croquis general de los fuertes en construcción para defender la línea del Arga. Firmado por el comandante general de ingenieros, Ángel Rodríguez Arroquia, en marzo de 1875 (IHCMET, Na-02-05). Según la numeración correlativa, estos son los nombres de los tres fuertes que figuran: **1.** Cáceres, **2.** Fajardo (futuro Marqués del Duero) y **3.** Alfonso XII.

En el siguiente plano que presentamos, a pesar de no tener la fecha, aparece un cuarto fuerte en representación del fuerte de la Princesa de Asturias (figura 10). Por este motivo sabemos, en comparación con el anterior mapa, que este es posterior al mes de marzo y de ahí la suposición de que creamos que el fuerte comenzó a edificarse a partir del mes de abril.

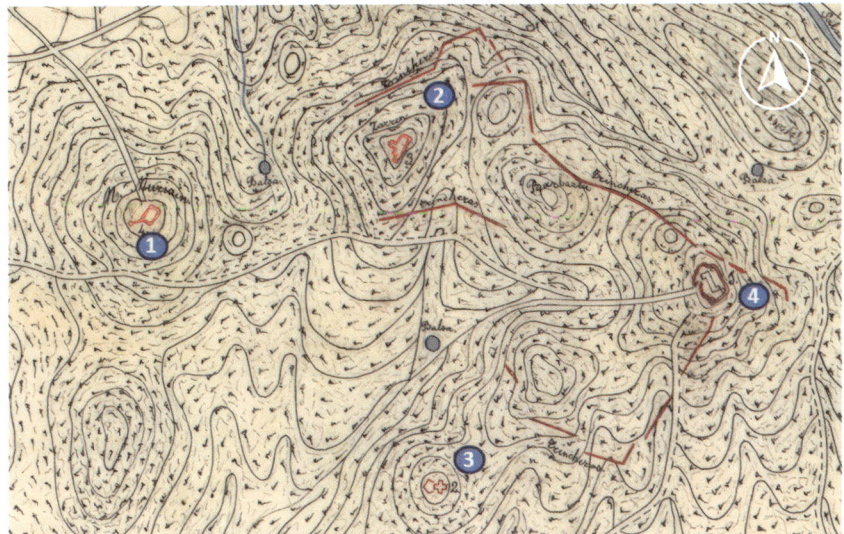

Figura 10. Croquis de las posiciones del campamento de Monte Esquinza. En el centro se puede ver una de las balsas por las cuales se construyó el fuerte de la Princesa. Rodeando los fuertes discurría una línea de trinchera. Dibujado por el teniente coronel del cuerpo, Eduardo Mariátegui, y copiado por el soldado de ingenieros Carmelo Ortega (sin fecha) (IHCMET, Na-02-11). Según la numeración correlativa, estos son los nombres de los cuatro fuertes que figuran: **1.** Cáceres, **2.** Marqués del Duero, **3.** Princesa de Asturias, y **4.** Alfonso XII.

La imagen del plano anterior puede compararse con la localización actual de los vestigios que quedan en la sierra. Como se puede observar, a pesar de haber algunas erratas en las distancias entre unos y otros, creemos que la localización de los fuertes es bastante acorde a la realidad.

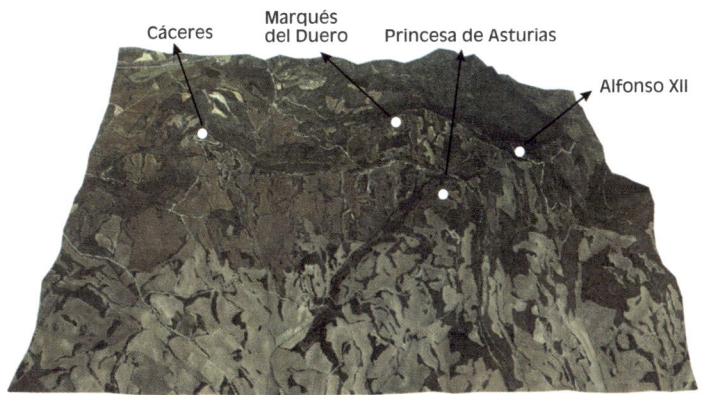

Figura 11. Vista 3D de la sierra de Monte Esquinza en donde se realizaron las construcciones.

El general Jenaro Quesada escribió el 14 de junio desde su cuartel general de Tafalla para decir que las obras de Monte Esquinza estaban casi terminadas (Cuerpo del Estado Mayor del Ejército, VI, 1885: 351-352). La guarnición asignada para los cuatro fuertes ascendió a 980 hombres, de los cuales una compañía de 100 fue a parar al fuerte de la Princesa de Asturias. En comparación con los restantes, fue una dotación más pequeña, ya que los demás oscilaron entre 250 y 300 hombres[34]. Una vez bien guarnecidos los fuertes, a inicios del mes de julio el 2.º cuerpo del Ejército del Norte abandonó finalmente Monte Esquinza, tras haber permanecido allí casi medio año.

Desde entonces, ni la prensa, ni las crónicas de la época volvieron a escribir sobre la sierra de Monte Esquinza, a pesar de que en más de una ocasión los fuertes fueran atacados por fuerzas carlistas, que intentaban minarles psicológicamente en ataques nocturnos, con la idea de algún día volver a recuperar esas cimas.

Una vez finalizada la guerra, a las semanas, se instaló en el fuerte una compañía del regimiento de Extremadura n.º 15. Lo mismo ocurrió con los fuertes de Alfonso XII y Cáceres. Es muy probable que se hiciera, por un lado, con el objetivo de preservar al ejército durante un tiempo más en una zona recién conquistada (con tal de eliminar cualquier posible alzamiento carlista en los momentos posteriores a la guerra); y por otro, como medio de transición para el abandono definitivo de las construcciones militares. Tras la guerra, se pusieron en subasta pública las piedras de muchas fortificaciones, tanto de los fuertes liberales, como de los carlistas. Entre ellos los de Monte Esquinza, pero sin grandes éxitos, ya que al parecer no hubo pujadores, por lo que finalmente el gobernador militar de Estella decidió, en una orden del 21 de agosto de 1876, mandar a unos carpinteros para iniciar el proceso de demolición de los fuertes de Monte Esquinza (Arrieta, 2015: 430). Sin embargo, para nuestra suerte, parece que este trabajo no se acometió de forma sistemática ya que, como veremos, muchos de los muros, al menos para el fuerte de la Princesa de Asturias, han llegado hasta la actualidad.

Con el paso del tiempo, el fuerte de la Princesa de Asturias, junto con el fuerte de Cáceres, son los que mejor estado de conservación presentan del conjunto de los cuatro de la sierra de Monte Esquinza. De hecho, el fuerte de la Princesa de Asturias conserva gran parte de su estructura en pie. Esto debió incentivar que, una vez terminada la guerra y con el transcurso de los años, se olvidara su naturaleza y los propios vecinos terminarán por recordarlo como el *hospital carlista*. Hasta tal punto que, en los mapas topográficos actuales, el lugar figura con ese mismo nombre. Esta deriva, fruto del proceso del olvido, sin duda viene justificada por la morfología del cuartel. Desde el aire se aprecia su forma de cruz griega, que se asemeja al símbolo de la cruz roja y que por cuestiones culturales lo hemos asociado con los hospitales. Además, la justificación de que fuera carlista no viene refrendada por ninguna parte. Es de suponer que provenga del sentimiento mayoritario por la causa carlista de los pueblos de la zona y que su nexo de unión con las guerras carlistas hiciera adulterar el recuerdo, asociándolo a un evento de la historia del carlismo.

Llama la atención que, a pesar de haberse conservado en buenas condiciones, no era una construcción del todo conocida en el municipio al que pertenece (Villatuerta). Al contrario, quizás, que en Oteiza, donde tal vez por su proximidad, había más vecinos que lo conocían. Además, al no haber un camino propio hasta el lugar y hallarse en un mogote semioculto entre la vegetación, ha perdurado en gran medida inalterado.

Cuando el equipo de arqueólogos llegó al fuerte, observamos cómo el fuerte se reutilizó como corral para ganado ovino[35]. Para ello, se acometieron una serie de medidas de adecuación, como fue el cerramiento de la puerta de entrada con un muro de piedras de arenisca de diversos tamaños, a base de reutilizar las propias piedras del fuerte, trabadas en seco y empleando algún ladrillo para calzar alguna piedra. Los animales fueron sus últimos morados antes de dar paso al más miserable olvido.

3.3. Análisis estructural del fuerte

A juzgar por los planos que se conservan en el archivo del Instituto de Historia y Cultura Militar del Ejército de Tierra (figuras 15 y 16), el fuerte se compone de tres elementos principales: un edificio central (cuartel o *blockhaus*), cuya forma en planta es de cruz griega; una luneta pentagonal; y un foso perimetral que engloba todo el conjunto.

3.3.1. El *blockhaus*

Según la terminología empleada en los tratados de ingeniería militar de la época, el fuerte de la Princesa de Asturias, con planta cruciforme, representa dentro de las tipologías de blockhaus existentes, la materialización de un modelo ideal. Su nombre genérico derivado del alemán (y admitido en castellano como *blocao*) significa *casa de madera* (Moreno y Argüelles, 1877: 54) y constituía en tiempos de campaña en una obra cerrada y cubierta, a base de madera y tierra. El inconveniente era si eran atacadas con piezas de artillería. De ser así, estas obras resultaban bastante vulnerables, de modo que en algunos casos, para evitar estas situaciones se les dotaba de una mayor anchura a las viguetas de madera o bien se reemplazaban por piedra, como es nuestro caso. En este sentido, según la clasificación realizada por el comandante de ingenieros Eusebio Torner, a este tipo de edificio se le conoce como *blockhaus de mampostería* (Torner, 1898: 66).

El uso de la piedra en vez de la madera en los fuertes liberales durante la segunda guerra carlista, ayudó a obtener la solidez necesaria para defenderse con mayor acierto de un posible ataque por parte de la artillería carlista, ya que estos comenzaron a adquirir sus primeros ejemplares en mayo de 1873.

En un comienzo, la construcción de los *blockhaus* se concebía como reductos interiores de los atrincheramientos, al menos hasta la guerra de los ducados de 1864 (Soroa, 1898: 106). Pero a partir de entonces, su uso se empleó tanto en las guerras civiles como en las coloniales, para la protección de las vías de comunicación (puentes, viaductos o desfiladeros en lugares de montaña), para la ocupación de posiciones dominantes, o como obras avanzadas (Torner, 1898: 67); también conocidas como obras aisladas (Moreno y Argüelle, 1877: 55).

En cuanto a la forma que adoptaban, era variable. Las más sencillas eran rectangulares, pero esto no permitía el flanqueo de unas caras con las otras. Por eso, si se disponía del tiempo necesario, eran preferibles aquellas en forma de «T», zig-zag o cruz, que sí lo permitían (Soroa, 1898: 106), ya que estas últimas ofrecían mejores condiciones defensivas (Soto, 1879: 67).

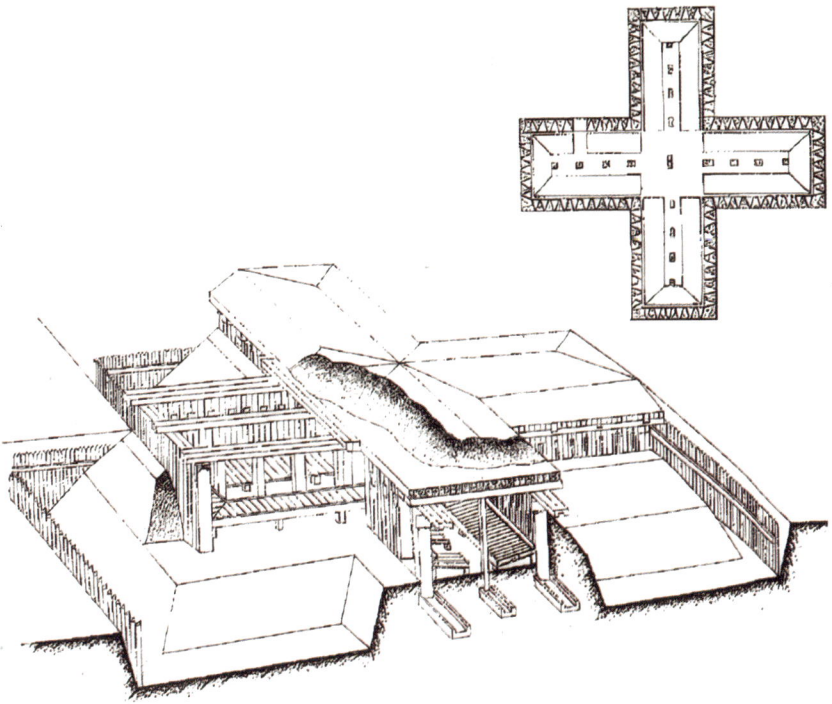

Figura 12. Imagen cenital y oblicua de un blockhaus de planta cruciforme, similar al confeccionado para el fuerte de la Princesa de Asturias (Soroa y Fernández, 1898: Lámina xiv, 3d fig. 157 y fig. 158).

Figura 13. Foto tomada desde un dron por la empresa Dronic en el trabajo de documentación gráfica para el Ayuntamiento de Villatuerta en 2017. En ella se aprecian las similitudes de su planta cruciforme con la figura anterior.

Dentro del *blockhaus*, si la guarnición tenía que dormir en él, este disponía de camastros. De lo contrario, en vez de estos se colocaban banquetas, ya que las aspilleras por las que tendrían que disparar los defensores (rodeando todo el edificio), se solían hallar a una altura superior a sus cabezas, por lo que era necesario disponer de algún elemento en donde subirse para abrir fuego. En nuestro caso de estudio, el *blockhaus* del fuerte de la Princesa de Asturias sirvió de alojamiento, por eso el edificio albergaba a ambos lados de sus cuatro alas los camastros para el descanso de la tropa, si bien es de suponer que la oficialía tendría su espacio apartado del resto de la soldadesca.

La capacidad máxima de la guarnición no debía ser superior a los 100 hombres (Torner, 1898: 63). En el fuerte de la Princesa de Asturias, sabemos que alcanzaron ese número (Archivo Histórico Foral de Bizkaia, AQ01656/041), del cual el grueso de los hombres correspondía al cuerpo de infantería y un pequeño porcentaje al cuerpo de artillería, al estar dotado el fuerte de dos cañones.

Además de procurar dar descanso a los soldados dentro de un espacio tan limitado como era un *blockhaus*, igualmente importante era poder alimentarlos. Por ello, si reparamos en la figura 15, en el centro del edificio se visualiza una estructura que bien podría ser una pequeña cocina, o bien algún tipo de brasero para calentar el edificio. A nivel de suelo, mediante las labores arqueológicas se pudo identificar, aunque en pésimas condiciones y tan solo en una pequeña franja de superficie, un pavimento enlosado mediante piedras de diversos tamaños que presentaban una superficie horizontal y con tierra trabada entre ellas. Resulta cuanto menos curioso encontrar este tipo de acabados en lugares tan remotos y dentro del contexto de una guerra. Intentando hallar algún caso similar, encontramos en Cataluña un ejemplo de una intervención arqueológica en el que se pudo analizar el enlosado de un pavimento de un fuerte liberal de la primera guerra carlista. Se trata del fuerte San Mauricio de Balsareny (Barcelona), cuya intervención arqueológica se realizó en 1997 (Vila Carabasa, 1997). Las labores de limpieza sacaron a la luz una nave central destinada a cuartel de la guarnición, cuyo suelo estaba formado de grandes losas de superficie lisa y esquinas irregulares.

Volviendo a nuestro *blockhaus*, el edificio albergaba un conjunto de aspilleras para fusilería que se extendía por todo el perímetro del edificio, siendo la última medida de protección con la que contaban sus defensores en caso de un ataque. Si seguimos las directrices del mapa cartográfico, el edificio contaría con un total de 110 aspilleras situadas en la parte alta de sus muros. Pero como veremos más adelante, la realidad no coincide con las fuentes.

Teniendo en cuenta la dimensión de los fusiles más largos de esta época (con la bayoneta calada, sobrepasaban por poco 1,80 m), necesitaban contar con un espacio lo suficientemente amplio, para el cómodo manejo del fusil desde el interior. Esto nos hace pensar que dos tiradores que disparasen en direcciones opuestas desde el interior del habitáculo necesitaban, al menos, 4 m de anchura para ejercer su trabajo. Curiosamente, las obras que aparecen en los manuales de la época, mencionan que la anchura de muro a muro podía variar de los 4 a los 6 m, siendo el idóneo el de los 4 m para no tener que apoyar en pilares el peso de la techumbre, ya que obstaculizaría en parte el tránsito dentro del edificio y complicaría más la obra (Moreno y Argüelles, 1877: 56). En el caso del fuerte de la Princesa de Asturias, mantiene los 4 m de anchura mencionada en las fuentes, por lo que en vez de columnas existía un pequeño pasillo central para poder moverse.

Por otro lado, la altura media de estas construcciones se situaba entre los 2,5 y 3 m (Soto, 1879: 67), siendo mejor la de 3 m si el fuerte contaba con camastros. En nuestro caso, como el fuerte sí contaba con ellos, creemos que dispondría de esa altura, a pesar de que no se halla conservado en su integridad.

En relación a las aspilleras, ya hemos dicho que estas debían disponerse a una altura elevada, para disparar subidos a algún elemento. Además de esta medida, se aconsejaba guardar un metro de separación entre ellas, para albergar el espacio suficiente entre tiradores y poder maniobrar cómodamente (Moreno y Argüelles, 1877: 58). En nuestro caso de estudio, las pocas aspilleras que se conservan se alzan a 1,60 m de altura, con una distancia media entre aspilleras de 0,75 m. Por lo que no se siguen exactamente las medidas aconsejadas. No obstante, dispusieron de la altura suficiente para que los tiradores subidos desde sus camastros pudieran abrir fuego cómodamente.

Para renovar el aire del interior del *blockhaus*, se procuraba abrir espacios de ventilación por medio de ventanas y respiraderos en el techo (Moreno y Argüelles, 1877: 58). En este sentido, durante los trabajos de excavación hemos documentado algunos fragmentos de vidrio que corresponderían a algunas ventanas. Esto nos hace suponer, que en algún lugar del fuerte se destinó un espacio para este fin. En cuanto al techo, si la obra a construir iba a durar en el tiempo, como era el caso del fuerte de la Princesa de Asturias, era indispensable cubrirlo con tejas (Moreno y Argüelles, 1877: 58), o planchas metálicas (Torner, 1898: 64). Como sabemos, en nuestro caso se empleó la teja, debido a la abundancia de fragmentos de esta hallados en el relleno del foso.

Finalmente, para terminar con el *blockhaus*, tenemos que hablar de la vía de acceso. Según los manuales militares de la época, este se realizaba mediante una puerta situada en el punto menos expuesto a los ataques del enemigo, con una altura de 1,80 m de alto por 0,70-0,80 m de ancho (Moreno y Argüelles, 1877: 58; Torner, 1898: 64); o bien con una altura de 1,80 a 2 m, con hoja de dos o tres aspilleras, cuya apertura sería de fuera hacia adentro, para que nunca el defensor pudiera quedar prisionero dentro del edificio (*Apuntes Sobre Fortificación de Campaña*, 1866: 55-56). En el caso del fuerte liberal, no podemos precisar si las medidas de la puerta coinciden o no con las descritas en los tratados de fortificación, pero sabemos que al menos debió de alcanzar los 2 m de altura, como queda justificada con la jamba más alta que hemos documentado de la puerta. En cuanto a su anchura, podemos ser aquí mucho más precisos, ya que es de casi 2 m. Sabemos que la puerta era de dos hojas, gracias al hallazgo de dos goznes en las esquinas interiores del marco de la puerta.

3.3.2. La luneta

Como acabamos de ver, los *blockhaus* son edificios generalmente pequeños. Sin embargo, si las necesidades de la guerra lo requerían, podía proyectarse su edificación con una o dos piezas de artillería de pequeño calibre. En tal caso, los tratados de fortificación mencionan dos formas distintas de hacerlo, que en ningún caso coinciden con el de nuestro estudio. En general hablan de situarlas tanto dentro del *blockhaus*, como encima de él. Aunque recomiendan la segunda opción, ya que la primera obligaba a los constructores a abrir un espacio mucho mayor para las piezas dentro del edificio y, por otro lado, resultaba un problema la oxigenación de estos espacios, por el humo que generaban (*Apuntes de fortificación de Campaña*, 1866: 59). En nuestro caso, la disposición de las dos piezas de 8 cm que llegaron a colocarse difiere mucho de los dos casos anteriores, ya que la dotación de artillería se emplazó en el exterior del edificio, a barbeta, dentro de una luneta pentagonal. Siendo en su conjunto final un fuerte poco menos que singular sin ningún otro ejemplar que conozcamos de esta guerra para poder compararlo, ya que la unión de *blockhaus* más luneta sólo lo hemos documentado en el fuerte de la Princesa de Asturias.

Siguiendo con la descripción de la luneta, diremos que prevalece su carácter terrera y con orientación noroeste (hacia el pueblo de Oteiza). Con una longitud de unos 50 m en su parte interna y de unos 80 m en su parte externa. Entre ambas, se alza una escarpa con una altura máxima de hasta cinco metros.

Su cometido consistía en defender una balsa de agua cercana y el camino de comunicación con Oteiza, base de suministros diarios al complejo militar de Monte Esquinza. De ahí, la necesidad de salvaguardar la vía de comunicación entre ambos puntos por la artillería.

Dentro de la luneta y acercándonos al contramuro del *blockhaus* (ver figura 15), se dibuja un edificio rectangular dividido en dos salas, con sus entradas independientes mirando al contramuro, que seguramente correspondan a los repuestos de la artillería y el polvorín. Esta hipótesis parte de la necesidad de tener un habitáculo cercano al lugar de las baterías y aislado al mismo tiempo de otros elementos, para poder trabajar lo más cómoda y seguramente posible. Este edificio con orientación norte-sur, se encontraba según el mapa, semienterrado, al que se accedía a través de la luneta.

3.3.3. El foso

Ya al exterior del edificio, tenemos un foso que une y divide al mismo tiempo el yacimiento, al extenderse de forma continuada por todo el perímetro exterior de los dos elementos anteriormente descritos y pasar por medio de ambos. Sus dimensiones, si reparamos en el mapa, van oscilando. Tienen mayor anchura los puntos débiles de la transición de la luneta al *blockhaus*. El foso no debía tener más de 1 m de profundidad (*Apuntes de fortificación de Campaña*, 1866: 55), aunque en el Princesa de Asturias, se profundizó hasta el 1,50 m. El foso puede ser hecho en *brillante*; es decir, en sección triangular (Soto, 1879: 68), o bien en sección de «U», como en nuestro caso de estudio. La tierra que se extraía del foso, se agolpaba contra las paredes del *blockhaus* a modo de glacis por dos razones: primero, para reforzar el edificio contra la artillería; y segundo, para evitar que el enemigo le prendiera fuego, ya que generalmente estos edificios se realizaban con madera (Moreno y Argüelles, 1877: 59). En nuestro caso, siguiendo la teoría, también se construyó un glacis para proteger la cimentación de los muros de piedra con el excedente de tierra extraído del foso.

Sobre los fosos se edificaban puentes levadizos para sortearlos y acceder al interior del espacio que defendían. Estos eran sencillos, formados por algunas tablas de madera que descansaban en la mitad del ancho del foso en una pequeña estacada, o en su defecto, por pequeñas escalas que se apoyaban en la escarpa y la contraescarpa (*Apuntes de fortificación de Campaña*, 1866: 56). Según la cartografía militar de la época, este fuerte liberal contaba con dos puentes levadizos para sortear el foso que impedía, hasta en dos tramos diferentes, acceder a la puerta principal. Nosotros intervinimos en el tramo del foso junto a la puerta de entrada al *blockhaus*; y por tanto, en el primer puente que tenían los defensores al salir del edificio. A la altura de la puerta, en la escarpa del foso, documentamos una pared vertical de mampostería de unos 2 m de anchura, en donde creemos que descansaría el puente una vez elevado y recogido. A pesar que en las excavaciones no hemos hallado restos que nos ayuden a esclarecer el mecanismo del puente, viendo el muro de mampostería (figura 17), creemos que debió de ser tal y como queda recogido en el plano cartográfico de la figura 14, muy similar al recogido en la obra del comandante de ingenieros José María de Soroa. En ambos, parten de dos maderos colocados en vertical desde dos puntos fijos en el fondo del foso, que se dejarían caer levemente a través de un sistema de poleas, para posteriormente tender sobre los dos extremos un suelo flotante entablado de madera. En nuestro caso, el puente colgante se extendería por una superficie longitudinal un poco mayor a los 2 m, según la anchura documentada en el foso.

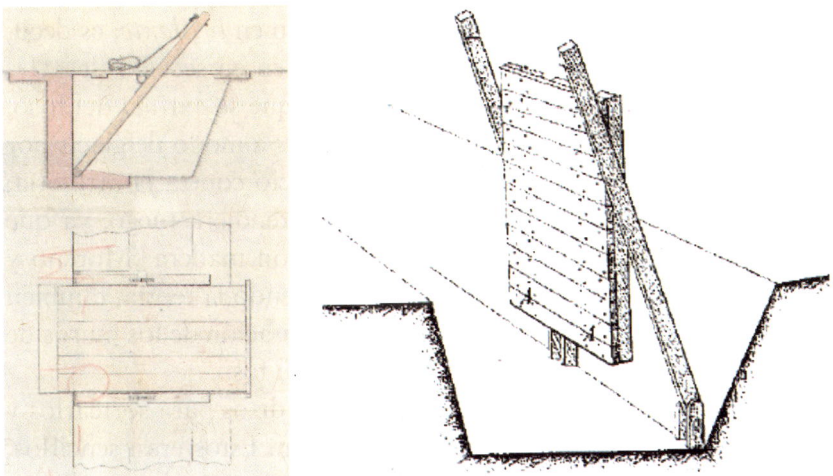

Figura 14. Izquierda, imagen del puente levadizo trazado para el fuerte de la Princesa de Asturias (IHCMET, NA-21-14); derecha, la ilustración de un puente levadizo de un foso de blockhaus (Soroa, 1898: Lámina xiv, Figura 126).

3.3.4. Conclusiones

En primer lugar, llama la atención la cantidad de información que hemos sido capaces de hallar en los manuales de fortificación de la época sobre la construcción de *blockhaus*. Las pautas a seguir en su edificación apenas variaban de un manual a otro y esto nos hace pensar en la estandarización de un modelo de construcción aceptado por la academia de ingeniería para ser empleado en el control de puntos fijos durante la guerra. Partiendo de esta premisa, hemos intentado hallar otros *blockhaus* que pudieran haberse construido en Navarra durante la guerra[36]. Tras cotejar nuestros datos, hemos comprobado que fueron muchos los *blockhaus* que se llegaron a construir, todos por los liberales y en su mayoría en planta rectangular, con el objetivo de controlar algunos puentes sobre los ríos Arga y Ega, a su paso por las localidades de Larraga (Rodríguez De Quijano, 1876: 26-27), Miranda de Arga (Rodríguez De Quijano, 1876: 21), Falces (Rodríguez De Quijano, 1876: 93) y Lerín (Rodríguez de Quijano, 1876: 22-23). También se localizan otros en puntos de gran valor estratégico para ejercer un control sobre las vías de comunicación, como los dos *blockhaus* (no se especifica forma) construidos en madera al poco de iniciarse la guerra sobre el túnel de Lizarraga y el puerto de Bakaikoa (Cuerpo de Estado Mayor, II, 1884: 254-255). Existe uno incluso construido *in extremis* en Tafalla para el rey Alfonso XII como alojamiento para una noche, en la campaña militar liberal de febrero de 1875 (Rodríguez De Quijano, 1876: 106). Sin embargo, si nos detenemos a analizar aquellos construidos en Navarra con base cruciforme, tan solo encontramos un único caso más, aparte del fuerte Princesa de Asturias, y se halla en el puerto de Velate. Es el fuerte de Guendulain (Martín Etxebarria, 2017: 204-205), construido tras la segunda guerra carlista para controlar la comunicación entre la cuenca de Pamplona y el Baztán (Arrieta, 2015: 316-318).

Siguiendo el estudio de *blockhaus* de plantas cruciformes, ampliamos nuestro foco de estudio hasta el País Vasco en busca de otros ejemplos similares, lo que nos ha permitido hallar dos más: el fuerte de Pagogaina en Irún (Martín Etxebarria, 2017: 204; Arroquia, 2015: 171-173), muy cerca de la muga con Navarra, construido tras la guerra ante el temor de un nuevo alzamiento para controlar los pasos de entre provincias; y el fuerte de Arnotegi en Bilbao, también erigido tras la guerra para controlar los montes próximos a la capital vizcaína por el gobierno liberal, ante el temor de un nuevo levantamiento carlista (Martín Etxebarria, 2017: 204; Arrieta, 2015: 59-62). De estos cuatro, destacan en similitud los fuertes de Gendulain y Pagogaina, ya que en su construcción edificaron en el centro una torre más alta que los muros laterales. Llama también la atención el hecho de que el fuerte de la Princesa de Asturias es el único caso de una construcción de esta tipología construida por el bando liberal en el contexto de la guerra y también la única que albergaba una dotación de artillería, a diferencia de las tres restantes. Que el ejército carlista no hiciera uso de este tipo de construcciones, refuerza la idea de que los *blockhaus* fueron obras construidas tan solo por los liberales para la defensa de puntos estratégicos. Su construcción continuó en un periodo posterior al conflicto ante la amenaza de un nuevo alzamiento carlista, como atestiguan los paralelos identificados. Estas obras tuvieron éxito en estas provincias debido a su accidentada geografía, sobre todo en el inicio del conflicto en donde el bando tradicionalista no contaba con artillería. Por lo que estas posiciones de obra sencilla, garantizaron durante un tiempo al bando liberal el control de pasos y puntos clave. Con la evolución de la guerra, no solo aparecieron nuevas tipologías en fortificación, sino que los *blockhaus* evolucionaron desarrollando muros de mampostería, como en el fuerte de la Princesa de Asturias y tras el conflicto, mediante la construcción de una torre central dentro del edificio cruciforme. Estas últimas adaptaciones y ampliaciones, supusieron el momento de máximo esplendor de este tipo de construcciones hasta ese momento.

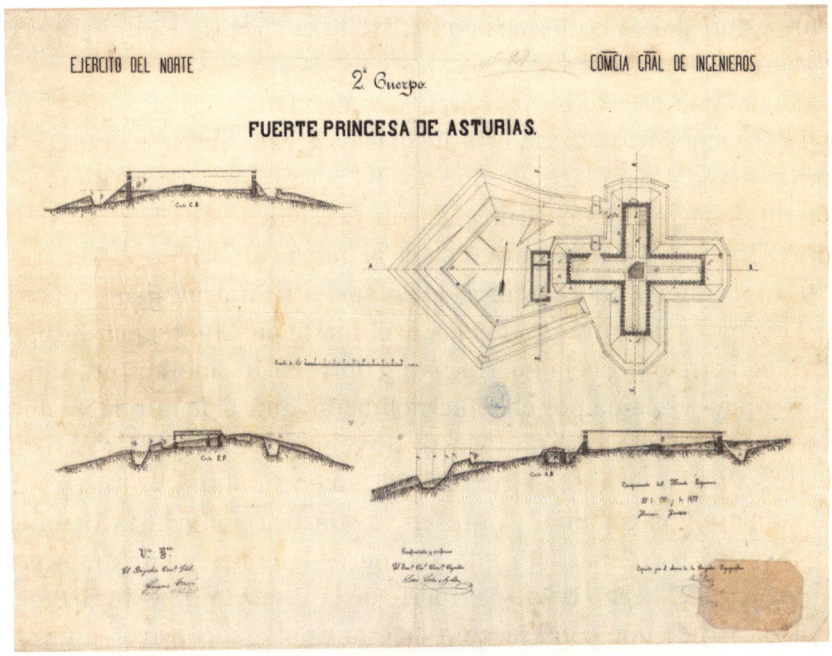

Figura 15. El reducto Princesa de Asturias, copiado por el obrero de la brigada topográfica José Prats, en el campamento de Monte Esquinza, a fecha del 15 de mayo de 1875. No tenemos leyenda explicativa (IHCMET, Na-25-01).

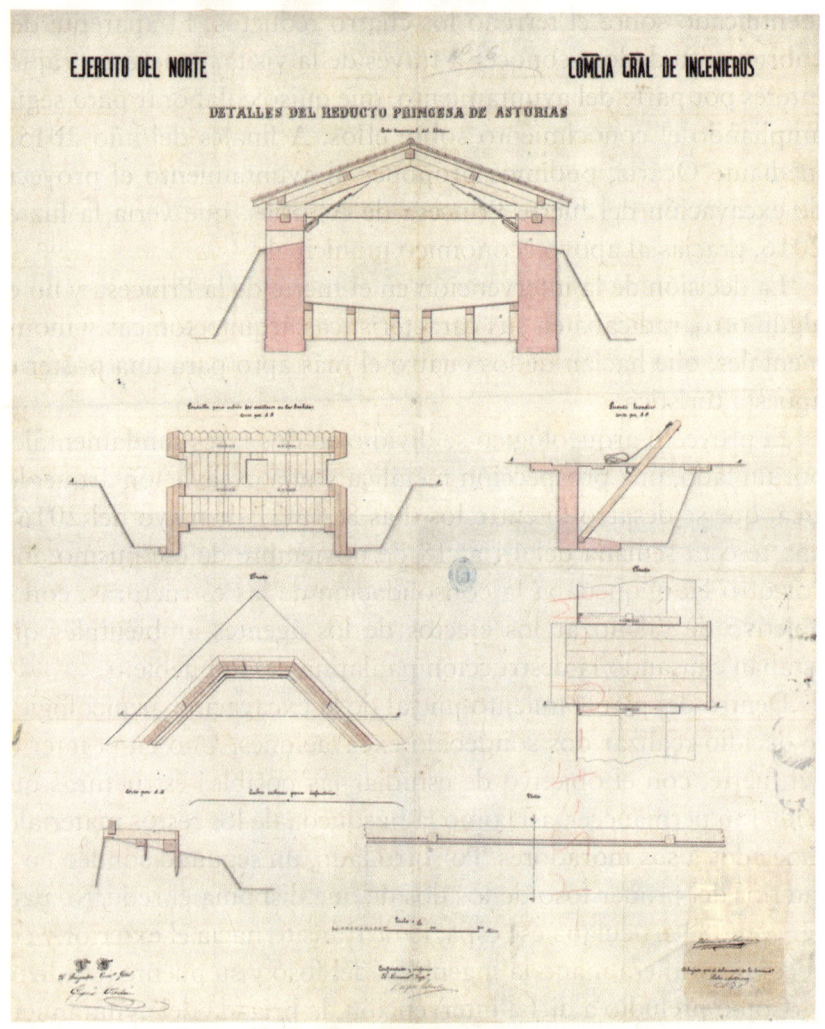

Figura 16. Corte transversal del *blockhaus*; pantalla para cubrir a los artilleros en las barbetas; y puente levadizo. Dibujado por el delineante de la comanda Pedro Antépara (IHCMET, Na-21-14).

3.4. El proyecto arqueológico

El origen del proyecto se remonta a septiembre de 2014, cuando con motivo del Día Internacional del Turismo, el Museo del Carlismo (Estella) organizó una visita guiada a los cuatro reductos liberales de Monte Esquinza, dirigida por José María Ocáriz Basarte (vecino de Villatuerta y aficionado a la historia militar), que había identificado sobre el terreno los cuatro reductos. El aparente descubrimiento dado a conocer a través de la visita, generó un rápido interés por parte del ayuntamiento, que quiso colaborar para seguir ampliando el conocimiento sobre ellos. A finales del año 2015 y mediante Ocáriz, pudimos proponer al ayuntamiento el proyecto de excavación del fuerte Princesa de Asturias, que vería la luz en 2016, gracias al apoyo económico municipal.

La decisión de la intervención en el fuerte de la Princesa y no en algún otro, radicaba en sus características arquitectónicas y monumentales, que hacían de los cuatro el más apto para una posterior apuesta turística.

El proyecto arqueológico se dividió en dos fases fundamentales: por un lado, una prospección metálica y una excavación arqueológica, que se desarrolló entre los días 8, 16-27 de mayo del 2016 y una tercera semana del 14 al 18 de noviembre de ese mismo año. Por otro lado, quedaba la consolidación de las estructuras, con el objetivo de ralentizar los efectos de los agentes ambientales que estaban causando la destrucción paulatina del inmueble.

Dentro del planteamiento inicial de la excavación arqueológica, se decidió realizar dos sondeos o excavaciones. Uno en el interior del fuerte, con el objetivo de estudiar las posibles estructuras que pudieran permanecer, así como la búsqueda de los restos materiales asociados a sus moradores. Por otro lado, un segundo sondeo en el interior del primer foso de los dos de que disponía el reducto, para ver cómo se articulaba ese espacio de tránsito hacia el exterior y conocer de primera mano la ingeniería del foso y su puente levadizo.

Como preludio a dicha intervención, la brigada del ayuntamiento colaboró desbrozando tanto el interior y exterior del fuerte, así como con la apertura de un camino peatonal por zona comunal, de cara a las futuras visitas turísticas.

Figura 17. Imagen en la que se muestra el sondeo exterior del *blockhaus*, ya finalizado. Dentro del foso, distinguimos a mano izquierda la escarpa de tierra, seguido del muro vertical del puente levadizo y terminando con una escarpa de piedra. También se puede ver la excavación de un rectángulo en el foso, mostrando la unidad negativa de una estructura, seguramente de madera, para el puente levadizo, o el relleno del foso en la sección del fondo. Finalmente, en la parte superior izquierda de la imagen, la entrada al *blockhaus* (con la recolocación de varias piedras de las jambas), y dentro, el sondeo interno, hasta el nivel excavado.

3.5. Materiales

La excavación arqueológica ha permitido recuperar un total de 1.427 piezas, que forman una de las principales colecciones de España sobre esta guerra. Es un conjunto importante no solamente por la cantidad de piezas, sino también por su heterogeneidad. La diversidad de objetos recuperados nos ayuda a día de hoy a acercarnos un poco más al estudio de la cotidianidad del soldado.

3.5.1. Elementos relacionados con la alimentación

De los 33 restos óseos recuperados que podrían haber formado parte de la dieta de la soldadesca, tras haber realizado un estudio zooarqueológico, se han podido identificar 30 ellas, de las cuales, tenemos representados dos especies de ganadería mayor (équido y vacuno), dos de cabañas pastoriles (oveja y cabra), y un pez marino de gran tamaño (bonito/atún). Este último lo más probable es que hubiera llegado en salazón o en latas para su conservación. Por otro lado, el hecho de haber documentado en algunos fragmentos restos de descarnamiento, visibiliza el proceso de preparación *in situ* de las piezas antes de ser cocinadas.

Por tanto, el estudio zooarqueológico demuestra la existencia de una dieta más diversificada de lo que hoy podríamos pensar y por tanto la preocupación de la intendencia militar de dotar con buenos alimentos a aquellos hombres que vivían las penalidades climatológicas de la sierra de Monte Esquinza.

Por otro lado, igualmente de importante ha sido el análisis de los restos cerámicos documentados. Destacan aquí, en primer lugar, dos tacitas para café que, posiblemente, nos hablen de una estratificación social entre los soldados y el cuadro de oficiales. Al igual que nos informan del poder de la intendencia del ejército liberal, capaz de suministrar alimentos de carácter no básicos para la supervivencia hasta en el mismo frente de guerra.

También son reseñables los fragmentos de dos ollas, una de las cuales está marcada con el sello *SALVE Y EBREDA*, en referencia al pueblo de Breda[37], en donde se fabricaron. Esta evidencia, nos habla del transporte realizado desde este pueblo catalán, hasta la sierra de Monte Esquinza, en pleno frente de guerra. En este sentido, una hipótesis que podría justificar la aparición de estas piezas, es la llegada a finales de 1875 del recién creado *Ejército de la Derecha*, procedente de Cataluña para operar en Navarra. De esta manera, podría pensarse que la intendencia de este ejército pudo haberse aprovisionado de este tipo de materiales antes de partir. Otra opción puede ser que durante la guerra el ejército en general comprara lotes de menaje de cocina en Breda para su propio suministro. Sea como fuere, para estas fechas ya existía a escasos kilómetros de Breda una línea de ferrocarril que unía Barcelona con Girona. Es de suponer que si el ejército pudo hacerse con algunos lotes de estos recipientes, se transportasen a Navarra mediante el ferrocarril, hasta las estaciones de Pamplona o bien Logroño.

Relacionado con el vidrio tenemos un fragmento de copa que se relaciona con la ingesta de licores. Nuevamente un artículo de lujo para un frente de batalla que se une a las dos tacitas de café, enfrentándose a los restos de vidrio de botellas, asociadas posiblemente al consumo de vino por parte de los hombres de la guarnición. Sea como fuere, lo que está claro es que el consumo de alcohol ha sido una parte esencial de la dieta en los frentes de guerra. Cabe destacar en este caso el ejemplo de la guerra civil americana, en donde se empleaba el alcohol no solamente por su aporte calórico, sino por ser una forma de sobrellevar la vida en los campamentos, los horrores de la guerra, el miedo y como tratamiento para aliviar los dolores de los enfermos (Martin, 2011: 66). Por lo que es muy probable que el consumo durante la segunda guerra carlista siguiera ese mismo patrón. Esta práctica, que creemos que se extendió a lo largo de la historia, también podemos constatarla en otro ejemplo cercano como es la guerra civil española[38].

Uno de los hallazgos más sorprendentes está relacionado con las latas de conserva. Hemos recuperado un total de 305 fragmentos, que creemos que corresponden con estos envases. En general, se han conservado en muy mal estado, aunque destacan algunas en mejor estado gracias a las que ha sido posible ver las formas que adoptaban. Por otro lado, es reseñable constatar cómo este tipo de elementos tan solo han sido documentados en el fuerte liberal; y a su vez eso también nos hace reflexionar sobre múltiples aspectos.

En primer lugar, la gran demanda de alimentos que necesitaban las tropas del 2.º cuerpo del Ejército del Norte (unos 12.000 hombres) para su supervivencia, durante los seis meses (febrero-julio) que vivieron en la sierra de Monte Esquinza, antes de dejar una guarnición permanente de 980 hombres tras la construcción de los fuertes. Según las pocas referencias que hemos podido encontrar, se dice que conducían diariamente a estas posiciones 10.000 raciones para el ejército y 1.000 más para caballerías (*El Imparcial*, 4/03/1875). Para poder aprovisionar a las tropas, la administración militar contaba en Navarra con 332 carros de contrata, más 40 de embargo, que según las fuentes, apenas eran suficientes para llegar a todos sus cantones, incluida Pamplona (Cuerpo de Estado Mayor del Ejército, VI, 1885: 349). De modo que podemos pensar que el suministro diario a Monte Esquinza también habría sido bastante complicado y sobre todo en las primeras semanas de organización, coincidiendo con la mala climatología del invierno. Por lo que creemos que estos fragmentos de conserva nos hablan de un posible aprovisionamiento de víveres, del cual dispondría el campamento y la futura guarnición de los fuertes, para aquellos momentos en que los alimentos frescos no llegaban o eran limitados. A este respecto, tenemos una única referencia a latas de conserva empleadas en Monte Esquinza, relatado por el corresponsal de prensa Mariano Araus en su visita al campamento el 1 de marzo de 1875, en el que escribió el menú que servían normalmente al general Primo de Rivera (al mando del 2.º cuerpo del ejército) y menciona «un pescado de lata» (*El Imparcial*, 8/03/1875).

La existencia de latas de conserva durante la guerra, nos habla de la preocupación de la intendencia del ejército por alimentar bien a sus tropas. Una preocupación habitual de todos los ejércitos que comenzó a solucionarse con la invención del primer sistema de enlatado en latas de hojalata patentado por Peter Durand en 1810 en Inglaterra, seguida por la fabricación de latas por los empresarios Bryan Donkin y John Hall en 1811. Su principal cliente fue el ejército inglés (Busch, 1981:96; Pérez, 2016: 10), que para 1818 se abastecía ya de grandes cantidades de carnes, vegetales y sopa (Martínez Carrión, 1989: 620). A partir de este momento comenzaron a nacer industrias conserveras en Inglaterra, Francia y en Estados Unidos (Díaz, 2015: 59). Tras un inicio accidentado por problemas gastrointestinales causados por la falta de hermeticidad y esterilización que vendrían a solucionarse posteriormente[39], el consumo de alimentos en conserva se extendió a compradores particulares.

Un ejemplo claro de la evolución conservera la podemos analizar en la guerra civil americana. Antes del conflicto, Estados Unidos no contaba con una industria importante que fuera capaz de suministrar grandes cantidades de alimentos. Principalmente porque estos todavía seguían un proceso de elaboración casi manual, por lo que su precio seguía siendo alto. Sin embargo, gracias al inicio de la guerra y la necesidad de abastecer a grandes ejércitos, comenzó a emplearse como raciones de etapa (Busch, 1981: 97), aunque no era lo habitual. En general estaban destinadas a los enfermos de los hospitales unionistas[40], con el objetivo de suministrarles una alimentación más nutritiva y equilibrada (Pearson, 2016: 58) de la que al parecer recibían de normal. También queda constancia de la compra de latas por familiares o amigos, que eran entregados al soldado para garantizarle una mejor alimentación (Pearson, 2016: 55). Este fue un medio importante para dar a conocer esta industria, la cual ayudó a que tras la guerra despegase con la aparición de nuevos desarrollos tecnológicos que, a su vez ayudaron al abaratamiento de su precio, aunque hubo que esperar hasta finales de siglo para ver los primeros procesos de automatización (Martínez Carrión, 1989: 621). La aparición de las latas durante la guerra civil americana y su cometido, revalorizaron su prestigio, comenzando tras la guerra a incluirlas el ejército americano primeramente como raciones de reserva (Pearson, 2016: 78), para más tarde convertirse en las raciones de etapa.

Después de haber documentado la existencia de estos elementos en el fuerte de la Princesa de Asturias, podemos preguntarnos si estas latas proceden de una producción nacional o tuvo que recurrirse a su adquisición en el extranjero. A pesar de la escasez de estudios en esta materia, tenemos algunos datos que pueden arrojar algo de luz.

Sabemos que la primera fábrica conservera de España se abrió en 1848 en Calahorra (La Rioja) y que posteriormente, junto con poblaciones vecinas, fue la región de España en donde se desarrolló una industria especializada en la conserva vegetal, con especial relevancia de la conserva del pimiento y el tomate. Más tarde, destacaría también a nivel nacional la producción de Baleares (Díaz, 2015: 63). Respecto a la cuestión de si pudo existir para los años del conflicto una industria nacional que pudiera haber satisfecho la demanda del ejército liberal, la respuesta es más que probable. En primer lugar, la referencia a dos productos enlatados (el pimiento y el tomate), que podrían proceder por cercanía de las fábricas de las inmediaciones de Calahorra; y en segundo lugar, la aparición de un producto enlatado de nombre *bacalao a la vizcaína*, que nos podría ayudar a relacionar dicho producto típico vizcaíno[41] con una producción local de conservas. A pesar de que pueda llamar la atención los productos que se enlataban en esta época, lo cierto es que por entonces se popularizaron las conservas de guisos tradicionales, vísceras (sobre todo lenguas) y platos regionales (Díaz, 2015: 61). A este respecto, podemos referir como ejemplos los productos de *bacalao a la vizcaína* y *lengua de vaca albardada*. Así pues, se puede confirmar, o al menos en parte, la existencia de una industria conservera nacional a la que el ejército liberal pudo haber recurrido para abastecerse. No obstante, esto tampoco difiere en la posibilidad de compra en el extranjero a países como Inglaterra o Francia, cuya producción estaba desde hace años consolidada.

Sea como fuere, las latas de conserva documentadas nos hablan de la complejidad del tejido logístico del ejército liberal, que tuvo que proveerse de estos suministros ya fuera en territorio nacional o internacional, para poder atender la gran demanda de alimentos que tenía. Por lo que su trabajo eficaz resultó ser una de las piezas clave para poder mantener en este caso al 2.º cuerpo del Ejército del Norte en la sierra de Monte Esquinza y así poder acelerar el fin de la guerra. Creemos que esta labor no ha sido puesta en valor, pese a que resulta imprescindible para entender la supervivencia del ejército liberal en un territorio hostil, en el que llegar a las fuentes de abastecimiento locales era muy complicado, dado que estaban controladas por el ejército carlista.

3.5.2. Elementos relacionados con el armamento

Se ha mencionado que el fuerte de la Princesa de Asturias estuvo dotado de dos piezas de artillería. Pues bien, durante las labores de prospección metálica en la luneta documentamos un total de veintitrés frictores que corroboran, por tanto, un total de otros tantos disparos de cañón. Pero antes de explicar qué son los frictores, debe añadirse que estos hallazgos no significan que el fuerte tuviera que defenderse de un ataque carlista. De hecho, ni en las fuentes escritas ni en las arqueológicas hemos documentado evidencia alguna a este respecto, por lo que habría que explicar que abrir fuego con unas piezas de artillería también podía deberse a otros motivos tales como el entrenamiento, la puesta a punto, o la comunicación con otros fuertes, por ejemplo.

Volviendo a los frictores, estos elementos son parte de los llamados estopines de fricción que, a su vez, servían para accionar los mecanismos de ignición de los cañones. Se componían de dos partes esenciales. Por un lado, está el frictor, que se compone de un anillo (del cual tiraba el artillero) y una superficie rectangular con unos finos dientes en forma de rayas paralelas (unos diez). Sus dimensiones son pequeñas: 2,3 cm de longitud, por 1 cm de ancho y 0,1 cm de grosor. Por otro lado, está el estopín propiamente dicho, que es una pieza en forma de «L». Presenta un saliente, llamado lengüeta, donde viene el frictor inserto de serie y que tiene una longitud de 1,8 cm. El resto del elemento es un tubo hueco de 6,8 cm de longitud, por 0,5 cm de diámetro, que estaba cargado de pólvora negra. Pudimos recuperar un total de siete de estos elementos en el interior del sondeo del foso.

Todos los estopines recuperados se corresponden con el estopín metálico modelo 1857 *de lengüeta* característico de la segunda guerra carlista, y por tanto, empleados en nuestros trabajos como *fósiles guía*. Anteriormente existía el estopín de carrizo y tras este conflicto aparecería el estopín de alambre modelo 1881 (Calvó, 2014: 75).

El mecanismo de uso era el siguiente: el artillero al estirar del frictor (al hacerlo salía de la cavidad de la lengüeta), provocaba una chispa que prendía la carga de pólvora del estopín y extendía la combustión por la parte interna del tubo hasta transmitirlo por el oído del cañón a la carga interna. De este modo se accionaba el mecanismo que finalizaba con el disparo de una granada.

3.5.3. Elementos relacionados con los enseres del soldado

Centrándonos en la indumentaria del soldado, se identificaron seis botones de bronce pertenecientes al atuendo exterior. Cuatro de estos botones son de tiempos de la I República Española (1873-1874), mientras que los otros dos corresponden a la presidencia del general Serrano (1874) (Guirao et al, 2012: 41-42). A través de ellos, hemos podido comprobar la lentitud del aparato logístico pues, si bien el fuerte fue edificado a mediados de 1875 y empleado hasta 1876, la guarnición seguía usando botones de los dos regímenes de gobierno anteriores. De forma significativa, no hemos documentado ninguno de los tiempos del rey Alfonso XII, que fue nombrado rey el 29 de diciembre de 1874, tras el pronunciamiento del general Arsenio Martínez Campos.

Lo mismo puede decirse sobre las monedas. Es significativo que no hayamos recuperado ninguna de las nuevas acuñadas en 1875 con la efigie del rey Alfonso XII. Las cinco que hemos podido identificar son de 1870, de tiempos del gobierno provisional (1868-1871).

Finalmente para terminar con este apartado, queremos nuevamente remarcar la presencia del rango jerárquico a través del hallazgo de una insignia militar de latón de una estrella de ocho puntas, con un estriado horizontal y hueca al interior. Según la graduación militar, su propietario sería un comandante (en el caso de que solo llevara una como esta), un teniente coronel (si llevara dos), o un coronel (en el caso de llevar tres). Este elemento se suma a aquellos objetos diferenciadores vistos en el apartado de la alimentación.

4. El fuerte carlista de San Juan

4.1. Situación geográfica

El fuerte San Juan de Arandigoyen se alza en una pequeña cumbre amesetada, a 580 m de altura, en el límite sur-occidental del valle de Yerri, dentro del concejo de Arandigoyen (valle de Yerri) y en la merindad de Tierra Estella (Navarra). Su cima limita entre los pueblos de Arandigoyen, Grocin (valle de Yerri), Villatuerta y Estella; y a pesar de su modesta altura, forma parte como penúltima cúspide de la sierra de San Millán, en su extensión hacia el sur. Como pasó en la sierra de Monte Esquinza, en esta no solo se construyó un único fuerte, sino que albergó dos fortificaciones más: el fuerte de San Millán (Jimeno, 1991: 195), sobre la antigua ermita de San Millán, a 670 m de altura; y el fuerte de Apalaz o León[42], a 677 m de altura. Por tanto, se trata de modestas cumbres similares a las de Monte Esquinza y que espacialmente se localizan en el mismo eje longitudinal, representando uno de los últimos conjuntos montañosos de cierta importancia hacia la ribera del Ebro. El fuerte de San Juan, en unión de los otros dos, sirvió durante la guerra como parte del cinturón defensivo de la ciudad de Estella.

4.2. Contextualización histórica

4.2.1. Situación geo-militar de la sierra de San Millán

Su localización desde tiempos pretéritos fue objeto de control por las gentes de la zona, como lo atestigua el hallazgo de un total de 21 fragmentos de cerámica hecha a mano de la Edad del Hierro (I milenio a. C.), que nos hablarían del poblamiento protohistórico de la cima. Su ubicación estratégica, desde la cual se visualiza tanto el ascenso de las tierras llanas de la ribera alta, hasta el interior del valle de Yerri, como el territorio inmediato de la sierra de Monte Esquinza, la convierte en una atalaya natural para el control del territorio y en guardián de la entrada natural por el sureste a Estella. Este privilegiado punto no pasó inadvertido durante las guerras carlistas y fueron los carlistas quienes se hicieron con esta formidable defensa, erigiendo en él el fuerte de San Juan como principal punto fortificado que impidiese la entrada al ejército de la nación en la capital del carlismo navarro.

4.2.2. Antecedentes

Como hemos adelantado, durante la Edad del Hierro, esta cumbre debió de ser usada como castro (Larreta, 2006: 5). También lo corrobora la existencia cerca de la cima de un topónimo menor, conocido como *Gazteluzar* (castillo viejo) (Jimeno, 1998: 147), que en muchos casos se relaciona directamente con la ubicación de un antiguo asentamiento protohistórico.

Es de suponer que, con la llegada del Imperio romano a finales del I milenio a.C., el castro dejara de tener esa función y fuera abandonado, iniciándose así la creación de nuevos núcleos familiares en las llanuras limítrofes, en donde se asientan los pueblos actuales. Esta hipotética sucesión de eventos viene refrendada por el estudio etimológico de alguno de los pueblos inmediatos, como es el caso del de Grocin, que indica el lugar de propiedad de una persona llamada *Goroz-* + *-ain*, siendo el lexema el nombre de una persona no identificada y el segundo, un sufijo que indica propiedad. El nombre antiguo fue *Goroziain*, del que por evolución fonética explicable por medio del vascuence surgió la forma actual de *Grocin*. Las primeras menciones a este pueblo datan del siglo XIII (Belasko, 1999: 224), por tanto, es de suponer que el origen de los pueblos de la llanura del valle date mucho antes de este siglo y de aquí su justificación.

Sea como fuere, una vez abandonado el castro protohistórico creemos que siguió existiendo un lazo de unión entre sus antiguos moradores con el lugar, que se manifestó posteriormente con la edificación de una basílica con advocación temprana a San Juan; de ahí tal vez el nombre del fuerte. Aquí acudirían en romería la comunidad que se asentó en el actual pueblo de Arandigoyen, ya que es a la postre, el lugar más alto con el que cuenta esta comunidad y que tradicionalmente se han relacionado estos puntos altos como propicios para la creación de un eremitorio.

Esta hipótesis también viene avalada por el hecho de que el actual concejo de Arandigoyen no tiene ermita y al menos según la bibliografía consultada, no se tiene noticias de que la tuviera a lo largo de la historia (Madoz, II, 1845: 427; López Sellés, 1973: 207; y Pérez, 1983). Lo cual es extraño, cuando generalmente siempre han confluido este tipo de construcciones cristianas junto con las iglesias en los concejos y pueblos de alrededor, a pesar de que se trataran de pequeños núcleos poblacionales.

También es necesario tener en consideración y subrayar que los fuertes de las inmediaciones terminaron por adoptar el nombre de una ermita cercana. Tenemos el caso de los fuertes de Santa Bárbara de Mañeru, Santa Bárbara de Oteiza, o Santa Bárbara de Estella. Todas son fortificaciones carlistas que adoptaron el nombre de la ermita de Santa Bárbara que, se hallaba en las inmediaciones de los respectivos pueblos. O también, por añadir otro caso, el fuerte carlista de San Millán de Estella, construido tanto en la primera como en la segunda guerra carlista. No obstante, no pensemos que el nombramiento con el nombre del santo de la basílica cercana era cosa tan solo del bando tradicionalista, ya que los liberales también hicieron lo mismo con otros tantos fuertes suyos, como por ejemplo, el fuerte de San Guillermo en Puente la Reina, o bien el fuerte de Santa Lucía en Tafalla[43].

A nuestro juicio, como hemos dicho, creemos que tras el abandono del castro protohistórico, con el tiempo debió de existir una ermita con advocación a San Juan que perduró a lo largo de un tiempo, hasta que fue abandonada. Más tarde, a raíz de las guerras carlistas, se erigió un nuevo fuerte que en recuerdo de la basílica adoptó el nombre de San Juan.

4.2.3. Durante la segunda guerra carlista

La primera referencia que tenemos del fuerte de San Juan, proviene de un plano de dotación de municiones, en relación a la batalla de Abárzuza de los días 25-27 de junio de 1874 (figura 18) (*El Es-*

tandarte Real, 27, 1891: 85). No estamos seguros de que el fuerte existiese todavía en esas fechas de la batalla, por lo que creemos que al ser una publicación posterior a la guerra, el autor introdujo inconscientemente la localización del fuerte en un mapa de fecha anterior a su construcción[44]. No obstante, sigue siendo un documento interesante, que ayuda a localizar espacialmente la ubicación del fuerte y a realzar la importancia que tuvo en la guerra.

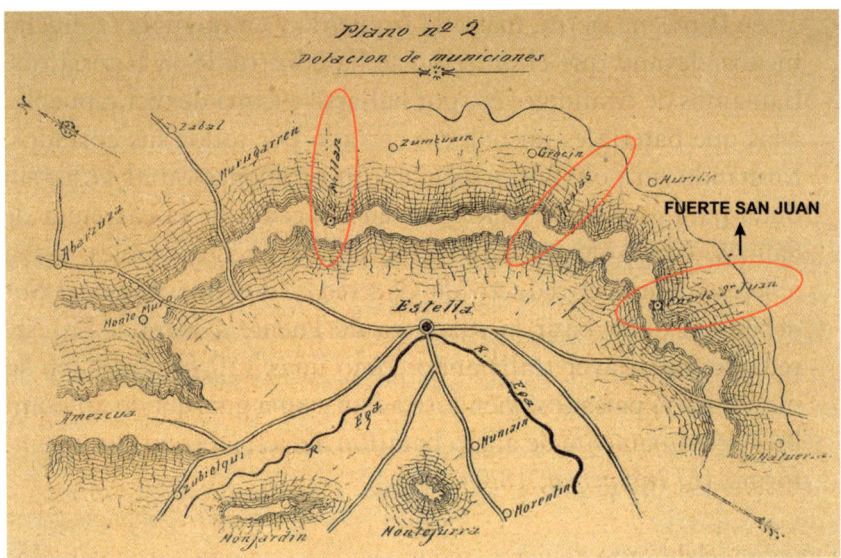

Figura 18. Plano n.º 2. Dotación de municiones. Plano elaborado para la revista de *El Estandarte Real*, que sirvió para ilustrar cómo se articuló la administración militar carlista para dotar a su ejército de las municiones suficientes desde su base en Zubielqui, en el contexto de la batalla de Abárzuza. (*El Estandarte Real*, 27, 1891: 85). Museo del Carlismo. Lo que nos interesa resaltar son las tres ubicaciones de los futuros fuertes de (izquierda a derecha): San Millán, Apalaz y San Juan.

Lejos del plano que acabamos de mencionar, las primeras referencias directas a la existencia del fuerte de San Juan, provienen de momentos posteriores a la batalla de Lácar del 3 de febrero de 1875, en el contexto del inicio de las construcciones de las cuatro fortificaciones liberales de la sierra de Monte Esquinza. La primera mención sobre la fortificación no la encontramos en las narraciones de la época, sino en las notas del corresponsal de prensa Mariano Araus, del periódico español *El Imparcial*, que a través de una carta escrita un 13 de abril de 1875, informaba a los lectores sobre el inicio de una construcción carlista en frente de la posiciones liberales de Monte Esquinza:

... el teniente de ingenieros Rafael Peralta puso a mi disposición el anteojo, y al poco rato tenía mi vista, y a distancia aparente de 300 metros, la batería carlista de Arandigoyen y en ella unos 150 hombres trabajando... (*El Imparcial*, 16/04/1875).

Mariano Araus seguiría escribiendo sobre el fuerte para el periódico en una nueva carta fechada dos días más tarde:

... en la misma sierra, más a la izquierda y en un mogote mucho menos elevado que el anterior, se ha construido la batería que llamamos de Arandigoyen, por hallarse encima de dicho pueblo. Más que batería es un reducto cerrado por todos sus costados, formando un polígono irregular con prolongación al N.E., sin duda para establecer cañoneras en dirección de la carretera de Salinas. Cinco de las cañoneras, perfectamente visibles, están abiertas contra el reducto de Cáceres, y dos que miran al Sur deben sin duda batir la carretera de Puente a Estella. En este reducto había ayer trabajando como unas 150 personas, en su mayor parte paisanos, viéndose además una guardia de 50 hombres próximamente de algún batallón alavés, a juzgar por el uniforme. (*El Imparcial*, 18/04/1875).

Las obras del fuerte debieron seguir su curso, ya que para mediados de mayo de 1875 encontramos en un plano cartográfico elaborado por ingenieros liberales, las obras carlistas que se estaban levantando. Aquí aparece por vez primera el recinto exterior del fuerte de Arandigoyen. Es interesante analizar cómo para estas fechas está terminado el recinto exterior del fuerte, al que le dibujaron un total de cinco troneras apuntando a varias direcciones.

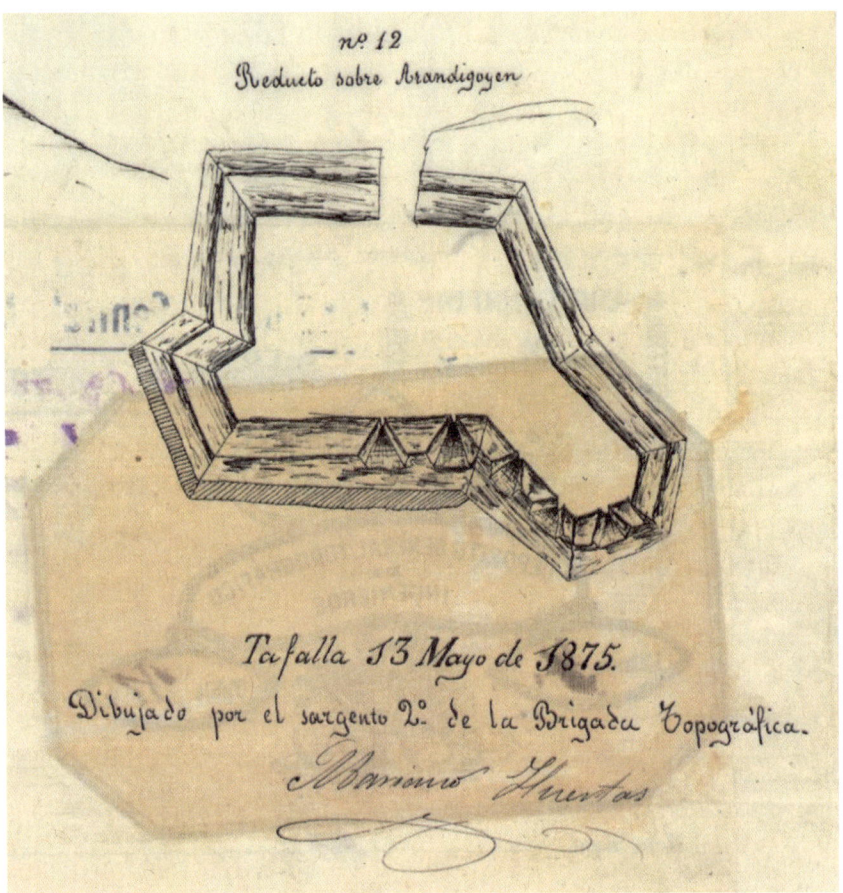

Figura 19. Ejército del Norte. Comandancia general de ingenieros. Plano en el que se muestra la silueta del reducto sobre Arandigoyen, según el dibujo del sargento 2.º de la brigada topográfica, Mariano Huertas. Fechado en Tafalla el 13 de mayo de 1875 (IHCMET, NA-10-02).

Como se puede apreciar, no son muchas las referencias y citas que se hicieron del fuerte de San Juan y menos aún desde las fuentes carlistas. Todo esto se contradecía con la importancia del lugar, ya que según la documentación, fue visitado hasta en dos ocasiones por el pretendiente carlista. De estos sucesos nos informa la prensa carlista *El Cuartel Real*, que afirma que un 12 de agosto de 1875, Carlos VII subió al fuerte de *San Carlos* (creemos que se refiere al de San Juan según el contexto), en donde quedó «muy complacido del estado de los trabajos, así como de su sólida construcción» (*El Cuartel Real*, 14/08/1875). La segunda mención de la subida del pretendiente al fuerte, es ya del 11 de enero de 1876, en el que tan solo se cita su visita (*El Cuartel Real*, 13/01/1876).

Por otras fuentes recogidas en el Archivo Municipal de Estella, hemos sabido que entre finales de diciembre de 1875 y los meses de enero y febrero de 1876, la administración carlista obligó a crear una bolsa de peones entre los propios vecinos de Estella, para trabajar en obras de fortificación en el fuerte de San Juan. El análisis de la lista de nombres por día nos arroja un promedio diario de 65 personas, siendo 50 el día en que menos peones se necesitaron y 80 el día en que más[45].

En este mismo archivo también hallamos información sobre las correspondencias entre el gobernador del fuerte, un oficial llamado Juan Conde y la administración carlista. Estas cartas son de los últimos días anteriores a la caída de Estella, el 19 de febrero de 1876. En ellas se solicitaba o bien se indicaba haber recibido una cantidad de bienes de primera necesidad para el acuartelamiento del fuerte, entre otros, aceite, velas o cántaros de vino[46]. Esto da testimonio del acopio de suministros para hacer frente a un ataque liberal que pronto llegaría.

A inicios de febrero, siguiendo los acontecimientos históricos, el periódico *El Imparcial* (13/02/1876) dio nuevas noticias del fuerte, gracias a su corresponsal Juan B. Fauró, que informó de la importancia del reducto: «la de Arandigoyen está acasamatada y ha de costar mucho destruirla».

De esta manera quedaba evidenciada la magnitud del esfuerzo que debieron hacer los carlistas en la construcción del fuerte de San Juan. La necesidad de llegar a construir unas baterías acasamatadas, ascendía el coste, esfuerzo y tiempo para un bando escaso en estos tres aspectos. Pero en vista de la importancia que representaba la defensa en ese punto para proteger Estella, debió de ser de suma importancia construir sendas construcciones. Eso al menos podemos deducirlo de las notas recogidas en el periódico *El Imparcial*, sobre un telegrama leído en las cámaras del gobierno:

… el general Tassara se había apoderado del pueblo de Arandigoyen que apenas dista tres kilómetros de Estella; pero la posesión de este pueblo es insostenible mientras los carlistas conserven el reducto o fuerte que tienen construido sobre la cordillera que resguarda a Estella, y cuyo fuerte enfila con sus cinco cañoneras las dos carreteras de Puente la Reina y Oteiza y todos los valles y cañadas por donde podría intentarse un ataque de frente. El día en que el telégrafo nos anuncie que nuestras tropas han subido a ese fuerte, la bandera de la insurrección habrá dejado de ondear en la capital carlista de Navarra. Pero no se necesita precisamente tomarla para entrar en Estella, y sin duda para evitar la efasión de sangre, el General Primo de Rivera ha emprendido, bajo excelentes auspicios, el movimiento de flanqueo por la falda de Montejurra, bien para ganar sus casi inaccesibles alturas y atacar desde ellas por retaguardia la línea que el enemigo tiene atrincherada por el valle de Echalar, que se extiende desde el Monte Esquinza hasta Abárzuza, bien para envolver esas mismas posiciones entrando por la carretera de Los Arcos que se dirige a Estella, corriendo entre Montejurra y Monjardín. El General Primo de Rivera está hoy en aptitud de realizar cualquiera de esos dos movimientos (*El Imparcial*, 19/02/1876).

Con este comunicado queremos poner en evidencia dos aspectos importantísimos. En primer lugar, la relevancia que tenía el fuerte como punto de control sobre las inmediaciones y que representaba el guardián natural de la entrada a Estella desde el este. Y, en segundo lugar, su importancia respecto a las decisiones que llevaron al ejército liberal a no atacarla y optar por ocupar la población de Estella por otras vías.

Figura 20. Vista 3D de la sierra de San Millán en donde se realizaron las construcciones. A mano izquierda, la ciudad de Estella.

Finalmente, para volver a incidir en la importancia del fuerte, cabe mencionar que Alfonso XII, una vez concluida la guerra, realizó un paseo por la zona recién *pacificada*, en donde hizo algunos altos en el camino, generalmente en ciudades importantes. Destaca entre las diferentes visitas la realizada el 4 de marzo de 1876 al fuerte de Arandigoyen, en compañía del general La Serna (jcfc de su cuartel militar), Ceballos y algún general más, para contemplar la construcción que tan gran papel jugó en las últimas operaciones sobre Estella. El corresponsal periodístico Saturnino Gimenez, que fue quien nos dio parte de esta noticia, en su narración denominó el fuerte con el nombre de *San Carlos* (Gimenez, 1877: 181).

Una vez concluida la guerra, como ocurrió con los fuertes liberales de Monte Esquinza, las piedras de sillería del fuerte se desmontaron en su mayor parte y tras una subasta pública, se llevaron a Bilbao para la construcción de su puerto (Larreta, 2006: 173)[47]. Esta información podría ser cierta, si recordamos que el proyecto de la construcción del puerto exterior de Bilbao comenzó en 1877, una vez que el navarro Evaristo de Churruca y Brunet fuera nombrado primer director de la Junta de Obras del Puerto de Bilbao (Calle, 1961: 20). No obstante, como se ha podido observar en las labores de la excavación arqueológica, prácticamente quedan todos los sillares de la propia estructura. Esto nos hace dudar en parte de si realmente se sustrajeron sillares, o bien si se realizó la sustracción en algún otro extremo del fuerte que hoy por hoy desconocemos, ya que el fuerte fue sepultado tras la guerra, lo que imposibilita hoy conocer su estado real de conservación. Respecto a este hecho, podemos aportar algo más de luz mediante una circular aprobada el 20 de marzo de 1876 por la que la Diputación Foral de Navarra mandaba, por orden del capitán general de Navarra, la destrucción de las obras carlistas levantadas durante la guerra a los pueblos de sus jurisdicciones[48]. Por lo que creemos que pudo haber sido cierto la organización de peonadas para destruir o sepultar el fuerte de San Juan, en base a otros casos ocurridos en otras localidades navarras como Ulzama, Huarte y Aguilar de Codés, en donde han quedado testimonios escritos de la demolición de sus respectivas construcciones con los medios que contaban[49].

Desde los tiempos de la guerra hasta la actualidad, la memoria del fuerte se ha ido diluyendo hasta quedar tan solo recogida por la toponímia, que señala el lugar como *El Fuerte*; y el recuerdo de algún que otro agricultor o vecino de las inmediaciones. Es el caso del antiguo presidente del concejo de Arandigoyen, Pablo Osés, que asegura junto con otros, que el fuerte era propiedad de alguien llamado Juan Garín. Rastreando a partir de ese dato, Osés comentó que existieron unas cuantas familias de garines en Arandigoyen y que tal vez alguno de ellos fue el propietario de la parcela en donde se ubica el fuerte. De hecho, en el trabajo que tuvimos que realizar para solicitar la autorización por parte de los propietarios para las intervenciones arqueológicas, descubrimos que el actual propietario es un hombre apellidado Garín. Por lo que, en parte, podría darse como verdadero el testimonio de Osés. Sin embargo, algo que también llamaba la atención, es la coincidencia en el apellido de Juan Garín, con un importante ingeniero militar carlista, José Garín (Apalategui, 2005: 259-261), al que las fuentes atribuyen ser el inventor de la *trinchera carlista* (De la Llave, 1898: 532-533). Lo interesante aquí es destacar que este hombre, a raíz de la guerra, se casó con una de las hijas de una de las familias importantes de Estella, como era la familia Modet (Azcona, 1996: 403-427). Creemos que su relación con Estella y su carisma dentro del campo carlista, lo convirtieron en un candidato perfecto para la construcción del fuerte de San Juan.

4.3. Análisis estructural del fuerte

A diferencia del caso liberal, en el fuerte de San Juan de Arandigoyen no disponemos de mucha documentación y ha hecho falta intervenir arqueológicamente para poder comenzar a recabar algo de información. Una situación endémica al parecer para casi cualquier construcción carlista, ya que toda documentación adscrita a sus construcciones hoy por hoy, o bien se halla totalmente diseminada, o bien desapareció con el paso de los años.

En el caso de San Juan, el fuerte fue sepultado intencionadamente en su totalidad para inhabilitarlo después de la guerra, ante el miedo de un nuevo alzamiento carlista. De este modo, se puede decir que esta casuística ha ayudado a preservar de la mejor manera posible las estructuras de la fortificación. Sin embargo, gracias a los tramos visibles y las nuevas tecnologías, hemos podido documentar y trazar en parte su morfología antes incluso de comenzar con las excavaciones.

4.3.1. Fisonomía exterior del fuerte

Entre la poca documentación reunida del fuerte, cobra especial relevancia en su estudio arquitectónico el croquis del fuerte realizado por los liberales desde las posiciones de Monte Esquinza (ver figura 19); al igual que la información sobre las cañoneras descritas por un corresponsal de prensa liberal. Pero esta información, aunque valiosa, creemos que no es suficiente para poder conocer la morfología de San Juan. Por ese motivo, nos hemos valido de la teledetección, como método para la obtención de nueva información sobre la fisonomía del fuerte.

Dentro de la teledetección, recurrimos tanto a la fotografía histórica, como a los vuelos LIDAR[50], como parte fundamental de este estudio. Este trabajo pudo realizarse junto con los trabajos de desbroce en campo, que nos ha posibilitado documentar nuevos muros y entender mejor la fisonomía del mismo.

Gracias al vuelo histórico *Ruiz de Alda*, realizado bajo petición del Gobierno de Navarra entre 1929-1933, logramos obtener una primera instantánea en blanco y negro de la cumbre en donde se asienta el fuerte de San Juan. Su buena calidad, teniendo en cuenta los años que eran, se debe en gran medida a que estas fotos fueron realizadas desde un vuelo bajo (escala 1: 10.000) y, por tanto, llegaron a ser incluso de mejor calidad que los vuelos americanos serie A (1945-1946) y serie B (1956-1957) realizados a mediados de siglo, desde un vuelo más alto (el A: 1: 43.000; y el B: 1: 32.000)[51].

Si analizamos el lugar mediante la imagen del vuelo Ruiz de Alda, observaremos que tras 53 años del fin de la guerra (año 1929), todavía se mantenía la planta de un fuerte poligonal. Esto significa que la explotación agrícola por entonces no debió de afectarlo, pese a que en aquel momento este tipo de explotación en zonas montañosas era más común que actualmente.

En la figura 21 se aprecia una construcción con tres cabezas o salientes, que parten desde un mismo epicentro y que se alejan unas de las otras con una orientación de 120° aproximadamente. Si agudizamos un poco más la vista, en el saliente que apunta al noreste, se observa en su margen derecha unas pequeñas trazas blancas que representan los muros de las casamatas descritas en las fuentes y cuya existencia pudimos finalmente confirmar en el sondeo del interior del fuerte. Por lo demás, el brazo que se extiende hacia el sur no sabemos si fue construido así en origen, o bien fue alterado por los trabajos agrícolas posteriores. Destaca también la imposibilidad de ver alguna compartimentación interna del fuerte, más allá de un guardaviñas de planta cuadrada al sur que al parecer para esta fecha de 1929 ya existía. Como veremos y explicaremos más adelante, la imposibilidad de ver las instalaciones interiores no fue causado por su destrucción o su inexistencia, sino por haberlo sepultado intencionadamente en un momento posterior al conflicto.

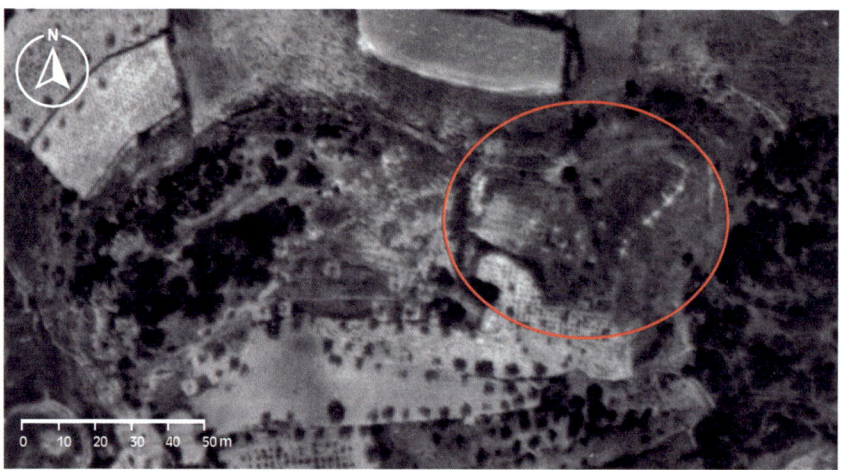

Figura 21. Fuerte de San Juan. Fotograma Np_16_345, vuelo histórico de 1929-1931. Servicio de Riqueza Territorial de Navarra.

Si comparamos la imagen del vuelo histórico con la actualidad, hoy en día es imposible ver nada. Por eso, ha sido necesario recurrir a la elaboración de un mapa LIDAR (figura 22), para poder verificar cómo actualmente todavía quedan evidencias de la construcción. Nos referimos a la parte este del yacimiento y su prolongación hacia el noreste. En estos dos espacios se pueden visualizar la delimitación del perímetro en el inicio del glacis hacia el foso y este último elemento, visibilizado a través de una superficie plana debido a su amortización. Por lo que claramente podemos concluir que son los lados este y norte del fuerte en donde parece conservarse en mejores condiciones.

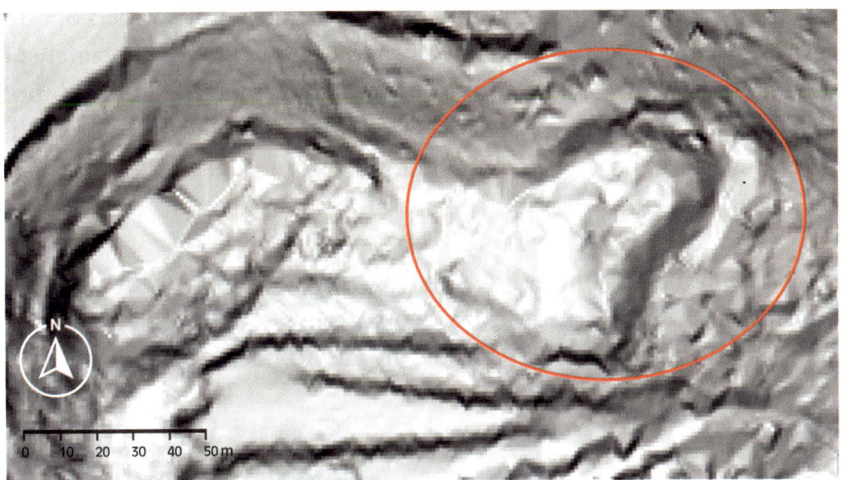

Figura 22. Mapa LIDAR (mdt_SLOPE_8bit), en donde se observa en la zona este y norte las anomalías descritas.

4.4. El proyecto arqueológico

A finales del 2016, se decidió abordar el estudio del fuerte carlista de San Juan, que ya había sido objeto de estudio con anterioridad[52]. De esta forma, tras ponernos en comunicación con el Ayuntamiento del valle de Yerri, conseguimos realizar dos campañas arqueológicas entre 2017 y 2018, con el apoyo económico del propio ayuntamiento, la Fundación Caja de Navarra y el Gobierno de Navarra.

Después de analizar las diferentes opciones de intervención, en la primera campaña decidimos realizar dos sondeos, con la idea de obtener datos de diferentes espacios que contribuyeran a conocer la morfología del fuerte. En esta primera fase, realizamos un sondeo en el área del foso colmatado, en vistas de los buenos resultados que habíamos obtenido en el foso del fuerte liberal y un segundo sondeo en el interior del fuerte, junto a un conjunto de sillares que sobresalían en superficie. Posteriormente, en la segunda campaña de intervención, se realizó una ampliación importante sobre el segundo sondeo, dados los restos monumentales y la cultura material exhumados durante la primera campaña.

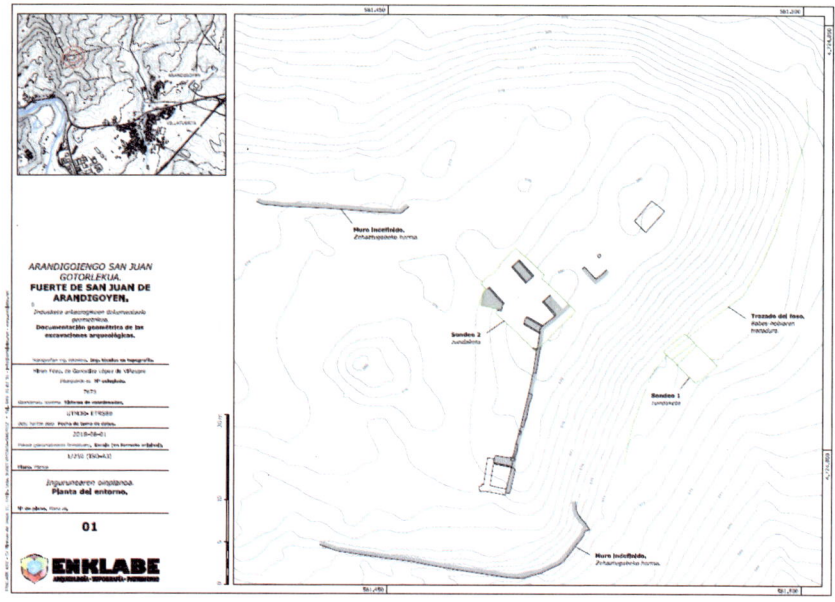

Figura 23. Planimetría del yacimiento tras la segunda campaña de excavación. Se localizan los dos sondeos en donde se realizaron las excavaciones arqueológicas.

En las próximas páginas describiremos de forma conjunta los resultados obtenidos en las sucesivas campañas de excavación, antes de pasar a analizar la cultura material recuperada.

4.4.1. El foso

El sondeo se realizó en la cara sureste del yacimiento, en un tramo de vegetación que se había despejado. La elección de este lugar venía fundamentada por dos razones. En primer lugar, el estado de conservación parecía excepcional, al hallarse completamente colmatado, por lo que representaba un buen lugar en donde poder caracterizar la construcción y el uso de un foso. En segundo lugar, por su orientación, ya que se hallaba mirando directamente a las posiciones liberales. Por lo que de haber sufrido un ataque directo, habría quedado algún testigo de lo ocurrido. A su vez, podría haber alguna defensa accesoria, al ser el lado que abatía directamente a los liberales.

Las dimensiones del sondeo consistieron en 5,60 m de largo por 3,40 m de ancho. Con estas medidas queríamos asegurarnos poder llegar a documentar el perfil completo del foso, sin embargo nos quedamos lejos y tan solo pudimos documentar el de la contraes-carpa que presentaba un perfil en «U» como ocurría en el foso de la Princesa de Asturias.

De esta intervención tenemos algunos hallazgos interesantes que resaltar. En primer lugar, algunos fragmentos de cerámica de la I Edad del Hierro, del primer milenio a. C. Lo cual lo relaciona directamente, como hemos comentado, con un posible castro que existiría anterior al fuerte. En segundo lugar, en el fondo del foso pudimos recabar algunos objetos del contexto histórico que nos interesa. Se trata de algunas vainas de fusil Rémington y un estopín de fricción. Por tanto, nos hablan de la actividad propia de un fuerte como es el que estamos analizando, además de, como ocurría en el caso del fuerte de la Princesa de Asturias, demostrar la existencia de piezas de artillería y que fueron empleadas.

4.4.2. Estancia interior

La labor de desbroce e intervención arqueológica han sacado a la luz parte de la articulación interna que todavía hoy conserva el fuerte. Pero en su mayor parte, el fuerte sigue enterrado bajo tierra. Gracias al sondeo del interior (sondeo 2000), hemos documentado un complejo sistema constructivo, que a día de hoy sigue planteándonos muchas incógnitas. De manera que en las siguientes líneas trataremos de ahondar más en las problemáticas que encierra esta estructura.

El sondeo interno partía de la conocida ubicación de un muro de sillería, cuyas piedras de arenisca denotaban la profusa labor de cincelado realizada por canteros, seguramente bajo directrices de algún ingeniero militar. Por lo que no cabe duda de que la complejidad de la obra (desde el transporte, hasta su último retoque) nos habla del gran esfuerzo desempeñado por el bando carlista y por tanto, de la importancia geo-militar de este fuerte en la guerra.

Al iniciarse el proyecto de intervención, conocíamos la existencia de una acuarela (ver figura 24) de la época que dibujaba, desde un posible patio de armas, lo que parecían ser unas baterías acasamatadas, por lo que a medida que íbamos excavando, pronto identificamos los muros de sillar empleados en la separación entre casamata y casamata.

Figura 24. Se lee en la acuarela: Batería carlista acasamatada del fuerte San Juan de Arandigoyen sobre Villatuerta. En la carretera de Estella a Pamplona. Obra realizada por alguno de los dos hermanos Lagarde de Pamplona. Aniceto ingeniero de caminos y Nemesio segundo oficial del ejército liberal. Ambos plasmaron diversas escenas de los acontecimientos bélicos de la segunda guerra carlista (Urricelqui, 2008: folio 26).

Partiendo de esta premisa, a lo largo de las dos campañas de intervención hemos documentado un espacio constructivo (ver figura 25). Si realizamos una primera comparativa entre las estructuras halladas y la acuarela, podríamos afirmar que las estructuras que se visualizan en ella pueden corresponder a las halladas en las dos campañas arqueológicas. Pero por algunas incongruencias que ahora describiremos, sabemos que no nos hallábamos delante de las presuntas casamatas.

Como hemos descrito en el glosario, la casamata se compone de un pequeño orificio por el cual, con total seguridad, una pieza de artillería podía abrir fuego sin ser castigado por el fuego enemigo, al hallarse semienterrada, protegida tanto por sus costados como por la parte superior. Por lo que sería fundamental haber hallado en el sondeo algún espacio abierto de tiro en el muro este, para poder haber certificado la existencia de este habitáculo. Sin embargo, en el espacio en el que se ha intervenido, no hemos hallado ninguna abertura o, en su defecto, espacio cegado como se puede corroborar en la figura 25. Por tanto, por el momento no hemos hallado dicha estructura, aunque el hallazgo de frictores y estopines a lo largo de las dos campañas nos dicen que en algún punto no muy lejano del sondeo debió de haber algún emplazamiento para artillería. Mientras tanto, en cuanto a los espacios documentados en el sondeo, tampoco hemos hallado otro tipo de evidencias que nos hagan inclinarnos por un uso en particular de estos espacios. El suelo, de forma trapezoidal, no contiene el espacio suficiente para albergar una pieza de artillería, por lo que por el momento el uso destinado a esta pequeña estancia resulta desconocido.

Figura 25. Imagen final de la segunda campaña. Los muros más cercanos corresponden a la excavación de la primera campaña, mientras que los más alejados a la segunda. La imagen esta sacada con orientación sureste. El muro de mampostería de enfrente encierra un pequeño espacio que debido a la falta de una abertura se descartó como presunta casamata.

Volviendo a la cuestión de las casamatas, el hecho de no haber hallado estas estructuras durante los trabajos de excavación no significa de que no existiesen, ya que tras la segunda campaña pudo verse cómo, partiendo de los muros documentados, nacían nuevos muros que se extendían hacia los espacios lindantes tanto al norte como al sur del sondeo. Se verificó así la continuidad de nuevas estructuras y volvió a surgir la posibilidad de hallar en esos lugares las casamatas. Más si cabe, cuando tras una limpieza vegetal 5 m más al norte, reveló la existencia de un nuevo muro paralelo al ya excavado, con una anchura entre muros apreciablemente mayor a los 2,2 m existentes entre los contramuros visibles en la excavación. Por lo que en ese nuevo espacio, teniendo en cuenta la dimensión que ofrece, alberga la posibilidad de corresponderse con una casamata.

Una vez corroborado que las estructuras presentes en la intervención no formaban parte de una casamata, intentamos entender su origen. Por un lado, nos encontrábamos a escasos centímetros del suelo con un saliente o una cornisa en los muros de sillería cuya función, en caso de haber estado ubicado a una altura superior, sería indicativo de un suelo flotante. Pero estando a una altura de 1,10 m, justo encima de las aberturas de los mechinales, se desconoce cuál podría haber sido su finalidad. Lo que al menos parece claro es que se construyó desde el primer momento y que no fue una modificación posterior.

Parece que tenemos más clara la finalidad de los 31 mechinales situados por debajo de la cornisa, que se expanden en todas las caras de las paredes de los muros del sondeo. La gran mayoría de los mechinales están paralelos entre sí, lo cual refleja la construcción de un complejo sistema de viguería que, por el número de aberturas, debió de estar lleno de travesaños con la intención de soportar un piso bastante pesado. Hemos hallado dentro de los mechinales restos de los maderos carbonizados, o en proceso de descomposición, con una orientación de 45° hacia arriba, claramente dispuestos para cargar el peso de un techo horizontal[53] que se elevaba sobre ellos, a no mucha altura. Para soportar el peso del techo, tenemos en los muros de mampostería de la parte este del sondeo cuatro mechinales con una orientación este-oeste (en la figura 25 son los 4 mechinales más altos), desde donde nacerían cuatro travesaños que en posición horizontal irían en perpendicular al resto, con la misión de reforzar y repartir mejor el peso que fuera a parar a los cuatro contramuros del sondeo. Creemos que el pesado techo se hallaba cubierto con una espesa capa de tierra[54], que debió de servir para camuflar al fuerte y proteger a su guarnición de la artillería liberal. El funcionamiento de estas defensas creemos que era de la siguiente manera: la colisión de una granada liberal sobre el techo provocaría que la vibración del golpe pudiera ser canalizada primero por la densa capa de tierra y más tarde mediante el entramado de viguería a los contramuros, que serían los encargados últimos de soportar el golpe. Prueba de su resistencia son las grietas abiertas en los sillares, que durante la guerra fueron nuevamente reparados para que el fuerte continuase operando con total garantía.

Atendiendo a las particularidades de los mechinales, observamos que estos fueron abiertos una vez finalizada la construcción de los muros, cuyo trabajo de cincelado, en algunos casos no ha sido de la misma calidad que la mostrada en la construcción de los muros de sillería. Esto supuso que no todos los mechinales guardasen unas mismas medidas, aunque prácticamente todos ellos presentan una tipología rectangular, salvo los cuatro superiores que acabamos de comentar, que son circulares.

Por otro lado, debemos hablar de los 3 m de separación que guardan respectivamente de esquina a esquina los contramuros. Basándonos en las medidas, creemos que delimitan un pasillo central de tránsito que pudo haber sido empleado para el paso de piezas de artillería. Este pasillo parece que continuaba en progresión hacia el sur y el norte, siguiendo la hipótesis de que en ambas direcciones se hallarían las presuntas casamatas. De ser así, este pasillo habría sido el corredor principal del fuerte, espacio protegido desde el que podrían haberse movido las piezas para ser colocadas en las diferentes casamatas y, de esa forma, controlar los diferentes puntos de la geografía inmediata.

En relación a lo anterior y para complicar más si cabe la lectura arquitectónica, encontramos lo que hemos interpretado como una segunda fase de construcción, que altera por completo la distribución anterior, al nacer desde todas las caras exteriores de los contra muros de sillería, un fino muro tabiquero, que sirvió para cerrar todos los espacios que anteriormente se encontraban abiertos. Aquí llamar la atención varias cosas. En primer lugar, la debilidad del nuevo muro tabiquero, que contrasta con la solidez de los muros de sillería desde donde parten, lo que demuestra la rapidez de su construcción. En segundo lugar, el cierre del corredor central de intercomunicación con todos los espacios del fuerte que, parece ser un trabajo repentino que pretendió aislar en unidades los diferentes espacios. Y finalmente, el hecho de no hallar a ras de suelo, en ninguno de los diferentes muros tabiqueros, indicios que hablen de la colocación de posibles puertas para intercomunicar las salas.

Una vez finalizada la guerra, el fuerte debió de mandarse destruir por completo, ya que sufrió un devastador incendio, puesto que se han encontrado restos de vigas del soporte de la techumbre carbonizados en los mechinales y además los muros presentan zonas quemadas. A lo cual se sumaron trabajos de movimientos de tierras para sepultar las estructuras como anteriormente hemos citado.

4.5. Materiales

La excavación arqueológica ha permitido recuperar un total de 573 piezas a lo largo de dos campañas arqueológicas. En la primera, se hallaron un total de 357 y, en la segunda, 216. Por tanto, esta cifra queda lejos de las 1.427 halladas en el fuerte de la Princesa de Asturias. No obstante, hemos conseguido documentar un amplio abanico de elementos relacionados con la vida cotidiana del soldado carlista, que era en última instancia uno de los objetivos primordiales de estas intervenciones.

4.5.1. Elementos relacionados con la alimentación

De los 108 restos faunísticos recuperados, tras el estudio zooarqueológico tan solo 67 se han podido identificar, debido a la propia fragmentación de los mismos. A diferencia de lo que ocurría en el fuerte liberal, en el carlista la diversidad alimenticia debió ser más escasa, ya que tan solo hemos identificado la presencia de ganado vacuno y ovicaprino.

Siguiendo con la alimentación, de los restos cerámicos hallados, destaca en primer lugar un cántaro de 39 cm de altura, con una decoración particular. La pieza se halla pintada en el borde, cuello y parte alta-media del cuerpo, con líneas horizontales y tirabuzones. Todas ellas pintadas en una coloración marrón realizadas con manganeso. En la bibliografía que hemos podido consultar, encontramos en Tafalla el ejemplo de un cántaro muy similar en cuanto a la decoración se refiere (segundo ejemplar del siglo XV; Jusué y Tabar, 1988: 313). Esto podría suponer la continuidad de ciertas decoraciones, que hubieran perdurado desde el siglo XV hasta bien entrado el siglo XIX, como parece ser en este caso. Pero las similitudes no terminan aquí, ya que parece que existen claros paralelos con los cántaros producidos en el taller de la familia Echeverría de Estella (García García, 1984: 149). Por tanto, se podría concluir con bastante seguridad que el cántaro aparecido en el yacimiento correspondería con una producción local, o bien comarcal (figura 26).

Figura 26. Imagen del cántaro (YER49_17_2059.89).

Pero no es el único elemento que hemos podido identificar de la zona, pues también tenemos un jarro que se asemeja a las tipologías documentadas en los alfares de Estella (Muruzábal, 2017: 57).

Otro elemento cerámico de mención es un plato de loza procedente de la empresa francesa de Creil y Montereau. Esta evidencia puede hablarnos del progresivo proceso de globalización que se estaba extendiendo, en el que muchas empresas ya no producían sólo para abastecer el mercado regional, sino que eran capaces de suministrar a nivel nacional e incluso internacional, gracias a los grandes avances derivados del proceso de industrialización y la apertura de nuevos mercados. Para esta empresa, en concreto, destaca la construcción de su ciudad obrera de *Cité Saint-Médard* en 1866[55], por el que podría explicarse la creación de una producción en masa y las facilidades para adquirir sus productos.

En resumen, en cuanto a los restos cerámicos se refiere, no han sido tantos los restos hallados, a diferencia de lo que ocurría en el caso del fuerte liberal, pero aquí se han mantenido más íntegros. Esto pudo deberse a dos motivos. Por un lado, al rápido abandono por parte de la guarnición y la necesidad de abandonar todo aquello no considerado útil; y, por otro lado, la falta de expolio una vez en posesión de las tropas liberales.

Si reparamos en la importancia de haber hallado dos elementos cerámicos adscritos a una producción local, reafirma en parte la creencia de que las tropas carlistas se nutrían de un abastecimiento territorial. Estas conclusiones las desarrollaremos mejor en el apartado final de esta publicación.

4.5.2. Elementos relacionados con el armamento

Dentro del aparato armamentístico, en la primera campaña documentamos una bayoneta española para fusil Remington modelo 1871, según las medidas reglamentarias (Calvó, 2004:15). Este singular hallazgo, junto con las 17 vainas y cartuchos Remington documentados, nos hablan de la elección de dicho sistema armamentístico por las tropas carlista. Este sistema del que luego hablaremos con más detenimiento, fue en general con el que lucharon las tropas liberales a lo largo de la guerra, sin embargo, al comienzo de esta, los carlistas apenas pudieron hacerse con armas de este sistema. Fue necesario el paso del tiempo para que poco a poco pudieran ir adquiriendo más ejemplares de la que era considerada el arma con mejores prestaciones del mercado. De modo que, para finales del conflicto, hallar munición de esta arma en un fuerte carlista no resulta del todo extraño.

Teniendo la consideración de que el fuerte de San Juan de Arandigoyen se encontraba enclavado en un frente de guerra, también recuperamos cinco fragmentos de un mismo proyectil de artillería de gran envergadura procedente posiblemente del fuerte liberal de Cáceres que, por proximidad, pudo haberse lanzado con el objetivo de causar el mayor número de daño posible. Tenemos constancia de este tipo de duelos de artillería documentados desde mediados de abril de 1875, hasta el final de la guerra. Por lo que tampoco es de extrañar el hallazgo de un proyectil que tal vez en los confines de la guerra impactase y quedase como testimonio en su interior. Entre los fragmentos tenemos el del fondo de la granada, siendo su diámetro de 14,7 cm y 4 cm de grosor. Este artefacto tan solo pudo ser lanzado por los cañones de 16 cm que el ejército liberal emplazó en Monte Esquinza y que eran los más grandes que el ejército terrestre tenía por entonces.

4.5.3. Elementos relacionados con los enseres del soldado
Alejándonos del armamento y centrándonos más en los enseres del propio soldado, en el fuerte San Juan apenas hemos podido documentar tantos elementos como los hallados en el fuerte liberal. Tan solo tenemos dos monedas del contexto de la guerra, ambas del reinado de Isabel II. La primera de ellas es un céntimo de escudo de 1866, mientras que la segunda es una moneda de 2 ½ céntimos de escudo de 1868. Es curioso comprobar que no ha aparecido ninguna otra moneda del contexto de la guerra y que ninguna de las dos que hemos mencionado sean monedas del pretendiente carlista. Estas últimas se pusieron en circulación a partir del 18 de diciembre de 1875 por orden real. Fueron monedas de cinco y diez pesetas de bronce acuñadas con su efigie, en la Real Casa de Monedas de Oñate (*El Cuartel Real*, 18/12/1875). Pero lo cierto es que no sabemos si llegaron a circular y, si lo hicieron, de cuántos ejemplares fue la emisión. Por lo que de haberse realizado, parece poco probable que en el transcurso de dos meses que quedaban para terminar la guerra hubiera llegado alguna moneda de esta acuñación al fuerte de San Juan.

4.5.4. Elementos relacionados con la construcción del fuerte
Por un lado, tenemos un total de 81 clavos de forja que en su mayoría son de proporciones importantes, superando los 20 cm de longitud y alcanzando los 31 cm en el de mayor tamaño. Claramente, su presencia se justifica ante la potente techumbre de madera que debió de albergar el fuerte para unir todo el entramado de viguería que soportaba el peso de la tierra prensada que sobre él pusieron como medida defensiva ante los proyectiles liberales.

También otro conjunto de elementos que llamó mucho su atención fueron los 67 fragmentos de enlucido que contenían muchos de ellos restos de letras trazadas con pintura azul. Incluso en algunos de aquellos fragmentos se observan además algunas líneas dibujadas con lápiz, que sin duda en origen se dibujarían para posteriormente pintar el interior de las letras de ese azul. El análisis de las mismas desvela que no todas las letras tenían el mismo tamaño. En cuanto a su función, seguramente se emplearían para nombrar los distintos espacios del interior del fuerte.

5. La batalla de Abárzuza

El estudio del apartado militar del carlismo siempre ha gozado de buena salud. Esta afirmación se fundamenta en la cantidad de fuentes primarias existentes por parte de ambos bandos, Pirala (1875-1879), Ruiz (1876), Giménez (1877), Cuerpo del Estado Mayor del Ejército (1883-1889), Llorens (1874), Brea (1897) y un largo etc. Liberales y carlistas narraron los diferentes conflictos armados que sufrieron durante la segunda guerra carlista, lo cual originó durante la guerra y a años posteriores, una abundante y rica bibliografía que no escatimaba en detalles.

Desde entonces hasta la actualidad, diversos autores (historiadores militares, militares o eruditos; entre otros), han tomado la rama militar del carlismo como objeto de estudio de sus publicaciones. Para ello no solo se han centrado en la recopilación de las fuentes primarias, sino que en la mayoría de ocasiones han podido ir más allá, consultando otro tipo de fuentes (archivos, hemeroteca, etc.), creando así, verdaderas obras compilatorias sobre los suceso. Mientras estas aportaciones son fundamentales y valiosas para el continuo avance del estudio del carlismo, también hemos podido comprobar la ausencia de académicos centrados en este apartado que ha originado, en definitiva, la falta de publicaciones basadas en un estudio crítico de las fuentes. Un buen ejemplo de ello es la bibliografía consultada de los sucesos de la batalla de Abárzuza (Pando, 1982; Roldan González, 2005; Larraz, 2013).

Dicho esto, y sin querer ahondar más en la materia, la situación no mejora desde nuestra disciplina arqueológica. Ya hemos comentado al inicio de este libro el corto recorrido que tiene tanto la arqueología de los campos de batalla, como del carlismo. Por ello, tan solo hemos podido recabar información de un caso de estudio realizado por Jesús Ángel Arrate Jorrin, que con el apoyo de asociaciones culturales y corporaciones municipales de la provincia de Bizkaia, llevó a cabo un estudio de una de las más significativas batallas de este conflicto, como fue la batalla de Somorrostro, de febrero a abril de 1874[56]. Esta labor sirvió para plantear los primeros resultados y una metodología clara y concisa en la jornada de *Arqueologías de Épocas Recientes en el País Vasco*, que tuvo lugar en el Museo Arqueológico de Bilbao en 2013. Las reflexiones finales fueron escritas en un importantísimo artículo científico para la revista *Kobie* un año después (Arrate et al, 2014), y que sin duda está marcando la línea a seguir a futuros trabajos de esta índole, como es nuestro caso.

Desgraciadamente, hemos tenido que esperar hasta la realización de la tesis de la cual deriva esta publicación para sumar un nuevo proyecto de intervención sobre un campo de batalla carlista. Lo cual demuestra la situación actual del conocimiento crítico que se tiene en esta materia. Para paliar esta situación, se decidió realizar una prospección metálica como método implantado desde el estudio del campo de batalla de *Little Bighorn* (Scott et al, 1989), aplicado después al de la batalla de Somorrostro (Arrate et al, 2014), y nuevamente al proyecto arqueológico del campo de batalla de Abárzuza.

En las próximas páginas, describiremos en qué consistió este proyecto arqueológico. Para ello, comenzaremos realizando tanto una contextualización geográfica como histórica de la batalla, como prólogo al estudio arqueológico. Llegados a este punto, presentaremos las tres zonas de estudio en las cuales se dividió el proyecto y analizaremos su cultura material. Continuaremos con el análisis del conjunto armamentístico documentado en toda la prospección y finalizaremos con una interpretación espacial de los hallazgos.

5.1. Situación geográfica

Una de las primeras dificultades a la que nos hemos visto inmersos, ha sido limitar físicamente el escenario en donde se desarrolló la batalla. A pesar de que contemos, como es el caso, de abundante bibliografía que describe los principales escenarios de la batalla, siempre va a ser una ardua tarea, incluso utópica. Entre otras muchas razones, debido a que los narradores de la época, describen un escenario que el tiempo y el ser humano se han encargado de desdibujar y ocultarnos (Quesada, 2008: 26). Al igual, es imposible llegar a saber de forma segura los movimientos tácticos de cada uno de los cuerpos militares que llegó a realizar en cada momento (Quesada, 2008: 28). Por esos motivos, los límites que podamos trazar, siempre serán de alguna manera ficticios. Más si cabe en campos de batalla contemporáneos, al ser lugares en los que la expansión del campo se multiplica exponencialmente en comparación con el de otros períodos históricos (Quesada, 2008: 26).

En nuestro caso, tan solo el campo atrincherado que describen las fuentes carlistas ya supone de por sí un espacio inabarcable, para un estudio de detalle como es el nuestro: «la línea carlista de defensa partía de Allo, Dicastillo, Morentín, Aberin, Villatuerta, Zuricáin, Grocin, Murugarren, Muru y las posiciones del norte de Estella, o sea Eraul, y el puerto de Echavarri» (Roldan González, 2005: 108). Es decir, una línea de más de 17 km. A pesar de que la batalla finalmente no aconteció en más de 10 km, el espacio sigue siendo amplísimo. Es por esa razón, por la que finalmente por cuestiones logísticas el estudio se concentró en un espacio de 2 km, entre el despoblado de Alto Muru y Abárzuza, donde se han realizado un total de tres estudios paralelos, con tal de conocer la materialidad presente en el escenario principal de la batalla, según las fuentes escritas.

El escenario se ubica entre 3 y 6 km al norte de Estella, dentro del valle de Yerri y el municipio de Abárzuza. En este espacio, la línea carlista transcurre siguiendo el trazado orográfico de varias colinas, de no mucha altura, que discurren de sur a norte (Alto Muru: 647 m, o la ermita de Santa Bárbara de Abárzuza: 628 m). En la figura 27, podemos ver más en detalle parte del escenario que hemos descrito y los tres puntos que hacen referencia a las prospecciones arqueológicas que realizamos y que veremos con detalle más adelante.

Figura 27. Localización de las tres zonas en donde se han realizado los trabajos de prospección metálica.

Figura 28. Vistas de la colina de la ermita de Santa Bárbara al fondo, en donde se desarrollaron según las fuentes escritas, los más cruentos combates durante la batalla y que en nuestro trabajo representa la zona 2 de estudio.

5.2. Contextualización histórica

El fracaso del sitio de Bilbao[57], que se coronó con la entrada de las tropas republicanas en la capital bizkaina, generó una crisis interna dentro del ejército carlista, cuya conclusión fue la reorganización de sus mandos. Para este fin, el general en jefe del Ejército Carlista del Norte, Joaquín Elío, fue sustituido el 11 de mayo por el teniente general Antonio Dorregaray (Cuerpo de Estado Mayor del Ejército, V, 1885: 34), ya que se esperaba que su carácter enérgico y resolutivo fuera clave ante la posible desfragmentación de las fuerzas militares.

Por su parte, gracias al papel fundamental desempeñado en la liberación de Bilbao por el general Manuel Gutiérrez de la Concha, marqués del Duero, el capitán general Francisco Serrano y Domínguez, duque de la Torre, le hizo entrega del mando en jefe de las tropas del Ejército del Norte el mismo día 2 de mayo, cuando fue liberada la ciudad (Cuerpo de Estado Mayor del Ejército, V, 1885: 5). Una vez resuelta la problemática del cerco de Bilbao, Gutiérrez de la Concha comenzó a planear lo que sería, según él, el golpe definitivo a las fuerzas carlistas. Para lo cual planeó atacar Estella, ya que era considerada por los tradicionalistas como símbolo de su fuerza. De tal modo que no podrían eludir una posible conquista de la ciudad y presentarían batalla. De esta forma, el marqués del Duero pretendía imponerse sobre ellos y cortarles la retirada hacia las Améscoas y arrastrarlos a la ribera navarra (Cuerpo de Estado Mayor del Ejército, V, 1885: 121), donde eran vulnerables, y ahí hacerles claudicar.

Para poder desempeñar correctamente este trabajo, el 9 de mayo se reorganizaron las fuerzas del Ejército del Norte. El total de fuerzas republicanas que se destinaron a la nueva campaña ascendían a un total de 51 batallones de infantería (Cuerpo de Estado Mayor del Ejército, V, 1885: 516-21). Si a estas fuerzas sumamos el resto de cuerpos, la cifra rondaba los 50.000 hombres (Brea, 1897: 195; Roldan-González, 2009: 189). Sin añadirse la posibilidad de que acudieran fuerzas de la división de la ribera, que en un principio se encargaría de la protección de la logística durante la campaña.

Una vez que los carlistas observaron el traslado del grueso de las tropas del Ejército del Norte a Logroño, se percataron que su objetivo sería tomar Estella. Por ese motivo, Dorregaray envió al comandante general de Navarra, el general Torcuato Mendiry, a Estella el 26 de mayo, para encargarse de programar la defensa de la ciudad. Aquí, durante el mes previo a la batalla, se daría la construcción de un campo atrincherado.

A pesar de que hay discrepancias del número de fuerzas reunidas por los carlistas, la consulta de diversas fuentes nos desvela una suma de entre 27 y 30 batallones de infantería[58]. Y si a estos se sumara las fuerzas de los demás cuerpos restantes, las cifras finales ascienden entre los 18.000 (Gimenez, 1876: 32; *El Imparcial*,

16/06/1874) y los 22.000 hombres (Roldán-González, 2005: 108). Dichas fuerzas finalmente protagonizaron la famosa batalla de Alto Muru[59] o Abárzuza, entre los días 25, 26 y 27 de junio de 1874, en la que resultó mortalmente herido el general en jefe de las tropas del norte, Manuel Gutiérrez de la Concha e Irigoyen.

A continuación, debido a la extensión de la propia batalla, cuya contextualización histórica nos llevaría por sí sola a la publicación de otro libro, nos hemos inclinado por la narración exclusiva de los sucesos ocurridos el día 27, último día de la batalla, en relación a las tres zonas en donde se ha elaborado el estudio arqueológico. Debido al amplio abanico de narraciones recogidas de la batalla, hemos escogido como hilo conductor una de las más detalladas, como es la realizada por el Cuerpo del Estado Mayor del Ejército, en su *Narración Militar de la Guerra Carlista de 1869 a 1876*, referente a su tomo V, páginas 140 a 153, bajo el título «Movimientos del día 27».

5.2.1. Sábado 27, último día de la batalla

El general en jefe del Ejército del Norte, Manuel Gutiérrez de la Concha e Irigoyen, estudió la situación de las líneas carlistas y planificó el ataque de lo que se convertiría en el tercer y último día de combate. Acordó dirigir el ataque principal contra Murugarren y Muru, aunque para distraer fuerzas carlistas, mandó generalizar la ofensiva en toda la extensa línea de batalla.

El pueblo de Abárzuza, que había sido recientemente conquistado en la jornada anterior (día 26, segundo día de combate), podía ser arrebatado por los carlistas. Con la idea de evitarlo y también de que envolvieran desde Abárzuza al ejército republicano, dejó al cargo de la defensa del pueblo al brigadier republicano Pedro Beaumont, con un total de seis batallones. De estos, dos se quedarían a disposición del general en jefe cuando le hicieran falta. De los restantes, tres estarían con una batería Plasencia en las alturas hacia las avenidas de Eraul e Ibiricu y otra batería Krupp colocada a la salida de la villa sobre la carretera de Estella, para batir la ermita de Santa Bárbara de Abárzuza, próximas al caserío y las trincheras de la montaña. Los restantes, en reserva en el pueblo (figura 29).

Según el diario de operaciones del brigadier Pedro Beaumont, así reflejaba las órdenes dispuestas:

El 27 por la mañana recibí orden de Exmo Señor General en Jefe para ocupar las alturas del frente y derecha de Abárzuza con objeto de proteger una batería Plasencia que había de situarse en posición conveniente para batir de flanco las trincheras del Muro a cuyo punto se pensaba dar el ataque. En virtud de la expresada orden dispuse que el 1er Batallón de Soria avanzase a ocupar las alturas del frente, el de Luchana a la derecha de este punto para proteger la artillería ambos a las órdenes del Coronel Gamarra, de Infantería de Marina, jefe interino de la 2.ª Brigada... (Archivo Histórico Foral de Bizkaia, AQ 01692/002).

Aunque no se cita en el diario, también hemos sabido gracias a otro texto, que el batallón Reserva de León quedó bajo órdenes de Beaumont en Abárzuza de reserva (Archivo Histórico Foral de Bizkaia, AQ 01692/002).

Una vez finalizados los preparativos, Concha pasó a situarse ante el gran muro de artillería que había preparado con 30 piezas Krupp desde las eras de Abárzuza, para batir Murugarren y Alto Muru[60] (Pirala, V, 1878: 363). Esta se encontraba protegida por dos batallones, una compañía de ingenieros y tres regimientos de caballería: Pavía, Numancia y Talavera.

a. 1.ª Carga

La artillería comenzó a abrir fuego a las 14:00 horas. Cuando Concha opinó que ya era suficiente, a las 15:30 de la tarde, ordenó a la brigada de vanguardia[61] que, con los batallones de Alcolea, Ciudad Rodrigo, cuatro compañías de Guadalajara y cinco de la reserva de Zamora, atacara Monte Muru. En ese preciso instante, se incorporaron los batallones Estella y Barbastro desde Murillo, a los cuales también se les dio orden de ataque.

Para abrir al máximo el frente de ataque, Blanco ordenó que los batallones Ciudad Rodrigo y Alcolea se dirigieran respectivamente, uno a la izquierda y el otro a la derecha de la ermita de San Pedro de Muru[62], a distancia de despliegue con dos compañías en guerrilla, dos en reserva y cuatro de reserva general. El batallón Barbastro hizo lo mismo colocándose en línea con los demás para atacar las trincheras de la extrema izquierda. El batallón de Estella

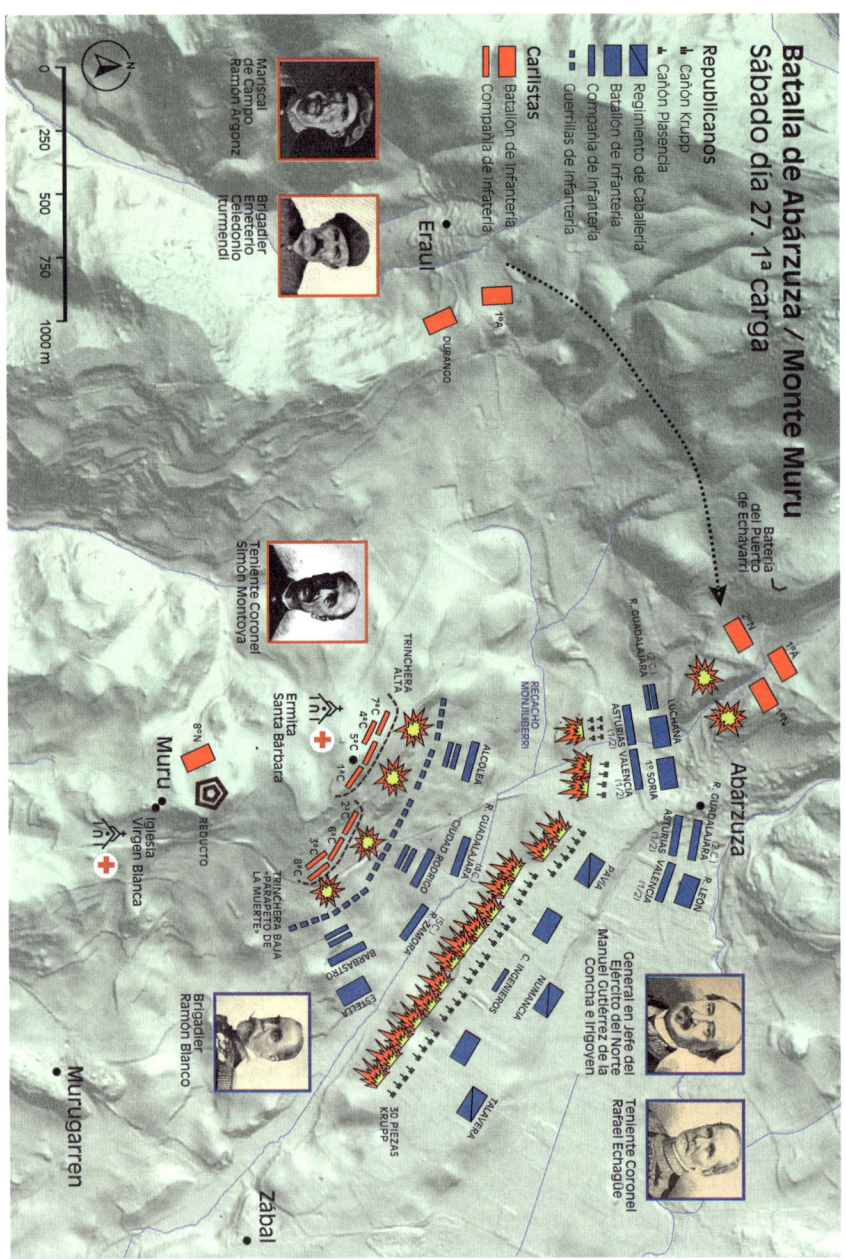

Figura 29. 1ª carga de la infantería republicana (elaboración del autor).

debió secundar la maniobra como reserva parcial de Barbastro por ese flanco. Quedando las nueve compañías de Guadalajara y Reserva de Zamora como reserva general, a retaguardia del centro para acudir a donde hiciera falta.

En la línea carlista, se encontraba desde la jornada anterior el teniente coronel Simón Montoya con su batallón 3.º de Navarra, como encargado del último sector de la línea que representaba la ermita de Santa Bárbara. Un batallón vizcaíno que había pasado la noche en las zanjas con ellos, al amanecer se desplazó a la derecha de la línea, lo cual les dejó solos ante el ejército republicano que se aglutinaba en las inmediaciones de Abárzuza (Pirala, V, 1885: 356; Larraz[63], 2013: 160).

El teniente coronel Simón Montoya cita que, en vistas de que no había efectivos desde Abárzuza a Eraul y podían ser enfilados por esa parte, fue al caserío de Muru para ver si hallaba algún mando superior, encontrando en él al brigadier Zalduendo que, tras recogerle testimonio, avisaría sobre la debilidad de la línea. Montoya vio luego cómo en torno a la 13:30 algunas fuerzas finalmente tomaron posiciones[64] (Larraz, 2013: 161).

Tal como habíamos dicho anteriormente, a las 15:30 se dio el inicio del ataque de la infantería. Para tal cometido, los republicanos debían cruzar la primera barrera natural que representaba el riachuelo de Iranzo (regacho de Monjiliberri), cuyo único puente para cruzarlo se hallaba distante a la salida de Abárzuza, a unos 1.500 m. Más tarde había que subir los ásperos escarpes de la montaña que se hallaban en barrizal por las lluvias de los días anteriores. Además, los propios accidentes orográficos: bancales, zanjas, setos... no permitirían la subida uniforme de los batallones, obligados a descomponer la formación de las compañías, siendo débiles aisladamente ante los carlistas.

Según testimonio del general carlista Montoya, al iniciarse el avance republicano, tras reunir una compañía para quedar en reserva, a la 7.ª compañía que se hallaba en el extremo izquierdo de la línea, al iniciarse el avance liberal, se le ordenó hacer unos disparos para probar la distancia de acción. En vistas de que toda la compañía estaba armada con fusiles del sistema Lefaucheux y no había suficientes, se dispuso que una sección de la 5.ª, que estaba armada con Remington, pasara a ese lado para ver si daban en el blanco. Pero finalmente Montoya les ordenaría no disparar en la subida republicana, hasta que no estuvieran encima (Larraz, 2013: 162). Esto puede deberse a que todavía se hallaban los republicanos lejos para poder acertarles y de ese modo, se decidiera economizar munición.

A la media hora, coronaron alguna altura por la izquierda de la línea republicana las guerrillas de Barbastro y Alcolea y por el centro las de Ciudad Rodrigo, arrojando a la bayoneta a algunos carlistas de sus defensas. No obstante, estas guerrillas fueron rechazadas finalmente por tropas carlistas que descendían de las trincheras más altas. El movimiento de retroceso que empezó por la izquierda de la línea republicana, quedó en parte recogido en una carta publicada en el periódico *La Correspondencia de España* y recogida más tarde en el periódico carlista *El Cuartel Real*:

> Por la parte de Muru a las 15:30, la primera trinchera es tomada por el ayudante de Blanco, Cobos, con 13 hombres, siendo rechazado, matándole 7 de los que con él iban, por dos batallones que salieron de las crestas del monte a la bayoneta (*El Cuartel Real*, 07/07/1874: 2).

Lo mismo ocurrió en la ermita. Montoya, junto con la 4.ª compañía que tenía detrás y las demás, dieron la primera ofensiva a bayoneta calada, mientras por la derecha el comandante Sobrino hacía lo mismo con las suyas. Sabiendo que su guerra era la defensiva, al llegar a la carretera de Estella-Abárzuza, mandó volver a sus hombres a sus puestos, no sin antes recoger los modernos fusiles Remington que los republicanos habían abandonado, modernizando así sus antiguos fusiles de chispas o Lefaucheux (Larraz: 2013, 165-166).

En un plano más general, es importante matizar que esta primera ofensiva republicana fue secundada en toda la línea al mismo tiempo, con el objetivo de mantener tropas carlistas apartadas del foco principal.

Desde el momento en que se inició el ataque, otras fuerzas carlistas lanzaron una ofensiva para apoderarse de Abárzuza e intentar envolver a la línea republicana por este punto. Como respuesta, atacaron a los tres batallones republicanos que se hallaban apostados:

Soria, Luchana y Reserva de Guadalajara (brigada Gamarra). Visto el envite carlista, el brigadier republicano Beaumont necesitó enviar refuerzos y resolvió enviar parte de las restantes. Ante esta decisión, los dos batallones de reserva que había dejado Concha con el brigadier en Abárzuza, dispuestos para que Concha los usase cuando quisiera, fueron empleados por el brigadier para defenderse del ataque carlista. Por lo que sin saberlo, Concha dejó de contar con un número importante de tropas frescas para lo que aconteciese.

Según el testimonio de brigadier Beaumont:

… el enemigo trataba de envolver nuestra derecha que cubría dos compañías de la Reserva de Guadalajara, reforcé estas con el resto del Batallón, teniendo por último necesidad de hacer avanzar más a la derecha un batallón de Asturias, en vista del vivo fuego que sostenía Guadalajara, y de los avisos que recibí de que el enemigo se corría por este lado con fuerzas numerosas las cuales intentaban tomarnos la retaguardia, pero fueron rechazadas enérgicamente por los batallones indicados, como lo efectuaron así mismo el de Soria y Luchana con las fuerzas enemigas que tenían a su frente, cuyos cuatro batallones sostuvieron el combate toda la tarde y mantuvieron sus posiciones hasta las doce de la noche… En la misma tarde, y observando que el enemigo cargaba sobre el batallón de Soria amenazando la artillería hice avanzar hasta la posición que ocupaba esta un batallón de Valencia por precaución, del que solo dejé momentos después tres compañías en vista de que el batallón de Soria rechazó al enemigo y se mantuvo firme en su posición. (Archivo Histórico Foral de Bizkaia, AQ 01692/002).

Según el parte del general republicano Echagüe al ministro de la guerra del 5 de julio, sobre la ofensiva carlista del día 27: «el enemigo atacaba en tanto las posiciones sobre Abárzuza, intentando de este modo envolver nuestra derecha, y descendía por la depresión que se halla entre Murugarren y Zurucuain, para cortar la línea por el centro, doble movimiento que fue contrariado con éxito por una parte de la división Beaumont y las fuerzas de Martínez de Campos» (Cuerpo de Estado Mayor del Ejército, V: 1885, 164).

b. 2.ª Carga

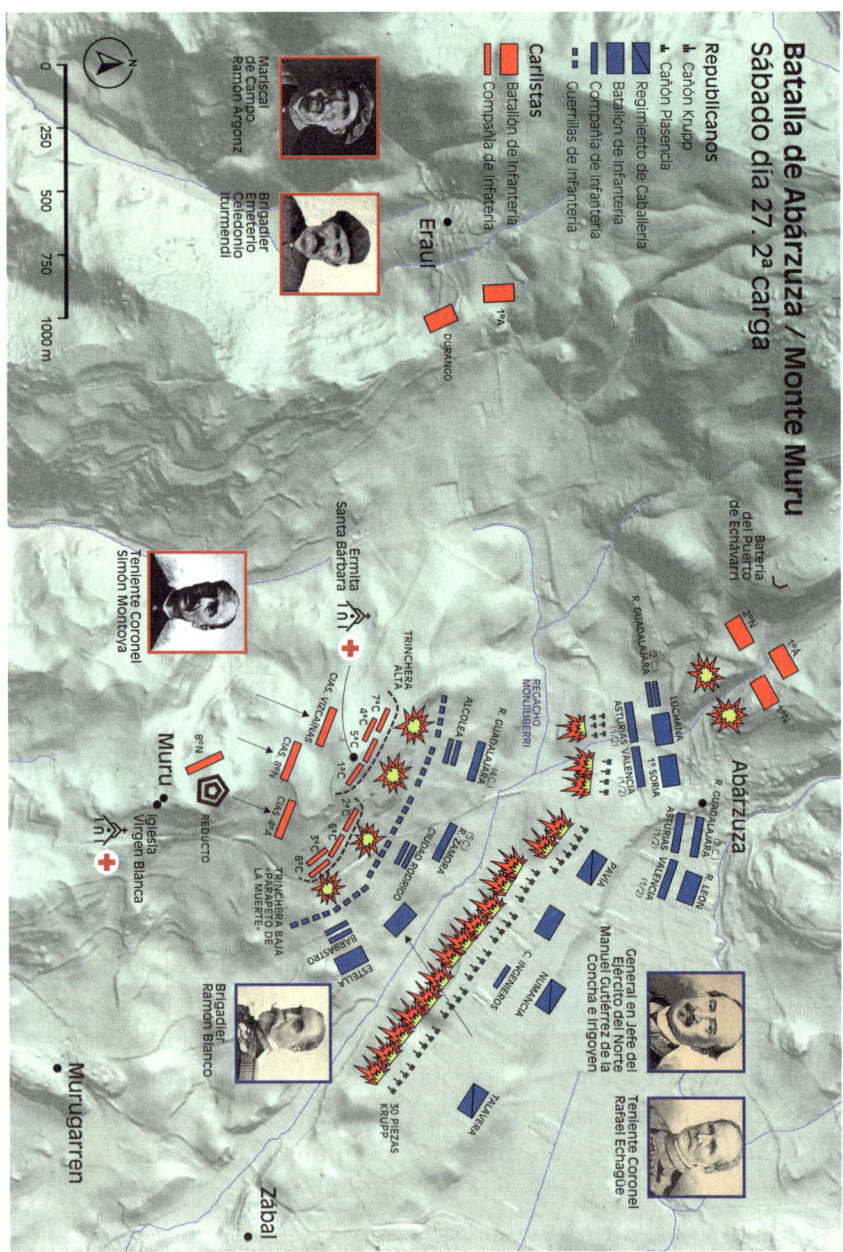

Figura 30. 2.ª carga de la infantería republicana (elaboración del autor).

Tras esta primera carga, la artillería liberal reanudó su fuego sobre la ermita de Santa Bárbara y Muru. Debido al estado del terreno, muchas granadas quedaron clavadas en el suelo sin estallar. Algunas sobrevolaban la ermita y otras daban de lleno. En este panorama dantesco, Montoya reorganizó sus fuerzas, viendo que se le había añadido alguna fuerza nueva (figura 30). Al parecer era una compañía alavesa, cuyo teniente o capitán se puso a su servicio (Larraz, 2013: 166).

Los republicanos se reorganizaron y completaron sus fuerzas con la del batallón de Estella que quedaba disponible y uno de los dos batallones que Concha tenía protegiendo la artillería. Con esto se consiguió sostener el combate. De modo que, por segunda vez, las cansadas tropas de los batallones antes enviados y los refuerzos ascendieron a las 18:30 en guerrillas hasta las cumbres (*El Imparcial*, 02/07/1874). Sin embargo, una nueva carga a la bayoneta por parte de los carlistas puso nuevamente en retirada a los republicanos hasta la carretera que conduce a Estella. Esta carga fue producida por el 3.º de Navarra, algunas compañías del 8.º, una de vizcaínos y otros refuerzos que fueron llegando (Segura, s.f.: 8).

Mientras esto pasaba en la denominada *trinchera alta*, en la *trinchera baja*, que los carlistas denominaron el *parapeto de la muerte* (a pocos metros de la carretera), era defendida por dos compañías carlistas del capitán Francisco López Lezaún, del 3.º de Navarra. Este hombre afirmaba que la 2.ª y 6.ª compañía estaban dotadas con fusil de chispa, cuyos cartuchos se habían humedecido, resultando inútiles (Apalategui, II, 2005: 266).

Coincidiendo con la segunda embestida, Larraz y Roldán-González narran que siendo cañoneados por la artillería, el teniente coronel carlista Fausto Eguileta[65] del 4.º batallón de Álava, mandó cargar a la bayoneta, arrollando al enemigo. En el descenso una granada le destrozó la pierna, siendo socorrido de inmediato y trasladado a un hospital de sangre en donde se le amputó[66]. Sus fuerzas, junto con otras navarras (posiblemente el 3.º de Navarra) consiguieron rebasar la carretera a Estella, hasta un vivero de chopos y la fábrica de tejas que había junto al arroyo (Roldán-González, 2005: 112)[67].

Sin refuerzos, en este preciso momento Concha hubiera hecho traer al frente a los dos batallones de reserva que le había dejado prestados al brigadier Beaumont en Abárzuza. Sin embargo, si recordamos, estos fueron requeridos para contener a los carlistas cuando atacaron el pueblo, coincidiendo con el primer ataque general. Tras el segundo ataque, el coronel Castro (que debía llevar esos dos batallones al combate cuando dijera Concha) salió de Abárzuza para contener a los carlistas (suponemos que con parte de sus tropas). Mientras, los capitanes republicanos Galvis y González Iribarren salieron también para contener a las tropas republicanas dispersas que bajan de Monte Muru, consiguiendo reunir un gran número de ellos en la carretera.

Vista la imposibilidad de conquistar nuevos sectores con las fuerzas disponibles, Concha mandó traer hacia Monte Muru las tropas del General Reyes, que se hallaba luchando en la inmediata margen izquierda de la línea de Concha, con el objetivo de tomar Murugarren, dejando de atacar esta posición y dejando únicamente un batallón en Zábal. Mientras, desde la derecha atacaría nuevamente la brigada de vanguardia y fuerzas de Abárzuza. Concha se dirigió en persona a las posiciones carlistas con un batallón. Esto se producía mientras la brutalidad de las cargas había producido que algunos batallones quedaran escasos de oficiales de mando, por hallarse yacentes en el campo. Por eso, oficiales del cuerpo de estado mayor que se hallaban con Concha y otros mandos superiores, tuvieron que adelantarse a las avanzadas espada en mano para reemplazar a aquellos (*El Imparcial*, 02/07/1874). Sin fuerzas de infantería para proteger la gran batería de las 30 piezas Krupp, la caballería desplegó sus fuerzas sobre la artillería.

Concha avanzó con su cuartel general para cruzar el riachuelo de Monjiliberri por el pequeño puente, no muy lejos de Abárzuza. Mientras, desde este pueblo, el coronel republicano Castro constituyó como reserva las fuerzas reunidas de los hombres que volvían del segundo ataque. Se reunieron tres compañías del batallón Asturias con el comandante Blanco, alguna de León y tres de Valencia, al mando de su coronel Lacalle. El objetivo era volver por tercera vez para tomar Alto Muru. Para ello, un brigadier y cuatro oficiales llevaron la orden a Reyes para que acudiera con su división: el capitán Lozano, el teniente coronel conde de Paredes y el brigadier Manrique (entre otros). El general Echagüe, por la fiebre y la disentería (que también sufrían las tropas), se quedó junto a las piezas de artillería. Finalmente Concha, impaciente al ver que no llegaban los refuerzos solicitados a Reyes, decidió avanzar por tercera vez con las fuerzas reunidas, antes de quedarse sin luz y esperar un día más a conquistar Estella.

Según Pedro Beaumont:

> Pronunciado el ataque por los enemigos que se encontraban en las trincheras de Muro contra las escasas fuerzas que estaban en guerrilla al pié de aquellas, y habiendo avanzado el Exmo Señor General en Jefe, dispuse el refuerzo de dichas guerrillas con tres compañías de la Resera de León por la izquierda del pueblo, otras tres de Asturias por la derecha y las tres que me quedaba de Valencia con su Coronel D. Antonio La Calle por el centro donde se hallaba este General en Jefe, las que avanzaron con él decididamente... (Archivo Histórico Foral de Bizkaia, AQ 01692/002).

c. 3.ª Carga

Antes del tercer intento, los republicanos volvieron a abrir fuego con la artillería (figura 31). Mientras, las fuerzas del 3er batallón de Navarra se encontraban ya sin municiones. Montoya recoge en su diario cómo nuevas fuerzas se sumaron a las suyas. Eran algunos voluntarios que, sin mandos y con ganas de pelear, se sumaron en las zanjas para apoyarles (Larraz, 2013: 170).

Concha y su cuartel avanzaron a caballo hasta media ladera, en donde tuvieron que bajar de los animales. En todo este camino, las guerrillas del brigadier Blanco ascendían cubriendo el frente. El ataque fue enérgico y rápido. Los carlistas disparaban desde sus trincheras un fuego muy vivo, el de las guerrillas republicanas era muy escaso o ineficaz por los pocos que llegaban.

Durante el tercer tiempo, Montoya se percató que se retiraba su 1.ª compañía al mando de su capitán García. Pero, en último instante, este se volvió para encararse a las tropas liberales que ascendían por la izquierda de la ermita y que desde las zanjas de Montoya no se podía ver. Acudían en su ayuda fuerzas del 2.º batallón de Navarra y el hermano del capitán García, con su 4.ª compañía del 3.º de Navarra (Larraz, 2013: 170-171).

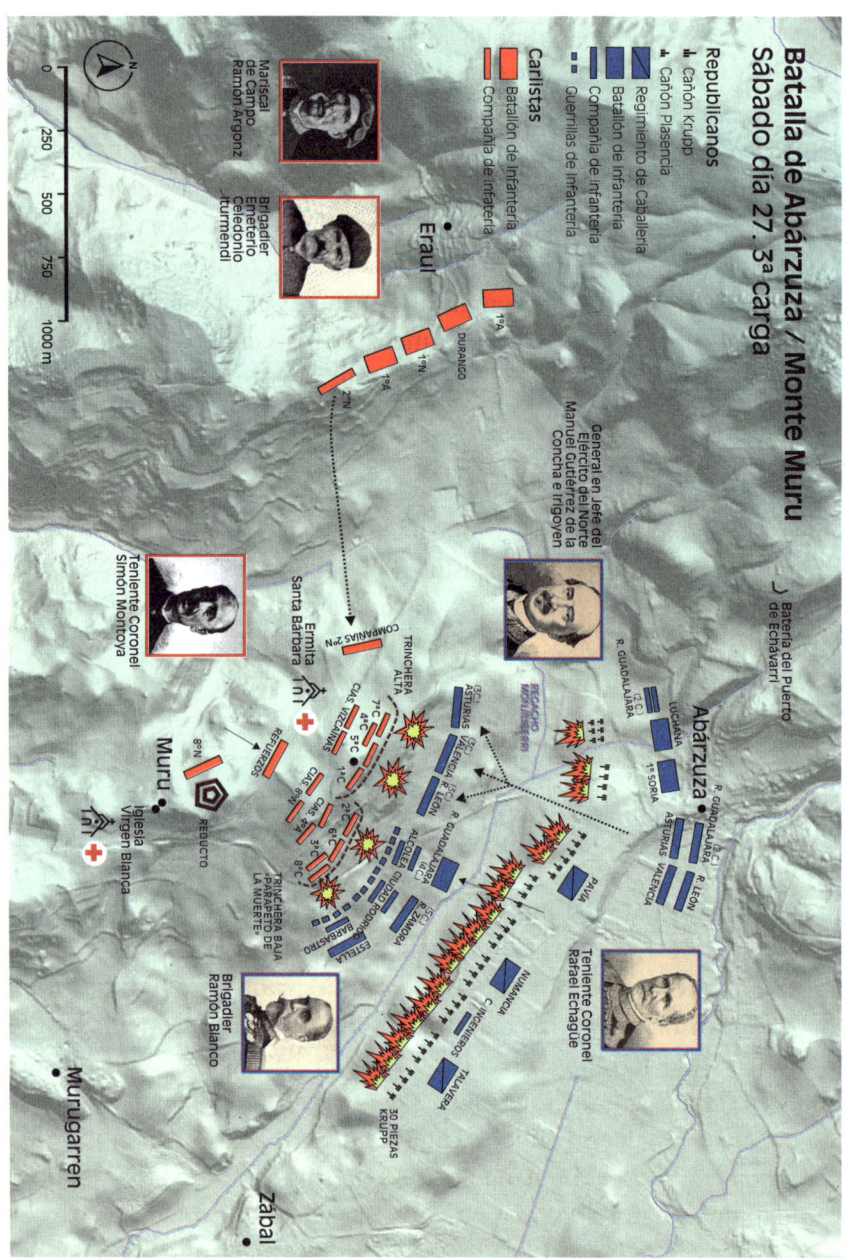

Figura 31. 3ª carga de la infantería republicana (elaboración del autor).

Mientras, las tropas republicanas solicitadas al general Reyes no llegaban. Sabiendo que las tropas que había reunido Castro, que ascendían por el flanco izquierdo para apoyar el ascenso de Concha, no bastarían para dicha labor y que eran las 19:30 de la tarde, ordenó la retirada y así planificar un nuevo ataque para el día siguiente. Entonces recibiría el nuevo convoy de suministros que estaba esperando y trasladaría alguna división de su flanco izquierdo de la línea a este flanco, con el objetivo de tomar las trincheras carlistas. Seguro de sí mismo, el marqués del Duero comenzó a descender con su cuartel apoyado en uno de los oficiales republicanos que le acompañaba. Para proteger el descenso, por su flanco derecho, el coronel Castro continuó con la reserva ascendiendo en guerrillas hasta cerca de las trincheras, donde fue recibido con descargas y una nueva ofensiva navarra a la bayoneta. Esto trajo el repliegue desordenado de la reserva a la cual decidieron los carlistas no perseguir. Concha y su cuartel general montaba a caballo para volver a cruzar por el puentecillo de Monjiliberri, cuando fue mortalmente herido[68]. Con ayuda de algún oficial y algún asistente consiguieron llevarlo hasta el caballo de un oficial de húsares, para montarlo y llevarlo hasta donde se hallaban los escuadrones de Talavera y de Numancia, fuera de cualquier peligro. El cuerpo, ya cadáver, del general en jefe fue llevado hasta su cama de Abárzuza, donde recibió finalmente los auxilios espirituales.

Por su parte, los carlistas ignorando completamente tal suceso, permanecieron en sus trincheras después de haber rechazado las fuerzas de la reserva mandadas por el coronel Castro. De este modo, perdieron la gran oportunidad puesto que, de haberlo sabido, podrían haber aprovechado para aniquilar a un buen número de fuerzas ya mermadas. Esa misma noche, reunidos algunos generales en Abárzuza, decidieron que el general Echagüe sustituyese a Concha como general en jefe. Una vez hecho, acordaron la retirada de todo el ejército esa misma noche. De esta forma se daba por concluida la campaña que pretendía acabar con el alzamiento carlista.

La retirada se produjo de forma escalonada durante la noche, sin hacer ruido alguno para que los carlistas no supieran de la huida. Aquellos que por enfermedad o heridas de guerra no se hallaban en condiciones de seguir el destacamento, fueron abandonados en el lugar y puestos más tarde a disposición de las fuerzas carlistas.

5.2.2. Resumen

En general, en las páginas anteriores hemos narrado cómo los carlistas, estando en inferioridad numérica, apostados en una línea de trincheras y pequeñas obras terreras construidas en el mes previo a la batalla, se enfrentaron al ejército republicano que venía victorioso de su conquista en Bilbao. La batalla de Abárzuza duró tres días de combate, de los cuales tan solo hemos narrado los sucesos ocurridos el último día de campaña (el día 27 de junio de 1874), en la margen izquierda de la línea carlista, al norte, en las inmediaciones de Abárzuza. Ese día los republicanos intentaron sorprender a los carlistas con un gran ataque ofensivo a las cercanas lomas de la ermita de Santa Bárbara de Abárzuza y Monte Muru. Sin embargo, culpando los republicanos a la climatología, el terreno, la visibilidad de aquél día y las excelentes trincheras carlistas, hicieron posible que tal sorpresa se convirtiera en una catástrofe nacional. Hasta en tres ocasiones se mandaron a las tropas republicanas ascender a las lomas para tomar las posiciones carlistas, mientras que estos esperaron hasta que llegaran arriba, para cargar bayoneta en mano y hacerles descender nuevamente a sus posiciones iniciales, sembrando el caos y dejando un río de sangre a su paso. Pero sin duda, por lo que realmente se recuerda hoy en día a este enfrentamiento a nivel nacional, es por la muerte en combate, del general en jefe Manuel Gutiérrez de la Concha e Irigoyen que, sin duda marcó, un antes y después en la historia de esta guerra.

Realizar esta contextualización histórica ha sido importante para poder llegar a entender la trascendencia que deparó este combate en el transcurso general de la guerra; y por tanto, el porqué de la elección de este caso de estudio en particular. A continuación nos centraremos en explicar en qué consistió nuestro trabajo arqueológico y analizaremos los materiales fruto de ese trabajo.

5.3. La prospección arqueológica del campo de batalla de Abárzuza

La primera campaña de prospección metálica sobre el campo de batalla de Abárzuza se realizó entre noviembre del 2018 y enero del 2019, empleando un total de nueve días de campo. En todos los casos con un único detector de metales, dentro de las zonas de trabajo previamente solicitadas a la Sección de Registro, Bienes Muebles y Arqueología, del Servicio de Patrimonio Histórico del Gobierno de Navarra.

Para el estudio de campo se seleccionaron tres zonas de intervención, a las cuales se les aplicó en cada caso una metodología diferente, según las características de cada una.

5.3.1. Zona 1: batería de Echávarri

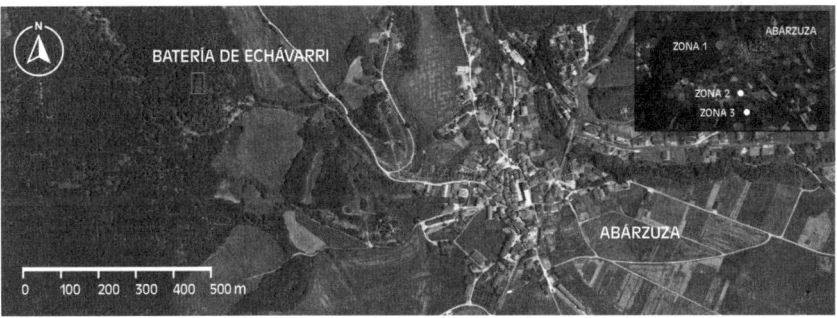

Figura 32. Zona 1 de prospección. La batería llamada de Echávarri, sobre el pueblo de Abárzuza.

Actualmente conocemos su paradero gracias a las fuentes orales. Hemos recogido el testimonio de dos vecinos, uno de Abárzuza y otro de Eraul:

En el primer caso, Javier Sainz, ganadero de Abárzuza, nos puso sobre la pista de la existencia de un lugar al que los vecinos mayores del pueblo recuerdan con el término de *el fuerte*. Ubicado en las faldas al oeste del pueblo, en el término de *Oianberria*, dentro del puerto de Echávarri. Tras visitar el lugar, pudimos comprender que tal construcción efectivamente parecía estar relacionada con la batalla de Abárzuza.

En el segundo caso, pude hablar con un vecino mayor del pueblo de Eraul, José María Lander, por entonces de 82 años (en 2016), que me relató haciendo alusión al lugar: «Existe el puerto llamado de Echávarri por el cual se relata que los hombres de artillería carlista llegarían a la batería de Echávarri».

Estas dos narraciones coinciden tanto en la localización (el descrito por José María un poco más generalista), como en el contexto histórico. Por lo que realizamos un análisis en las fuentes históricas para poder certificar la existencia de una batería carlista en el lugar. Efectivamente, las fuentes escritas corroboraron los testimonios orales: «... situándose en Echávarri la batería de Rodríguez Vera, cuyo jefe no pudo concurrir a la batalla por hallarse curando la grave herida que recibió en Somorrostro...» (Brea, 1897: 196). Dicha batería estaba compuesta de seis cañones Woolwich rayados de 7 cm de acero, que componían la 3.ª batería montada del ejército carlista, al mando de Francisco Javier Rodríguez Vera (Brea, 1897: 185-186).

Fue una batería construida por el ejército carlista en el contexto previo a la batalla, según diferentes fuentes históricas consultadas. Sin embargo, no se aporta mucha información al respecto, más allá de su mención como posición de artillería carlista. Por tanto, se desconoce su relevancia o implicación en el combate.

a. Descripción y estado actual
La batería, se localiza en una posición claramente estratégica, por encima del pueblo de Abárzuza a unos 669 m de altura, en las coordenadas UTM: X 579225, Y 4731153. Ocupa una extensión de unos 900 m², en la parcela rústica 409 del término municipal. Tiene una forma de media luna, con un apéndice en el extremo suroeste, que serviría como entrada cubierta a la construcción. Se compone de seis cañoneras aparentemente abiertas en dirección al este y sureste, para batir el campo lindante de Abárzuza. Por tanto, se halla en el extremo izquierdo de la línea carlista.

A pesar de estar compuesto de tierra y un único muro de mampostería, su estado de conservación es relativamente bueno, ya que no parece haber sufrido grandes transformaciones antrópicas. Tal vez su ubicación en una ladera dentro de un bosque de encinas y en un suelo poco apto para el cultivo, hayan ayudado a su conservación hasta la actualidad. Pero como ocurre en estos casos, el recuerdo de la batería ha quedado prácticamente olvidado y solo pervive en la memoria colectiva del pueblo como un vago recuerdo de un elemento militar.

El hecho de haber sobrevivido al paso del tiempo, lo convierten en uno de los pocos elementos supervivientes de la batalla; y por

Figura 33. Estado de la batería en 2016. Foto con orientación sur-norte.

tanto, en un elemento de gran interés arqueológico. Al ser un elemento tan significativo y desconocido que pasó casi inadvertido a las fuentes históricas, fue uno de los tres lugares escogidos para el estudio arqueológico.

b. La prospección metálica
Entre los días 1 y 2 de enero del 2019, realizamos la prospección metálica acotada al interior y contorno inmediato de la estructura terrera de la batería. Se trató de una prospección de carácter intensivo, al ser una superficie pequeña y sin apenas vegetación. De los resultados materiales obtenidos hablaremos más adelante en otro apartado.

5.3.2. Zona 2: ermita de Santa Bárbara de Abárzuza
La elección de este enclave como segundo lugar de análisis, fue para abordar uno de los lugares más significativos recogidos en las narraciones históricas. Según la contextualización de la batalla de Abárzuza, en este lugar las fuerzas del teniente coronel Montoya y el comandante Sobrino, soportaron hasta tres cargas de la infantería republicana, ya que fue el lugar donde el general Concha decidió romper las líneas carlistas para tomar Estella. Esto no solo no llegó

a suceder, sino que al final del tercer día de combate, una bala terminó con su vida no muy lejos del lugar. Por tanto, el estudio de esta zona hoy no solo resulta interesante a nivel histórico, sino también, a nivel simbólico y memorialístico.

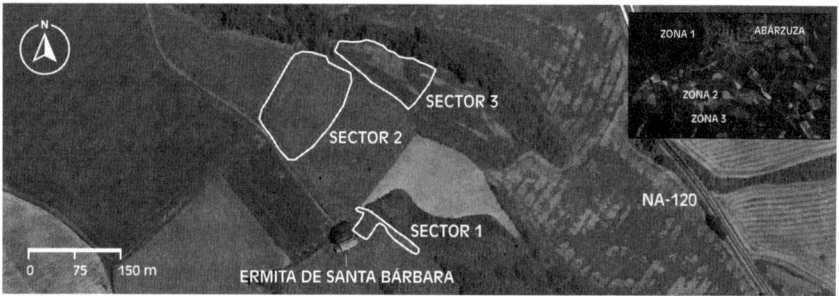

Figura 34. Zona 2 de prospección, con sus tres sectores delimitando el área de intervención.

a. Descripción y estado actual
El paraje en torno a la ermita de Santa Bárbara de Abárzuza se ubica en un claro promontorio, a 638 m de altura, con excelentes vistas al valle de Yerri, lo que resulta ideal para la defensa. Su recuerdo evoca en cierta manera a la defensa que efectuaron las tropas carlistas en la ermita de San Pedro de Abanto, dentro del contexto de la batalla de Somorrostro tres meses antes.

Durante el mes previo a la batalla, las fuentes narran la preparación del terreno, con la construcción de las famosas trincheras aplicadas en la batalla de Somorrostro, que sirvieron nuevamente en Abárzuza para proteger a la infantería carlista de la artillería republicana.

Actualmente, el terreno se divide en grandes explotaciones cerealistas de secano, entre algunos llecos que se hallan para salvar el desnivel conforme descendemos de la loma. Lógicamente, debido a los trabajos mencionados, no queda vestigio alguno de las construcciones temporales edificadas previamente al combate. La ermita es la única excepción. La cuestión es que la actual ermita nada tiene que ver con la que se narra en las fuentes históricas, ya que recibió importantes destrozos fruto de los impactos de granada (Larraz, 2013: 166), a diferencia de la actual, que permanece impoluta. Lo cual demuestra que fue reparada tras la guerra.

b. La prospección metálica

Estas parcelas, tras la guerra volvieron a ser cultivadas hasta la actualidad. Eso ha supuesto, lamentablemente, que el posible material adscrito a la contienda, en ningún caso se halla en su lugar de origen. Sin embargo, uno de los objetivos a tener en cuenta iba a ser el análisis de este tipo de yacimientos y su valoración como puntos de investigación. El hecho de ser zonas de cultivo, nos ha ayudado, por otro lado, a poder emprender metodologías de trabajo más provechosas, al no haber vegetación de por medio. Esto ha supuesto la realización de una prospección de carácter sistemático, con transectos paralelos y con intervalos desde los tres a los siete metros.

Viendo la extensión del terreno y el alcance limitado por un único detector de metales, se decidió ya en campo seleccionar tres sectores localizados a distintas altitudes, con la idea de intentar conseguir mayores resultados:

Sector 1: Localizado en las inmediaciones de la ermita de Santa Bárbara de Abárzuza, en donde la historiografía habla de la localización de las primeras líneas de trinchera. Por lo que había que atestiguar si quedaban o no, restos de la cultura material del conflicto.

Sector 2: Inmediatamente debajo y más hacia el noroeste, en donde se presuponía la existencia de material carlista, sin saber conforme fuéramos bajando si cambiaría o no la diversidad de objetos.

Sector 3: Un poco más al norte que el anterior, colina abajo, para poder analizar si esta representaba la zona de choque entre ambos bandos, o bien seguíamos en el área de las defensas carlistas.

5.3.3. Zona 3: despoblado de Alto Muru

La elección de este último paraje se fundamentó nuevamente en las fuentes escritas. Aquí, como ocurrió un poco más al norte, en la zona 2 (ermita de Santa Bárbara), también los carlistas debieron de sufrir las tres cargas de la infantería republicana el último día de batalla. Por este motivo, resultaba muy interesante analizar arqueológicamente un paraje similar al de la zona 2, de cara a poder cotejar los resultados.

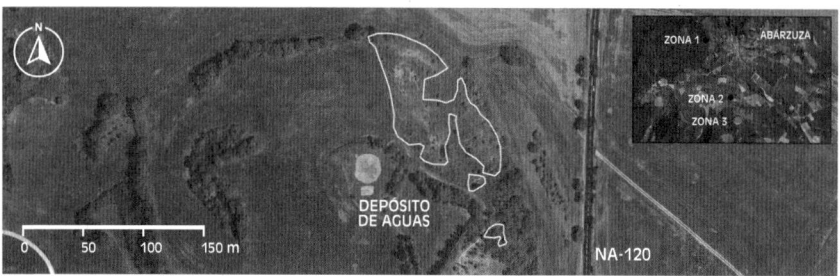

Figura 35. Zona 3 de prospección. La línea blanca limita la zona de intervención.

a. Descripción y estado actual

La zona 3 se localiza al este de la falda del caserío de Muru, mirando a la carretera NA-120. En la parte alta de la colina, a 645 m de altura, actualmente hay un depósito de aguas desde el cual se gobierna las inmediaciones. Es un punto muy estratégico, que los carlistas supieron aprovechar haciéndose fuertes en su cima.

La parcela actualmente es un lleco, donde con anterioridad se trabajó como parcela de secano. Esto ha supuesto que las posibles trincheras y otras estructuras relacionadas con el conflicto desaparecieran. Es decir, tenemos la misma casuística que la zona 2 de nuestro estudio, salvo que en este paraje, hallamos una clara estructura superviviente de la guerra y otra posible.

En primer lugar, hemos identificado un tramo de trinchera carlista, que es lo único que actualmente se conoce por los vecinos de las inmediaciones. En mi caso, pude observarla gracias a Juan Guardamino, vecino del pueblo de Muru, que me llevó a conocerla en agosto de 2016.

En segundo lugar, hemos elaborado una hipótesis acerca de la construcción de un pequeño reducto terrero pentagonal, en el mes previo a la batalla, en donde actualmente está el depósito de aguas que hemos mencionado. La hipótesis se fundamenta en varios argumentos: en primer lugar, por la cercanía a un topónimo llamado *el fuerte*, que hace una clara alusión a la construcción de un elemento militar. En segundo lugar, por la fotografía histórica de 1929, en el que aparecen huellas de una estructura pentagonal sobre el terreno, cuando aún no existía el depósito actual. Además, conserva un radio aproximado a los 25 metros, que es más o menos, la medida que hemos observado en otro fuerte terrero carlista pentagonal en Navarra[69]. Por lo que encajaría a nivel tipológico dentro del contexto de una típica construcción militar. Sin embargo, su construcción terrera, la erosión del tiempo y, como colofón, la construcción del depósito, han terminado por alterar totalmente la fisonomía inicial de la estructura.

b. La prospección metálica
Nuevamente, ante la inmensidad del terreno, se decidió acotar la prospección a la zona inmediata al supuesto reducto terrero.

Aquí nos encontramos con otra problemática de campo diferente a las dos zonas anteriores, ya que hasta el momento no nos habíamos enfrentado a la prospección metálica sobre un lleco. De este modo, la propagación del manto vegetal silvestre impedía trabajar en ciertas zonas y en otras ofrecía serias dificultades. Por esa razón, se decidió finalmente abordarlo con una prospección de carácter selectivo, con el objetivo de poder llegar a más sitios.

5.4. Análisis del conjunto armamentístico
De los nueve días de trabajo de campo realizados entre noviembre del 2018 y enero del 2019, se recuperaron un total de 309 objetos, a pesar de que la suma total ascendía a 311. Esto se debe a que dos de ellos resultaron ser proyectiles de artillería que, por cuestiones de seguridad, fueron intervenidos por la Guardia Civil durante los días de trabajo.

A pesar de que tenemos un elevado número de materiales, en el primer trabajo de prospección metálica realizada sobre las guerras carlistas, es decir, de la batalla de Somorrostro, se llegaron a contabilizar 718 piezas en unos 18.000 m² (Arrate, 2014: 116). Lo que nos deja en nuestro caso un promedio más bajo, para un espacio prospectado de unos 11.600 m².

A la hora de analizar la totalidad de materiales hallados en el trabajo de campo, hay que tener en cuenta que, las zonas prospectadas se encuentran en campos que han sido o son de labranza. Estas pse ubican cerca de la ermita de Santa Bárbara de Abárzuza (zona 2) y el caserío de Muru (zona 3), lo que ha propiciado que, al ser lugares relacionados con el tránsito de una comunidad, hayan aparecido materiales en nuestro trabajo que no se relacionan con la batalla y que, por tanto, responden a contextos históricos anteriores o posteriores al conflicto. Ese pequeño porcentaje llamado de *contaminación* o *ruido de fondo* (González García, 2018: 224), lo podemos analizar mejor en el siguiente diagrama[70]:

Clasificación temporal

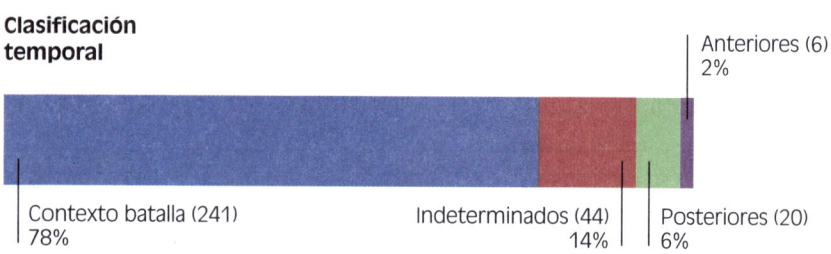

Anteriores (6) 2%

Contexto batalla (241) 78%

Indeterminados (44) 14%

Posteriores (20) 6%

Figura 36. Diagrama en el que representamos los porcentajes de materiales adscritos a un contexto temporal.

La suma de los materiales contextualizados antes y posteriores al conflicto, nos ha originado un 8% de *ruido de fondo*. Como nos hallamos en áreas dispersas entre núcleos poblacionales, este porcentaje posiblemente se deba tanto a la actividad de culto de la ermita y el caserío de Muru; como a la actividad agrícola de las parcelas o la explotación del monte (zona 1).

Por su parte, el 78% del material procesado, pertenece al contexto del campo de batalla. Un porcentaje elevado, aun cuando los datos obtenidos de la batalla de Somorrostro ascienden hasta el 90% (Arrate, 2014: 116). Por tanto, estos datos demuestran en general cómo los campos de guerra de esta cronología contienen una gran densidad de fragmentos cuyo porcentaje, posiblemente, sea mayor que el de cronologías anteriores. Siempre y cuando entendamos que la evolución y complejidad que va adquiriendo la guerra desde mediados del siglo XIX, representa un aumento relevante de la basura generada por estos enfrentamientos, y que por tanto, genera mayores depósitos de restos arqueológicos a poder ser estudiados.

El análisis del siguiente diagrama muestra la existencia de tres grandes conjuntos de materiales: las vainas de cartucho (28%), los proyectiles de granada (23%) y las balas (22%). Juntos suman el 73% del material. Un porcentaje elevadísimo, si recordamos que únicamente nos referimos a tres categorías.

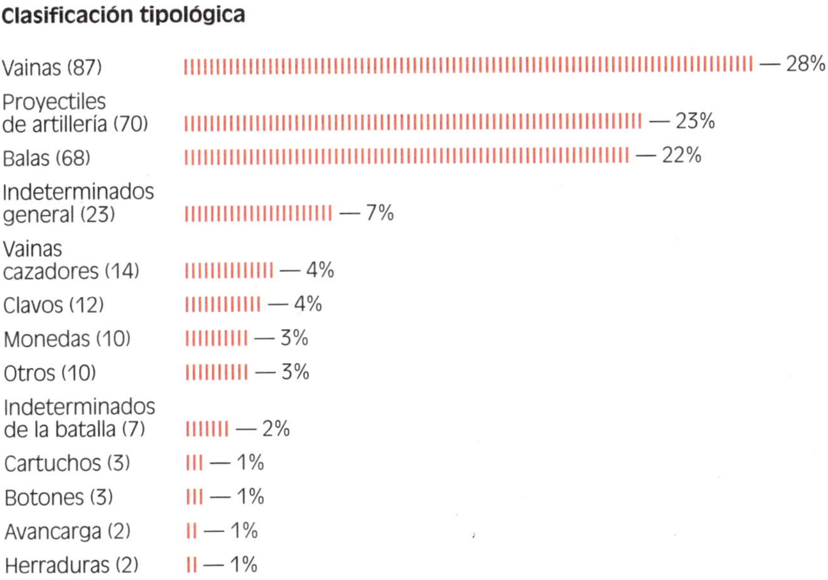

Clasificación tipológica

Vainas (87)	|||||||||||||||||||||||||||||||||||||||||||||||||||||||||||||||||||||||||||||||||||||||||||| — 28%
Proyectiles de artillería (70)	|||||||||||||||||||||||||||||||||||||||||||||||||||||||||||||||||||||| — 23%
Balas (68)	||||||||||||||||||||||||||||||||||||||||||||||||||||||||||||||||||||| — 22%
Indeterminados general (23)	||||||||||||||||||||||| — 7%
Vainas cazadores (14)	||||||||||||| — 4%
Clavos (12)	||||||||||| — 4%
Monedas (10)	||||||||| — 3%
Otros (10)	||||||||| — 3%
Indeterminados de la batalla (7)	||||||| — 2%
Cartuchos (3)	||| — 1%
Botones (3)	||| — 1%
Avancarga (2)	|| — 1%
Herraduras (2)	|| — 1%

Figura 37. Diagrama en el que podemos observar una clasificación categorizada de la cultura material recuperada.

Debido al alto porcentaje de materiales de cada uno de estos tres conjuntos, hemos decidido en los dos siguientes apartados proceder al estudio exhaustivo de cada uno de ellos, con la intención de llegar a conocer mejor las casuísticas y problemáticas existentes. Uno de los aspectos fundamentales va a ser el estudio de la diversidad tipológica de elementos que alberga cada conjunto. Un tema poco tratado desde la academia y en el que pretendemos aportar algo de luz. Como podremos observar, el estudio de estos tres campos, vertebran en sí mismos el conocimiento adquirido del estudio del campo de batalla de Abárzuza.

5.4.1. Cartuchería

En este primer apartado, nos vamos a centrar en el estudio tanto del primer gran conjunto (las vainas), como del tercero (las balas); entendiendo que ambos conjuntos forman parte de la misma unidad, representada en la figura del cartucho como munición de fusilería. Estos dos grupos suman de por sí, el 50% del material documentado.

a. Vainas

Como hemos mencionado anteriormente, la documentación histórica relaciona las zonas prospectadas con las posiciones carlistas. Por tanto, suponemos que tanto las vainas, cartuchos, así como las cápsulas fulminantes[71] de avancarga, forman parte de la munición empleada por las tropas carlistas. Como se aprecia en el siguiente diagrama (figura 38), tenemos un total de diez tipologías diferentes, repartidas en un total de 87 vainas, 3 cartuchos y 2 cápsulas fulminantes de avancarga; estos suman un total de 92 elementos. Este variado abanico tipológico que servía para alimentar a diferentes tipos de fusiles, nos hace ver hoy por hoy la heterogeneidad de las armas empleadas por los carlistas, que ante la escasez de medios, tuvieron que recurrir al empleo de todo tipo de armas de fuego.

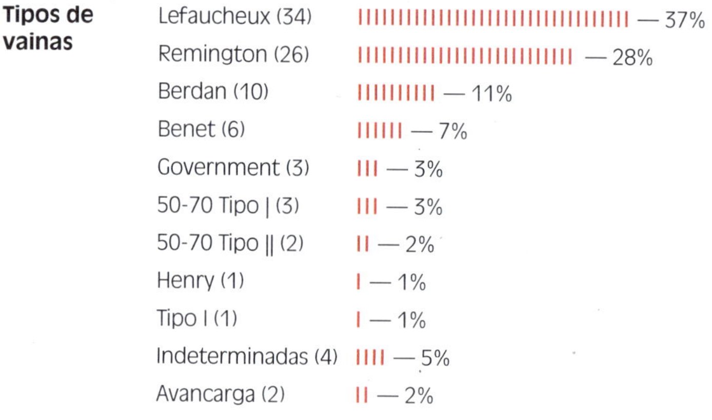

Tipos de vainas		
Lefaucheux (34)	|||||||||||||||||||||||||||||||||||	— 37%
Remington (26)	|||||||||||||||||||||||||||	— 28%
Berdan (10)	||||||||||	— 11%
Benet (6)	||||||	— 7%
Government (3)	|||	— 3%
50-70 Tipo I (3)	|||	— 3%
50-70 Tipo II (2)	||	— 2%
Henry (1)			— 1%
Tipo I (1)			— 1%
Indeterminadas (4)	||||	— 5%
Avancarga (2)	||	— 2%

Figura 38. Diagrama en el que se muestra una clasificación de cartuchos, vainas y cápsulas fulminantes de avancarga halladas del contexto de la guerra.

1. Lefaucheux

Ha sido, con diferencia, la munición más empleada en la zona estudiada, con un total de 34 elementos recuperados, representando el 37% del material. Un porcentaje muy elevado si lo comparamos con el 5% hallado en Somorrostro. Conocidos como cartuchos de *espiga o pin-fire*, fueron inventados en 1836 por el francés Casimir Lefaucheux. En España, la producción de este tipo de armas fue masiva hasta comienzos del siglo XX, siendo utilizadas hasta en la Guerra Civil (Arrate, 2014: 117). Durante la segunda guerra carlista, los carlistas se adueñaron de varias fábricas vascas, lo que tuvo como consecuencia el inicio del autoabastecimiento militar. Sin lugar a dudas, existían en el mercado diferentes modelos de fusiles, tercerolas y revólveres que estaban pensados para ser usados con munición Lefaucheux. Pero si hay uno en especial que durante la guerra fue reconocido como arma carlista, fue el fusil de cierre mediante cañón giratorio, fabricados por el artillero carlista José Ibarra Cortazar (Calvó, 2016: 14). El mecanismo de este cierre nos lo explica Rafael Ocete: «Mediante este mecanismo, la recámara quedaba abierta al girar el cañón, volviéndose a obturar al invertir el giro. El cañón se afianzaba mediante un pasador al bloque metálico de la culata. Dicho método era empleado por los fusiles y mosquetones De la Rosa, sólo en armas de un cañón» (Ocete, 2009: 38).

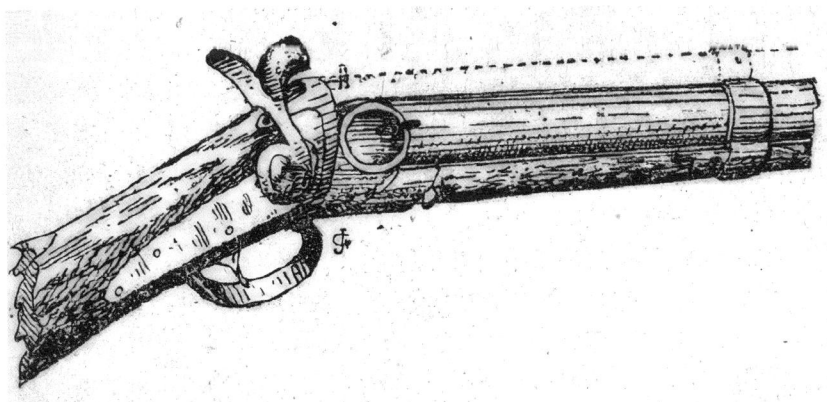

Figura 39. Sistema giratorio. Dibujado por Juan Génova (Calvó, 2016:14).

Hemos identificado dos calibres diferentes. Por un lado, está el calibre 16, al que se asocian un total de 31 vainas; y, por otro, el calibre 24, con un total de tres. Ambos fueron empleados en las carabinas *giratorias* (De Aguinaga, 2019: 159). El hecho de haber dos cartuchos de medidas diferentes, supone la existencia de dos modelos de carabinas también diferentes, con dos medidas del diámetro interior del cañón distintas. Ya que existe una diferencia de dos milímetros del calibre 16 con el 24 (ya que en el primer caso el diámetro de la base de la vaina mide 1,9 cm y 1,7 cm en el segundo caso).

Originalmente el cartucho se componía de una base metálica, cuerpo de papel y bala de plomo. Ésta es la razón fundamental por la que tan solo hemos encontrado la base metálica de los cartuchos, donde localizamos, en según qué casos, los marcajes para la identificación del calibre y la fábrica de origen. En la prospección del campo de la batalla de Abárzuza, han aparecido un total de ocho marcajes diferentes, uno de los cuales creemos que es posterior a la guerra (nos referimos al número seis de la figura 40).

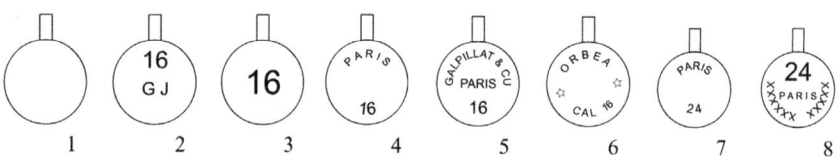

Figura 40. Las ocho tipologías de vainas Lefaucheux halladas en el campo de Abárzuza. Elaboración del autor.

La diversidad en los marcajes de vaina Lefaucheux para fusiles *giratorios*, demuestra nuevamente la problemática del abastecimiento carlista. Posiblemente fueron incapaces de asegurar el suministro a través de una única fuente y tuvieron que recurrir tanto a la compra a diferentes marcas, como al autoabastecimiento. Por lo que no descartamos que, precisamente la vaina tipo 1 (figura 40), que no tiene marcaje alguno, sea en realidad de fabricación propia.

**Clasificación de vainas
Lefaucheux segun marcaje**

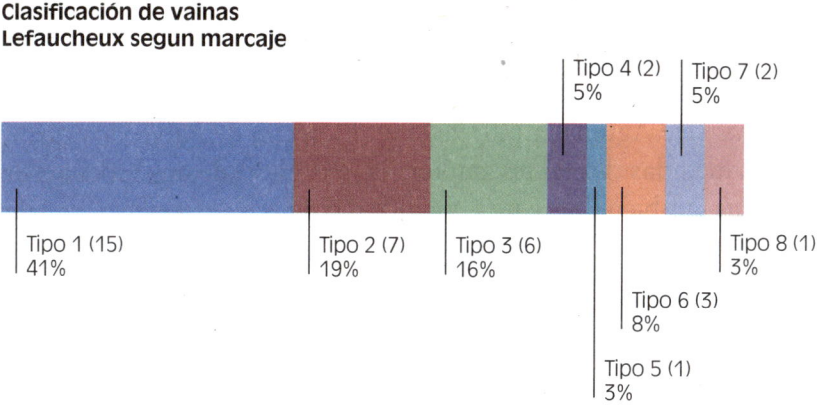

Figura 41. Diagrama con los porcentajes de tipos de vainas Lefaucheux hallados, según el número correlativo asignado en la figura anterior.

2. Remington

Con un 28% de las vainas halladas y sumando un total de 26 elementos (19 percutidas), son el segundo tipo más representado. La vaina de fuego central, se compone de un cuerpo rectangular de latón, de 5,6 cm de longitud, por 1,4 cm de diámetro en la base. Este cartucho fue adoptado junto con el fusil monotiro Remington modelo 1871, como arma reglamentaria por el ejército, por Real Orden del 24 de febrero de 1871, hasta su sustitución en 1893 por el fusil Mauser (Sánchez Gómez, 1991: 141-145). Es importante resaltar que el porcentaje de este tipo es menor que las encontradas en el caso de Somorrostro, en donde su representación ascendía hasta el 45% del total (Arrate, 2014: 117).

3. Berdan

En tercer lugar, y muy por debajo de las dos anteriores, se halla la vaina Berdan. Tan solo hemos recuperado 10 ejemplares (11% del total), la mayoría de los cuales están percutidas (8). En este caso, la proporción parece ser algo más similar a la del campo de batalla de Somorrostro, en donde el porcentaje de estas vainas disminuye hasta el 5% (Arrate, 2014: 117). Al igual que el Remington, se compone de una vaina de latón, con cuerpo rectangular de 4,1 cm de longitud, por 1,5 cm de diámetro al inicio del cuerpo y base de fuego central. El empleo de este cartucho se originó con el descubrimiento del proceso de retrocarga, por el cual miles de fusiles de sistema avancarga, ya obsoletos en la década de los 60, fueron transformados para ser usados como retrocarga[72]. Mediante la Real Orden del 14 de diciembre de 1867, se adoptó como modelo reglamentario el cierre Berdan, diseñado por el norteamericano e ingeniero industrial y militar Hiram Berdan (1824-1893). Las modificaciones hechas al fusil rayado modelo 1859 y la carabina modelo 1857 son el resultado de este proceso, que también conllevó el acondicionamiento de un cartucho al diámetro del cañón. Este nuevo fusil se llamó Berdan o Berdan modelo 1867, siendo el arma reglamentaria del ejército hasta la llegada del Remington en 1871. Tras este nuevo cambio, esta arma fue relegada a las tropas de voluntarios o milicias durante la segunda guerra carlista, a falta de fusiles Remington para todas las tropas del gobierno (Arrate, 2014: 117). No cabe duda, que en los innumerables robos cometidos por los carlistas, estos se hicieron con cierto número de fusiles Berdan, que fueron usados también a lo largo del conflicto y en la batalla de Abárzuza, tal y como ha quedado constatado.

4. Munición 50-70
La munición 50-70[73] representa un conjunto de varios tipos de cartuchos aptos para ser empleados en el fusil estadounidense Springfield modelo 1866. Como luego veremos, comparten las mismas medidas en la vaina, rasgo fundamental para poder ser introducidos en el ánima de este tipo de fusil.

En origen de este modelo, como hemos visto en el caso anterior, era de avancarga y fue transformado a retrocarga. Se le dotó de un cierre llamado de *Allin* creado por Erskine S. Allin (1809-1879), en 1865. Por lo que este modelo fue conocido como fusil *Alien*, *Allen* e incluso *Berdan reformado*. La rápida evolución de la industria militar trajo que los fusiles Springfield pasaran a la reserva en 1869. Estos fueron comprados por agentes franceses al comenzar la guerra Franco-Prusiana (1870-1871); y más tarde recomprados por los carlistas ante la escasez de armas (Arrate, 2014: 117). A continuación describiremos los cuatro tipos de vainas identificadas en el campo de batalla, adscritas a la munición 50-70.

BENET

Dentro de esta familia de cartuchos, encontramos en primer lugar la vaina estadounidense Benet, que representa el 7% de las vainas totales halladas. Suman un total de seis, tres de las cuales están percutidas. Como cabe esperar, la vaina es metálica, de cuerpo rectangular de 4,5 cm de longitud, por 1,1 cm de diámetro en el inicio del cuerpo. El sistema de iniciación es de pistón interno, con una acanaladura horizontal cerca de la base del cuerpo, que sujeta el subconjunto de iniciación. Fue patentado en 1868 por el Coronel Stephen Vincent Benet (1829-1895). Esta munición es apta para el fusil Springfield modelo 1866 y fue importada por los carlistas y más tarde producida por ellos mismos en sus talleres (Arrate, 2014: 117).

GOVERNMENT

Otra vaina conocida dentro de la familia de la munición 50-70, es el cartucho estadounidense Government. Hemos encontrado un total de 3, representando el 3% del total de la muestra. De estas, dos se hallan percutidas. Las dimensiones de la vaina son exactamente las mismas que la del Benet. La única diferencia radica en el sistema de iniciación. Mientras en el Benet era de pistón interno; aquí es de fuego central, al igual que el Berdan y el Remington posteriormente. Al igual que el Benet, los carlistas también lo llegaron a fabricar[74].

TIPO I Y II

Finalmente, dentro de este conjunto de cartuchos, hemos identificado dos tipos más que, partiendo de las dos tipologías anteriores, parecen ser una hibridación de ambos:

Por un lado está el que hemos llamado *Tipo I*, con un total de 3 vainas, todas percutidas, que no tienen la característica acanaladura en el inicio del cuerpo de los Benet. Esto les confiere un aspecto físico similar a los Government, pero formados con un pistón interno, por la marca de un punto dejada en la base tras la percusión.

Por el otro lado, tenemos el *Tipo II*, con un total de 2 vainas, también percutidas. Estas sí que presentan la característica acanaladura al inicio del cuerpo de los Benet. Sin embargo, en vez de ser de pistón interno, presentan un aro en la base, lo cual nos indica que su sistema de ignición era de fuego central, como los Government.

Sin duda alguna, estos dos últimos tipos que parecen ser una hibridación entre el cartucho Benet y Government, comparten las mismas dimensiones. Por tanto, se puede deducir que fueron utilizados también como munición para el fusil Springfield 1866. Desconocemos a qué responden estos oportunos cambios realizados en la estructura de la vaina. Podría tratarse bien de dos tipos de cartuchos de origen desconocido, o bien de pequeñas alteraciones realizadas por los carlistas en vainas 50-70 ya usadas, para poder volver a emplearlas y de este modo suplir la escasez de municiones.

5. Henry

Alejándonos un poco del resto de vainas vistas hasta la fecha, tenemos la única vaina hallada perteneciente a un revólver. Creemos que se trata de una vaina Henry del calibre 44, gracias a la información que nos aporta las iniciales de la base de la vaina, en donde se lee *44 S & W*. Estas iniciales hacen alusión al revólver Smith and Wesson modelo 3, autorizado por el ejército republicano para sus oficiales a partir del 23 de noviembre de 1874. Esta arma empleaba la munición Henry (Calvó, 2017: 70) y de ahí nuestras conclusiones. No es descabellado pensar que algún soldado u oficial carlista llegara a conseguir este revolver, ya que se estuvo fabricando en la fábrica de armas de *Orbea Hermanos* de Eibar (Sánchez Gómez, 1991: 148).

6. Tipo I

Esta tipología está relacionada con una vaina que, por sus medidas, no hemos sido capaces de identificar. Se compone de 5 cm de longitud, por 1,5 cm de diámetro de la base del cuerpo. Este va estrechándose hasta formar un cuello golleteado. Se halla percutida, y es de fuego central. Por sus medidas, se encuentra a medio camino entre las vainas 50-70 y el Remington. De modo que, en un comienzo, se usaría para un determinado fusil que, por el momento, no hemos podido llegar a identificar.

7. Cápsulas de Avancarga

Finalmente, tenemos 2 cápsulas de fulminante para arma de pistón, que corresponden a armas de avancarga. Representan tan solo el 2% del total. Pero a pesar de su escasez, demuestra la utilización de armas desfasadas por parte de los carlistas, corroborando la reutilización de viejos sistemas planteados por la historiografía. También fue documentado en la prospección de la batalla de Somorrostro, donde representaban el 1% del total (Arrate, 2014: 118). Las dos cápsulas encontradas, posiblemente correspondan con balas Minié y tal vez empleados en fusiles modelos 1857 o 1859 (Palacio, 2016: 208).

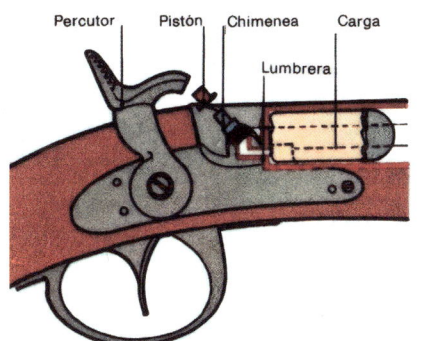

Figura 42. Izquierda, mecanismo de empleo de un arma de pistón (https://www.lasegundaguerra.com/viewtopic.php?t=9873); derecha, ejemplo de tres cápsulas halladas (sin usar) en el Rastrillar (Laredo) (Palacio, 2016: 207).

b. Balas

Representan el tercer gran conjunto de materiales hallados en campo, reuniendo el 22% del total de los materiales recuperados. Suman un total de 68 balas, divididas en ocho tipologías diferentes, más ocho balas deformadas y por tanto indeterminadas. En un principio son proyectiles que provienen de la zona republicana, aunque no hay que descartar que un pequeño porcentaje sean balas que, por diversas circunstancias como la humedad, sean carlistas y que no se llegasen a disparar.

Tipología de balas

Remington (52)	|||||||||||||||||||||||||||||||||||||||||||||||||||	— 73%
Berdan (2)	II	— 3%
Tipo I (4)	IIII	— 6%
Tipo II (1)	I	— 1%
Tipo III (1)	I	— 1%
Tipo IV (1)	I	— 1%
Tipo V (1)	I	— 1%
Minié (1)	I	— 1%
Indeterminadas (8)	IIIIIIII	— 11%

Figura 43. Diagrama en el que se muestran los diferentes tipos de balas halladas.

Como podemos observar, la bala Remington aglutina tres cuartas partes del total del material hallado. La abundancia de esta tipología confirma la utilización del fusil Remington como arma reglamentaria del ejército republicano y su empleo masivo en la batalla de Abárzuza[75].

Si dejamos de lado el 7% de las balas indeterminadas (con seguridad muchas Remington), encontramos que el 17% de las balas que llegaron de la zona republicana engloban, de por sí, hasta 7 tipologías diferentes (algunas de las cuales pueden llegar a corresponder al bando carlista). La utilización de estas otras tipologías, simplemente podría evidenciar la falta de una completa distribución de un único modelo de fusil por los diferentes cuerpos del ejército republicano. No obstante, esta carencia no puede en ningún caso llegar a compararse con la escasez estructural que sufrían los carlistas.

c. Interpretación de la munición

Las fuentes históricas que narran los acontecimientos de la batalla de Abárzuza, nos han aportado una breve pero muy útil información sobre los diferentes fusiles que portaron los carlistas. Por ejemplo, el corresponsal de prensa Lorenzo Casas del periódico *La Igualdad* (09/07/1874) afirmaba que estaban dotados en general del fusil Remington y los restantes del Berdan. Pando, atribuye el uso del Remington a ambos bandos y el empleo del Springfield y otros de sistema Berdan a los carlistas (Pando, 1982: 27). Estas anotaciones también pueden comprobarse en la referencia del periódico carlista *El Cuartel Real*, en el que en su número 13 (11/12/1873) se describía que los carlistas portaban Remington, Berdan, fusiles giratorios y algunos Chassepot. Gracias a los historiadores actuales, la diversidad de modelos se sigue incrementando: para Canales, los carlistas estaban dotados de munición Remington y Snider (Canales: 2004, 14), mientras que Larraz, en su libro sobre la batalla de Abárzuza, afirma que los hombres del batallón 3.º de Navarra estaban armados con armamento de pistón (avancarga), Lefaucheux y Berdan antiguo. Además, debido al material que los republicanos dejaron a lo largo de las cargas a la bayoneta, los carlistas salieron armados la mitad con Berdan reformado y la otra mitad con Remigton (Larraz: 2013, 172).

Como se puede ver, no existe unanimidad ni en las fuentes primarias, ni en las secundarias a la hora de saber con qué munición contaban. Pero lo cierto es que tampoco podemos descartar el uso de ninguno, incluido el cartucho Snider, porque según se sabe por las fuentes históricas, las compañías que nutrían los mismos batallones carlistas, conforme iban pasando los meses de la guerra, el material viejo iba relegándose a nuevas fuerzas de reciente creación, mientras las veteranas iban adquiriendo los mejores modelos. Esto quiere decir, que al menos en el contexto del año de 1874, en el que los carlistas disponían de diferentes modelos de fusil, debemos de ser precavidos a la hora de estudiar un campo de batalla, ya que las fuerzas que pudieran interactuar en diferentes puntos, no tenían porqué tener la misma munición. Esta interpretación se refuerza mediante la comparación entre las vainas carlistas aparecidas en la prospección de Somorrostro y Abárzuza. Mientras que en el primer caso, Arrate nos informaba de la superioridad de la munición Remington (45%), con respecto a la munición Lefaucheux (5%) (Arrate, 2014: 117), en Abárzuza, la tendencia es la contraria. Aquí las vainas Lefaucheux representan la mayoría (37%), mientras que el Remington (28%) queda relegado a un segundo lugar. Por tanto, debemos de ser cautelosos al investigar un campo de batalla de estas cronologías ya que, al no poder llegar a investigar la totalidad de un campo, las casuísticas de cada sector resultaran totalmente diferentes al de otros. Y esto nos lleva a deducir que no se podrá preestablecer la utilización de un arma sobre otra, puesto que será muy probable que en otro sector cambie la situación. Al menos, algo que sí podemos asegurar es que la diversidad que en todo momento se ha visto habla del posicionamiento de tropas carlistas en las inmediaciones. Mientras que en el caso republicano o liberal, la constancia del Remington como arma reglamentaria va a permitir plantear la localización de este bando, gracias al número de balas halladas.

Para terminar, a continuación se recoge de manera gráfica en la figura 44 (según tamaño), un resumen de la diversidad tipológica que hemos documentado. Esto demuestra una vez más, el claro desabastecimiento carlista y la necesidad de compensarlo con diferentes tipos de municiones/fusiles que, salvo el Remington, serían más antiguos y menos eficaces.

Figura 44. (De izquierda a derecha según tamaño) Remington, vaina tipo I, 50-70, Berdan, Lefaucheux calibre 16 y calibre 24.

5.4.2. Proyectiles de artillería

Representan el segundo gran conjunto con el 23% del material hallado, sumando unas 70 piezas. Se dividen de la siguiente manera: 59 cascos y envueltas de granada (27 envuelta pesadas, 22 indeterminadas[76], 9 envuelta ligeras y una desconocida denominada como granada *Tipo I*), 9 fragmentos de espoleta y 2 balas de Shrapnel. Gracias a este material, hemos podido llegar a identificar un total de cuatro tipos de proyectiles diferentes. Aquí, la duda que proyectábamos en el punto anterior respecto a la procedencia de algunas balas se disipa, ya que todo el material relacionado con los proyectiles de artillería es indiscutiblemente republicano.

Proyectiles		
Envuelta pesada (27)	|||||||||||||||||||||||||||	— 39%
Envuelta ligera (9)	|||||||||	— 13%
Tipo	(1)			— 1%
Shrapnel (2)	||	— 3%
Espoleta (9)	|||||||||	— 13%
Indeterminados (22)	||||||||||||||||||||||	— 31%

Figura 45. Diagrama con las proporciones de los diferentes fragmentos de granada, espoletas y balas Shrapnel documentados.

Antes de poder describir las tipologías de granada que hemos hallado, hay que resaltar las incongruencias y falta de información que hemos llegado a constatar a la hora de desarrollar este apartado. La falta de rigor científico que hemos encontrado en algunas páginas web, al igual que las contradicciones de algunos autores, han puesto de manifiesto el poco conocimiento que se tiene a día de hoy en la identificación de los proyectiles de artillería.

Nosotros por nuestra parte, gracias a la comunicación que mantenemos con Jesús Ángel Arrate[77], hemos podido acceder a la documentación del material de la batalla de Somorrostro. Su estudio y contrastación con nuestro material, ha ayudado a identificar la granada ordinaria de envuelta pesada modelo 1868 para cañón de acero Krupp de 8 cm, que mencionan las fuentes. Por otro lado, también creemos haber identificado la granada de envuelta ligera modelo 1873 para cañón de montaña Plasencia 8 cm (del que hablaremos más adelante), fabricado para las campañas de 1874 en adelante.

Finalmente, el hallazgo de dos balas Shrapnel, nos ha ayudado a documentar el empleo de la metralla como arma por parte de los republicanos. Sin embargo, la duda que nos origina es el no poder llegar a saber en cuál de sus dos proyectiles pudo haber sido detonado, si en la granada de metralla modelo 1874, o en el bote de metralla modelo 1872.

a. Granada de envuelta pesada modelo 1868
Representan el 39% de los hallazgos, con un total de 27 elementos. La hemos encontrado en sus dos estados posibles: con la envuelta pesada de plomo, configurándole una silueta exterior *achocolatada*; y sin ella, dejando al descubierto un cuerpo de hierro con bandas horizontales. Las 2 granadas que encontramos en Abárzuza sin detonar, demuestran los dos estados posibles en los que podemos hallarlas (figura 46).

La envoltura de plomo se debe al desarrollo de los sistemas de retrocarga de la década de los 60, un nuevo sistema ideado para la conducción de las granadas (Sánchez Gómez, 2000: 48). Portaba una espoleta de percusión de origen prusiano modelo 1868 (De Lossada, 1903: 73), alcanzando la pieza un peso final de 4,6 kg (un kilogramo más que las ligeras modelo 1873). Tenía una velocidad inicial de 445 m/s, con un alcance de 5.000 m (Govantes y Nieto, 1887: lámina 2 y 10) y se componía de 7,88 cm de diámetro, y 16,25 cm de longitud (Calvo, 2014: 123).

Figura 46. Izquierda, granada modelo 1868 con su envuelta de plomo; derecha, granada sin envuelta.

b. Granada de envuelta ligera modelo 1873

Por otro lado, hemos recuperado un total de 9 fragmentos (13%) de granada de envuelta ligera modelo 1873. Estas empezaron a usarse en 1874, junto con el cañón de montaña Plasencia de 8 cm, del que luego hablaremos. Sin embargo, más tarde terminaron por extenderse a todas las piezas con rayado cuneiforme (Calvo, 2014: 121). Según afirma Sánchez, estas sustituyeron a las granadas ordinarias de envuelta pesada (Sánchez Gómez, 2000: 48), pero no parece que este cambio fuera inmediato, ya que en el campo de Abárzuza encontramos todavía ambos tipos de granadas. O al menos eso es lo que la cultura material nos viene a decir, al hallar, como hemos dicho, un total de 9 fragmentos de envuelta de plomo con bandas, que no se adscriben a la descripción de la envuelta pesada (figura 47).

Esta granada alcanzaba la velocidad inicial de 280 m/s; con un alcance de 3.000 m, cuyo peso era de 3,6 kg (Govantes y Nieto, 1887: lámina 10). Se componía de 7,88 cm de diámetro y 16,25 cm de longitud (Calvo, 2014: 123).

 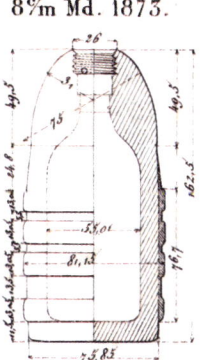

8%m Md. 1873.

Figura 47. Izquierda, fragmento de granada de envuelta ligera modelo 1873 (ABZ4.18.0048); derecha, imagen de una granada de envuelta ligera completa (http://www.amonio.es/canon_krupp_8cm_1878.htm).

Hasta aquí hemos hablado de las granadas ordinarias. Fuera de esa agrupación, se encontraba la llamada granada de metralla y bote de metralla (que veremos en los dos siguientes puntos). Las dos balas Shrapnel aparecidas durante los trabajos, pueden formar parte, en un comienzo, de cualquiera de estas dos granadas.

c. Granada de metralla modelo 1874
La granada de metralla modelo 1874 empezó a usarse con la llegada del cañón Plasencia (Govantes y Nieto, 1887: lámina 10). Estaba dotado de la espoleta de tiempos modelo 1862 (Vigón, II, 2014: 383), y podía ser tanto de bronce, como de cinc y estaño (Calvó, 2014: 78-79). Dentro de la carcasa de hierro, había un conjunto de balas Shrapnel que, en el momento de la detonación mediante la espoleta de tiempos, eran precipitadas en todas direcciones. Las medidas de esta granada eran las siguientes: 7,85 cm de diámetro, por 14,3 cm de longitud y 4,67 kg (Calvó, 2014: 123).

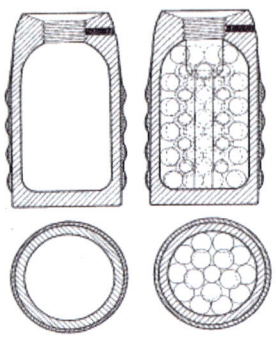 

Figura 48. Izquierda, sección de una granada de metralla modelo 1874 (Sánchez Gómez, 2000: 48); derecha, bala Shrapnel (ABZ4.18.0184).

d. Bote de metralla modelo 1872

Se reducía a un cilindro de chapa delgada de hierro o de cinc, cubierto en su boca anterior con un tapón de madera y conteniendo cierto número de balas de hierro (Sánchez Gómez, 2000: 48-49). Aunque no hemos encontrado más información al respecto, a través de la figura 49, podemos adivinar que este bote pertenece al modelo creado en 1872 para cañón de 8 cm. Por tanto, podría ser empleado en las piezas Krupp de 8 cm de campaña, o en el cañón de montaña de bronce 8 cm corto, con el que contó el ejército gubernamental al iniciarse la campaña carlista (Calvó, 2014: 101).

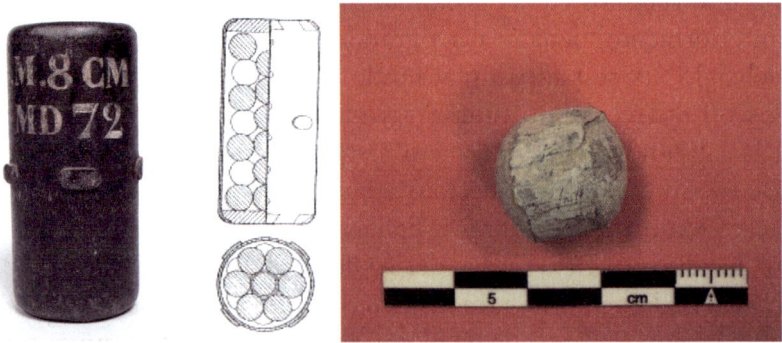

Figura 49. Izquierda, bote de metralla modelo 1872 para cañón de 8 cm (http://www. realcolegiodeartilleria.es/wp-content/uploads/NOSOLOCANONES/09/archivos/BMetralla8cmmod72. html); en el centro, sección del bote de metralla con las balas (Sánchez Gómez, 2000: 48); derecha, bala Shrapnel (ABZ4.18.0184).

e. Granada Tipo I
En último lugar, tenemos la pieza de la figura 50. Se trata de un fragmento de pequeño tamaño que debido a su superficie lisa sin envuelta de plomo, no pertenece a ningún tipo de proyectil de los aquí presentes y por el momento desconocemos su procedencia.

Figura 50. Fragmento de granada tipo I (ABZ4.18.0058).

f. Interpretación de la artillería
Los proyectiles que hemos identificado en el campo de batalla de Abárzuza, son asociados por las fuentes históricas y los manuales de artillería posteriores, a diferentes modelos de piezas de artillería que veremos en las próximas líneas. Como habíamos indicado anteriormente, debido a los grandes avances que desde mediados del siglo XIX se estaban realizando en la artillería, en la década de los 60 apareció la artillería rayada de retrocarga, procedente de Prusia, cuna de la innovación armamentística por aquella época. De modo que España decidió adquirir a Prusia varios cañones de acero Krupp de 8 cm largo a finales de 1867. Vista las prestaciones, se decidió, por Real Orden del 15 de abril de 1868 declararlo como cañón reglamentario para las baterías de campaña, cuyas granadas eran de envuelta pesada de plomo modelo 1868. Este cañón tuvo su bautismo de fuego en la batalla de Alcolea (provincia de Almería, Andalucía) de ese mismo año (Calvo, 2014: 99).

Figura 51. Cañón de acero Krupp 8 cm largo, montado en una cureña modelo 1880. Las cureñas modelo 1868 estaban fabricadas en madera (Govantes y Nieto, 1887: lámina 2 bis).

En 1868, después del buen resultado de estos cañones y en vistas en que España llevaba años fabricando cañones de bronce, el general Elorza, decidió fabricar en Sevilla unos nuevos cañones de bronce rayado de retrocarga de 8 cm, con las mismas características que los cañones Krupp comprados el año anterior. Los resultados fueron buenos y por ese motivo se decidió declararlos reglamentarios el 12 de diciembre de 1869 (Vigón, II, 2014: 316). Más tarde, se fabricaría otro de 10 cm y posteriormente propondría crear un sistema completo de artillería de bronce para 9, 12, 15 y 21 cm, pero la guerra carlista paralizó su construcción (Vigón, 2014, II, 318-319). De este modo, no sabemos si finalmente se llegó a usar alguna pieza de 8 cm durante la guerra.

Junto el cañón Krupp empleado durante la segunda guerra carlista, destacó un nuevo modelo de artillería de montaña que empezó a usarse a partir de 1874, en sustitución del cañón de bronce de 8 cm corto modelo 1866, conocidos como *chocolateras* (Frontela et al, 2015: 403). Con este último modelo se había iniciado la contienda en 1872, pero tras adquirir los carlistas artillería en el extranjero a finales de 1873, la situación cambió. Los cañones de montaña Whitworth 4 ½ cm y 4 ½ largo entre otros, demostraron ser superiores a los republicanos (Vigón, 2014, II: 321). Para volver a recuperar la supremacía en este campo de la artillería, el gobierno republicano comenzó a fabricar a finales de 1873 o inicios de 1874, el cañón de montaña de acero de retrocarga 8 cm corto, proyectado en 1871 por el artillero teniente coronel Augusto Plasencia (Calvo, 2014: 101). Su necesidad se fundamentaba en la compleja orografía existente en el territorio vasco-navarro (Sánchez Gómez, 2000: 37), en donde contar con una buena artillería de montaña era fundamental. Este modelo conocido como el cañón *Plasencia*, utilizaba granadas de envuelta ligeras. Su participación, seguramente desde las campañas de Bilbao en 1874, demostraría con el tiempo ser superiores a los cañones carlistas Whitworth de montaña. Así, los republicanos recuperaron finalmente la superioridad en este campo que se les había arrebatado durante unos meses (Calvo, 2014: 101).

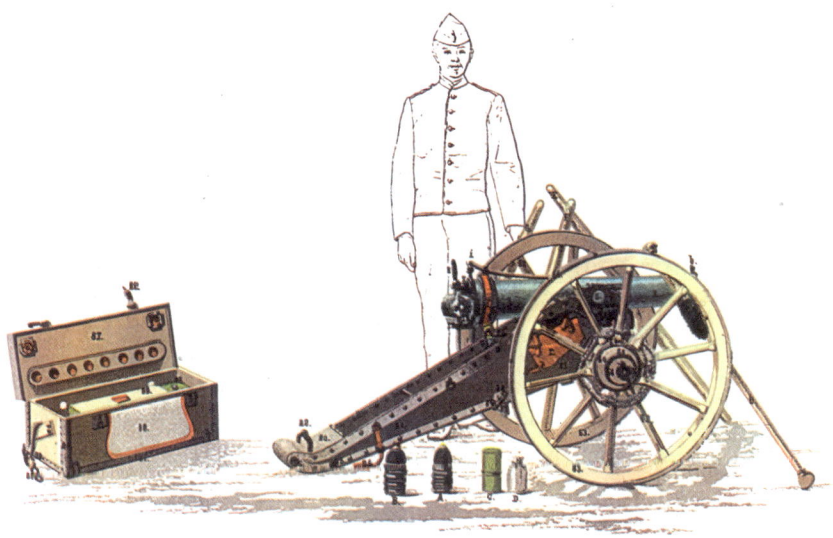

Figura 52. Cañón de acero 8 cm corto montado en cureña modelo 1874 y caja de municiones modelo 1874 (Govantes y Nieto, 1887: lámina 10).

Si nos atenemos a la descripción propiciada por la *Narración militar de la guerra carlista*, apunta que en la batalla de Abárzuza participaron un total de 70 piezas de artillería (por un lado, 2 baterías Plasencia de montaña, más otras 4 piezas Plasencia sueltas; y por otro, 12 baterías Krupp). En concreto el día 27 de junio de 1874, en el flanco derecho de la línea liberal, zona de nuestro estudio, la narración dice que los republicanos emplazaron en las eras de Abárzuza un muro de 30 cañones Krupp. Mientras que, a la salida del pueblo, contaban además con una batería Krupp y otra batería Plasencia. Por tanto, parece que más de la mitad de la artillería republicana arrojó sus fuegos sobre las zonas 2 y 3 de nuestra prospección. De manera que los fragmentos de granada de envuelta pesada modelo 1868 y las granadas de envuelta ligera 1873 que hemos documentado, provendrían de estos emplazamientos y de estas piezas de artillería.

Tras la batalla, las fuentes republicanas trataron de convencer a sus lectores de la gran masacre que las piezas de artillería habían causado a las fuerzas carlistas. Sin embargo, autores actuales como Vigón, nos hacen replantearnos esa cuestión. Argumenta que durante la batalla de Abárzuza, se puso de manifiesto la ineficacia de los cañones republicanos y sus granadas ordinarias. Según este autor, tras un cañoneo de tres días, no consiguieron producir más que una baja diaria por cada tres piezas de artillería. Esta información podría verse reforzada con la aportación de otra fuente carlista que asegura que a causa del fuego de artillería solo murieron siete personas (Llorens, 1874: 58). Ambas fuentes ponen en entredicho el poder destructor de las granadas ordinarias, que traería consigo el inicio de una investigación que terminaría en la creación de una nueva granada, llamada *de doble pared*. Pero esta se abandonó definitivamente por las dificultades de su fabricación (Vigón, 2014: 382). Lo cierto es, que la adopción de un nuevo sistema de trincheras, por parte carlista, conocido posteriormente como *trinchera carlista*, también ayudó a aumentar la ineficacia de las granadas de artillería, al proteger mejor a sus defensores. Esta se puso en práctica desde el contexto de la batalla de Somorrostro y fue mejorada incluso para la batalla de Abárzuza (Ruiz, 1876: 205).

5.5. Interpretación espacial de los hallazgos
Una vez finalizado el análisis general de los materiales armamentísticos, a continuación vamos a proceder a la interpretación espacial de los hallazgos de manera pormenorizada, a través de nuestras tres zonas de estudio.

Comprobaremos en este apartado que, tanto los mapas de dispersión de puntos, como la información proveniente de nuevos gráficos más detallados, van a ser fundamentales para la obtención de nueva información sobre la batalla de Abárzuza.

5.5.1. Zona 1: batería de Echávarri

Recordando algunos aspectos de la zona 1, no debemos de olvidar entre otras cosas que, al tener una superficie pequeña y sin apenas vegetación, se realizó una prospección de carácter intensivo. Gracias a esta labor se lograron recuperar un total de 41 elementos.

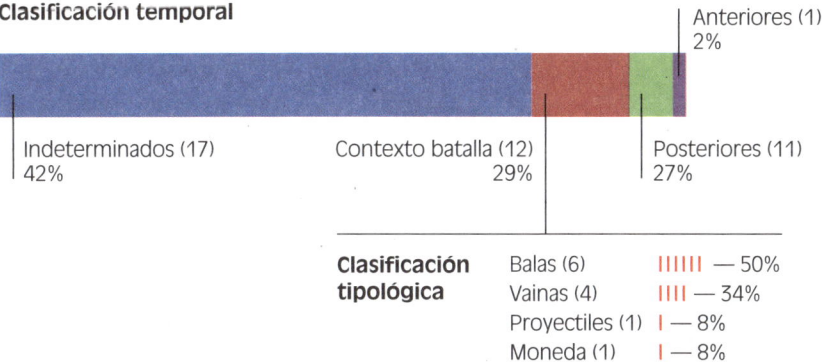

Clasificación temporal

Anteriores (1) 2%

Indeterminados (17) 42%

Contexto batalla (12) 29%

Posteriores (11) 27%

Clasificación tipológica

Balas (6)	‖‖‖	— 50%
Vainas (4)	‖‖	— 34%
Proyectiles (1)	‖	— 8%
Moneda (1)	‖	— 8%

Figura 53. Arriba, diagrama con la clasificación temporal del material total hallado; abajo, diagrama de la clasificación de los materiales asociados al contexto bélico.

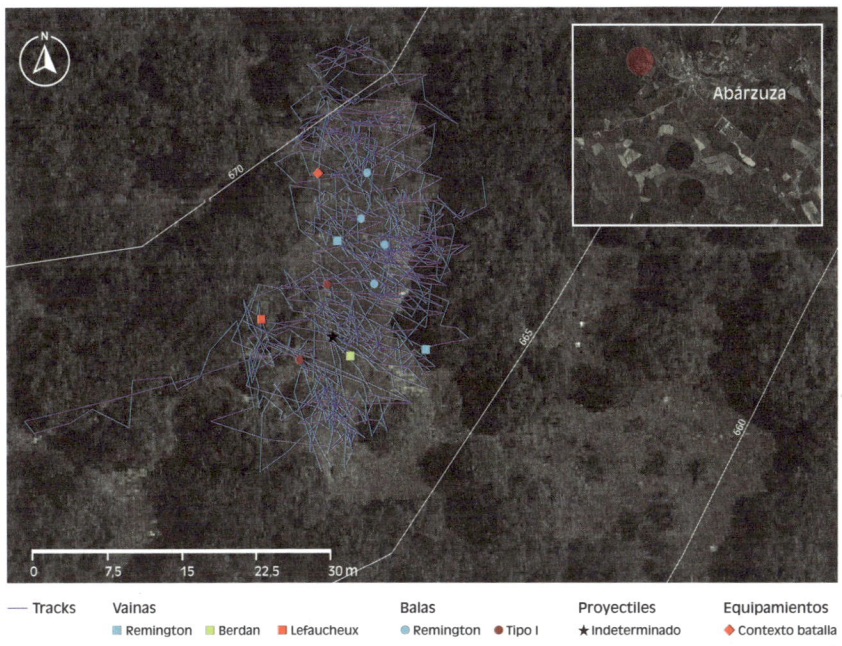

— Tracks	Vainas	Balas	Proyectiles	Equipamientos
	■ Remington ■ Berdan ■ Lefaucheux	● Remington ● Tipo I	★ Indeterminado	◆ Contexto batalla

Figura 54. Mapa de la dispersión de materiales asociados al contexto bélico de la zona 1.

En relación a los 12 elementos adscritos al contexto de la batalla (el 29% del material recuperado), no se halló ningún estopín de fricción o elemento similar relacionado con el cuerpo de artillería, que atestiguase el uso del emplazamiento durante la batalla por el bando carlista. Si anteriormente habíamos mencionado cómo las fuentes históricas citaban la localización de la 3.ª batería montada del ejército carlista, al mando de Francisco Javier Rodríguez Vera (Brea, 1897: 185-186); la prospección arqueológica desmiente al menos que se hubiera abierto fuego desde la batería. Esto no quiere decir que no llegasen a posicionar pieza alguna, pero de haberlo hecho, en ningún caso abrieron fuego. Esto tendría sentido, ya que el lugar no fue objeto de fuego por parte de la artillería liberal y justificaría el hallazgo aislado de un fragmento de granada.

No obstante, la ausencia de artillería, no significa que no se llegase a usar como posición para la infantería carlista. De hecho, entre el poco material relacionado con la cartuchería, se han encontrado un total de 4 vainas de diferentes tipologías (2 vainas Remington, 1 Berdan y 1 Lefaucheux). En concreto, la aparición de una vaina Lefaucheux con la inscripción *París*, permitiría relacionar el lugar con la cartuchería empleada por los carlistas. Ya que como venimos observando, son unas cuantas las que provienen del mismo destino.

La aparición de 6 balas de dos tipologías diferentes (cuatro Remington y dos tipo I), no nos ayuda a certificar quienes eran los agresores. Ya hemos dicho cómo ambas tropas emplearon el fusil Remington en la contienda. Pero las dos balas de procedencia desconocida (tipo I), posiblemente correspondan al bando carlista, al ser ellos quienes emplearon diferentes tipologías de cartuchos. Por tanto, ante la falta de más información, el apartado balístico no aporta mayor información en este punto.

En conclusión, los datos más significativos aportados en el estudio de la batería de Echávarri nos desvelan que, tras haber sido construida en el mes previo a la batalla por parte de las tropas carlistas, nunca se usó para abrir fuego contra las tropas republicanas. La poca actividad hallada en el lugar, tan solo nos evidencia el paso de un pequeño número de infantes, seguramente carlistas, que abrieron fuego desde el lugar. La cultura material hallada en la zona 1, refleja la casi nula importancia que tuvo en el contexto de la batalla. Tal vez esta sea una de las razones por las que las fuentes primarias apenas mencionaron el lugar.

5.5.2. Zona 2: ermita de Santa Bárbara de Abárzuza

En esta segunda zona, conseguimos realizar una prospección de carácter sistemática en tres sectores diferenciados, recuperando un total de 231 piezas y 2 granadas sin detonar.

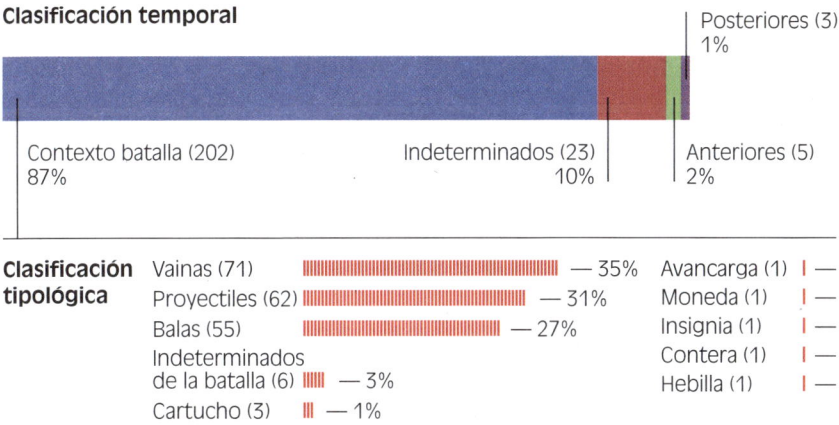

Clasificación temporal

Posteriores (3)
1%

Contexto batalla (202)
87%

Indeterminados (23)
10%

Anteriores (5)
2%

Clasificación tipológica

Vainas (71) — 35%
Proyectiles (62) — 31%
Balas (55) — 27%
Indeterminados de la batalla (6) — 3%
Cartucho (3) — 1%

Avancarga (1) | —
Moneda (1) | —
Insignia (1) | —
Contera (1) | —
Hebilla (1) | —

Figura 55. Arriba, diagrama con la clasificación temporal de todos los materiales hallados; abajo, diagrama con la clasificación de los materiales asociados al contexto bélico.

De las 233 piezas documentadas, 202 pertenecen al contexto de la batalla, un porcentaje muy elevado (87%), en comparación a la zona anterior. De la misma forma, se visualizan (figura 55) los tres grandes grupos mencionados antes (vainas, balas y proyectiles), copando el 93% del material relacionado del contexto de la batalla.

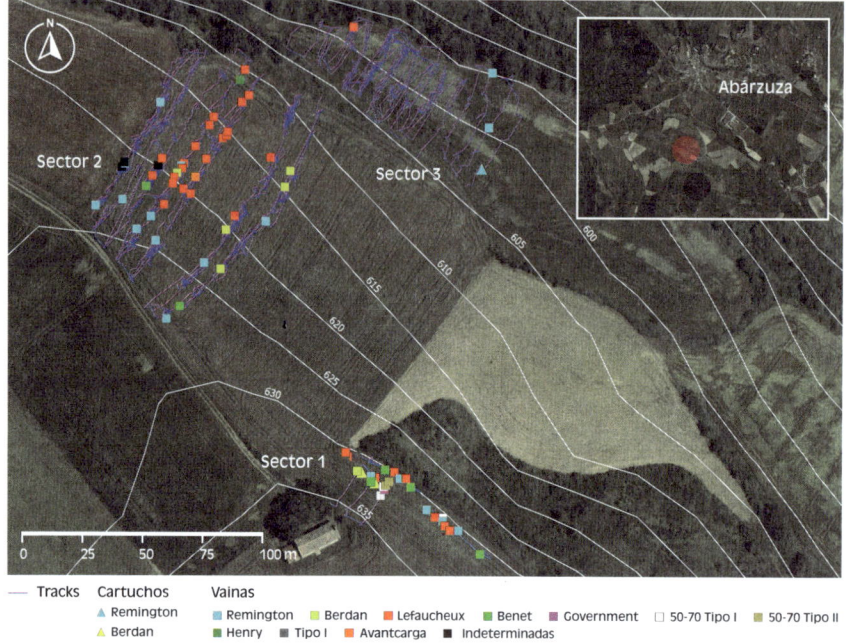

Figura 56. Mapa de la dispersión de vainas y cartuchos en la zona 2.

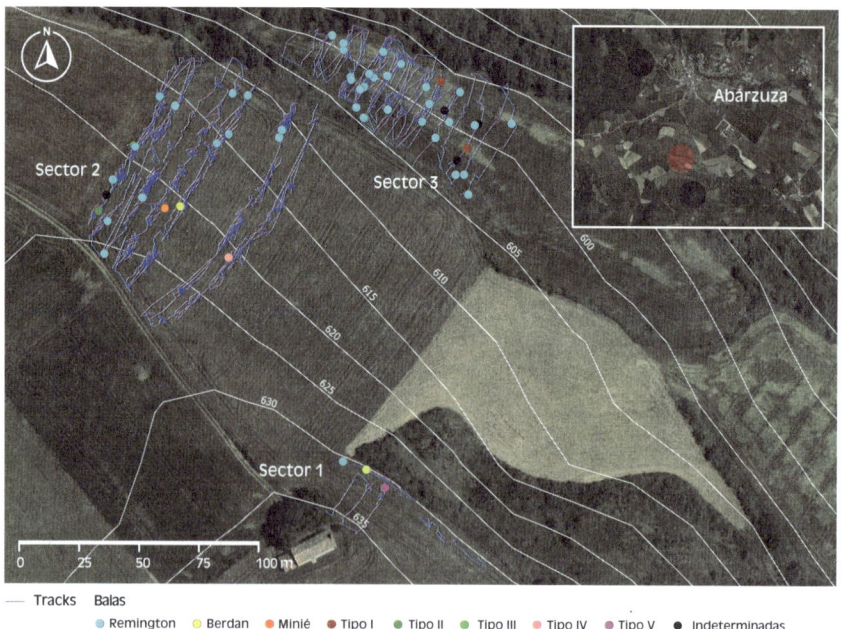

Figura 57. Mapa de la dispersión de balas en la zona 2.

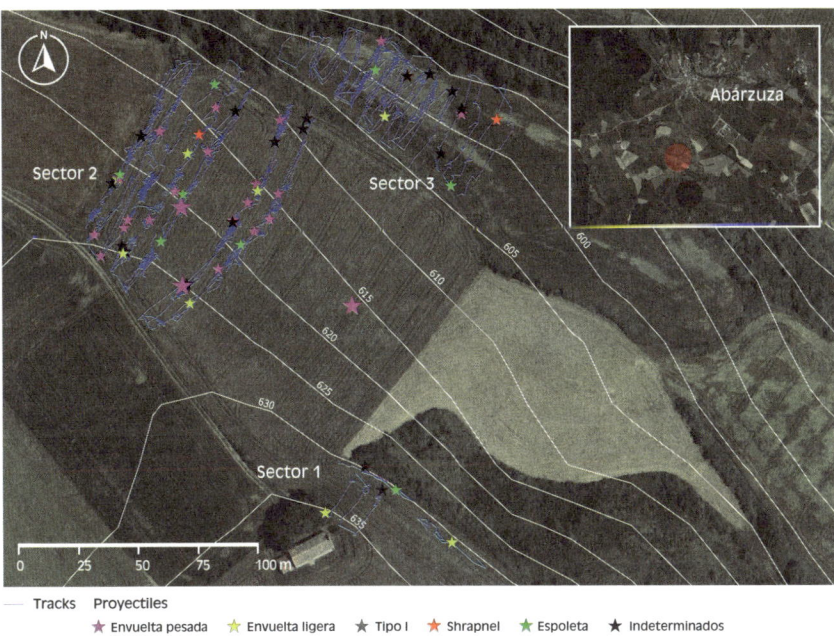

Figura 58. Mapa de la dispersión de elementos asociados a los proyectiles de artillería en la zona 2.

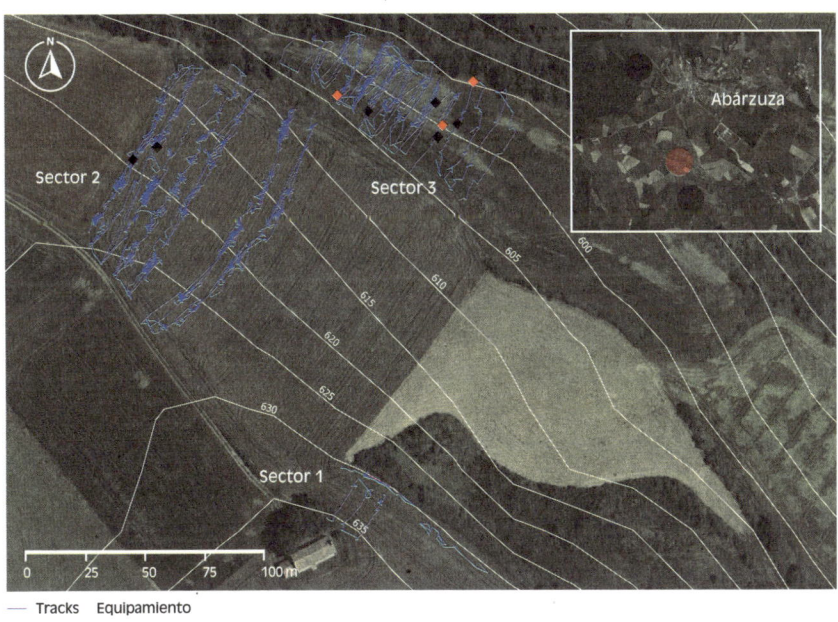

Figura 59. Mapa de la dispersión de elementos relacionados con la equipación del soldado y otros posibles en la zona 2.

Como se puede observar en las figuras (56, 57 y 58), existe una gran concentración de materiales, que se esparcen de forma más o menos homogénea a lo largo de la superficie prospectada. Esta dispersión queda reflejada mediante una línea azul que simboliza los transectos realizados. La homogeneización puede deberse a las labores agrícolas que, por el empleo de aperos como el arado, han podido ir esparciendo los materiales de su sitio de origen a las inmediaciones. Aunque ese daño es irreparable, creemos que esta diseminación no ha resultado tan drástica como se cree, al pensar que el desplazamiento de estos materiales ha sido mínimo, debido al pequeño tamaño de los materiales. Por este motivo, uno de los aspectos interesantes a comparar a partir de los mapas de dispersión de materiales, era las casuísticas de cada sector. Solo tras su análisis y evaluación, podría aceptarse la hipótesis de la baja movilidad de los materiales a causa de las labores agrícolas.

A continuación, pasaremos a la interpretación de los materiales divididos en cada uno de los tres sectores estudiados.

a. Sector 1
La concentración de vainas de las diferentes tipologías descritas anteriormente (entre las que destaca el porcentaje de munición 50-70), se produce en este sector. Existe un claro predominio de las vainas, en contraste con las 3 balas y los 5 fragmentos de proyectiles hallados. Por otro lado, conforme nos acercamos a la ermita de Santa Bárbara, desaparecen prácticamente los materiales relacionados con la contienda y aparecen aquellos objetos relacionados con la esporádica concentración de gente y la basura desechada por estos.

Por tanto, parece claro que nos encontramos ante una posición de infantería carlista, tal vez una trinchera, tanto por la diversidad como la proporción de vainas halladas. Al mismo tiempo, la aparición de tan solo 3 balas y de diferentes tipologías, nos hace creer que pueda tratarse de balas de cartuchos carlistas, que no se llegaron a emplear, en vez de pensar que fueron disparados por los republicanos contra esta posición. La razón fundamental es que en los restantes sectores el porcentaje de balas Remington es abrumador. También hay que añadir la escasez de fragmentos de proyectiles de artillería republicana, en comparación sobre todo con el sector 2.

Lo cual demostraría el menor interés que tuvo para los atacantes esta posición, con respecto a otros sectores del campo de batalla.

b. Sector 2

Al igual que en el sector anterior, la concentración de vainas es predominante. Destaca la poca presencia de las vainas 50-70, a diferencia del sector 1. Pero si se percibe el empleo de diversas tipologías que se hallan más o menos mezcladas en la zona estudiada. Hay una mayor presencia de vainas Lefaucheux que de otras tipologías y esta se concentra fundamentalmente en la zona media del sector. Aquí hemos podido documentar parte del abanico de marcajes adscritos a los Lefaucheux. Sin embargo, conforme nos acercamos a la zona norte del sector (colina abajo), disminuye la concentración de vainas. Se han recuperado muchas más balas que en el sector anterior, pero en este caso la gran mayoría son Remington. Todas ellas, aparecen repartidas más o menos de forma homogénea por la zona de estudio.

Es reseñable también, el gran porcentaje de fragmentos de granada, que se reparten de forma más o menos homogénea por las mismas áreas en donde han aparecido las vainas. Se han hallado, a priori, dos tipos diferentes del mismo calibre (la de envuelta pesada y la de envuelta ligera de 8 cm), con la salvedad de un único elemento que no corresponde con estas dos tipologías y que ha sido nombrada como tipo I (figura 50). Hemos marcado con una estrella más grande tres puntos que podemos apreciar en la figura 58, debido a la importancia que representan con respecto a otros hallazgos. Uno de ellos por aglutinar un total de 22 piezas de al menos 2 granadas; y los otros dos puntos, referenciando la localización de 2 granadas de artillería sin explosionar y que posteriormente fueron retirados por el Grupo de Especialistas en Desactivación de Explosivos (GEDEX) de la Guardia Civil. Ambas granadas se correspondían con la granada de envuelta pesada modelo 1868 para cañón de acero rayado Krupp de 8 cm.

También hemos recuperado algunos elementos indeterminados que han aparecido junto a los restos de la guerra, pero como se puede observar, representan un escaso porcentaje.

A modo de conclusión, parece que la aparición de un elevado porcentaje de fragmentos de granada, podría atestiguar la actividad enérgica de la artillería republicana contra una posición que, en vistas a la cantidad y diversidad de vainas de fusil halladas, corresponde con una zona de concentración de tropas carlistas. Las balas, sobre todo las de Remington, reflejan los disparos que las compañías republicanas efectuaron en el momento de la ascensión por la colina. Así mismo, la multitud de vainas Lefaucheux, acreditan la férrea defensa de tropas de infantería carlista en la línea del frente.

c. Sector 3
A diferencia de los otros dos sectores analizados, aquí el porcentaje de vainas desciende drásticamente, ya que solo se han recuperado tres vainas y un cartucho. Mientras, el hallazgo de balas asciende radicalmente, siendo todas ellas Remington, a excepción de unas pocas indeterminadas.

Al mismo tiempo, contamos con un porcentaje importante de fragmentos de granada que se extiende sobre todo por la zona más al norte (colina abajo). Aun así, la profusión de este elemento no llega a ser tan extensa como ha sido en el sector 2.

También es importante señalar la aparición de varios elementos atribuibles a la indumentaria del soldado, como es el caso de una contera de la funda de una bayoneta, una hebilla, o una insignia del cuerpo de ingenieros.

En resumen, la interpretación de este último sector permite alcanzar algunas conclusiones importantes. Por un lado, la falta de vainas afirma que no fue una posición que estuviera siendo defendida (tipo trinchera) por los carlistas. Esto no termina de aclarar a qué se debe la aparición de un porcentaje importante de granadas de artillería, o la llegada masiva de balas republicanas desde Abárzuza. Pero esto quizás puede explicarse mediante la aparición de dos elementos relacionados con la soldadesca, que podrían estar informando sobre la escenificación de choques cuerpo a cuerpo en el área. Si esto fuera así, podría argumentarse que los republicanos dispararon antes de producirse el golpe. Por otro lado, la dispersión de fragmentos de granada pudo deberse a una mala calibración del ángulo de disparo y que sus granadas fueran a parar a las inmediaciones de las posiciones carlistas. Sea como fuere, todas estas afirmaciones son conjeturas por el momento.

Concluimos afirmando que la zona 2 del estudio resulta ser la más interesante, por el número de artefactos hallados. Esto nos ayuda a un mayor acercamiento a la realidad del conflicto, que tal vez no ha quedado tan representada en los demás casos. A pesar de no haber estructuras constructivas relacionadas con el conflicto, se puede deducir, en base al porcentaje de vainas, que la zona norte de la ermita (sectores 1 y 2) fue fuertemente defendida por los carlistas. Estos portaron diferentes sistemas de fusil y fueron duramente castigados por el fuego de la artillería liberal. No puede decirse lo mismo del fuego de fusil republicano, que aparece en menor medida en esta zona, pero que está más representado en un posible campo abierto más al norte, reflejado en nuestro sector 3 de la zona 2.

5.5.3. Zona 3: despoblado de Alto Muru

En esta última zona de estudio, a diferencia de la zona anterior, se extrajo un total de 37 elementos, en un área complicada por la dispersión y densidad de la vegetación. Esto nos impidió realizar una prospección orgánica, como en el caso anterior y la prospección debió ser acotada a las zonas accesibles.

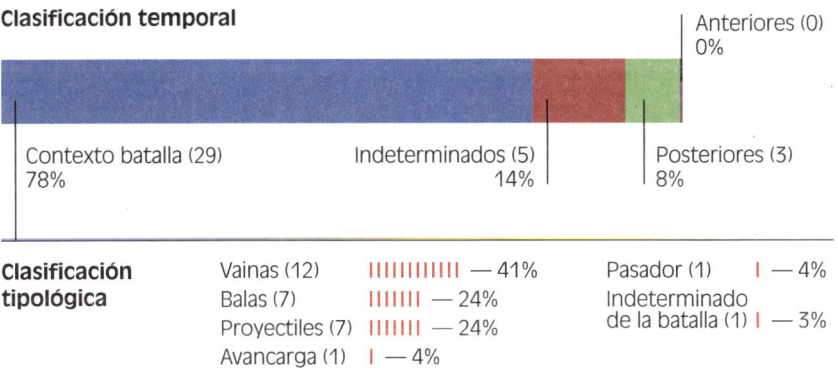

Figura 60. Arriba, diagrama con la clasificación temporal de todos los materiales hallados; abajo, diagrama con la clasificación tipológica sobre los materiales relacionados con el campo de batalla.

Siguiendo el hilo de lo sucedido en la zona 2, en la figura 60 vemos como el porcentaje de material del contexto de la batalla sigue siendo muy elevado (78%), aunque no tanto como en la zona anterior (87%). También podemos observar cómo siguen en cabeza los porcentajes de materiales asociados a los grupos de vainas, balas y proyectiles.

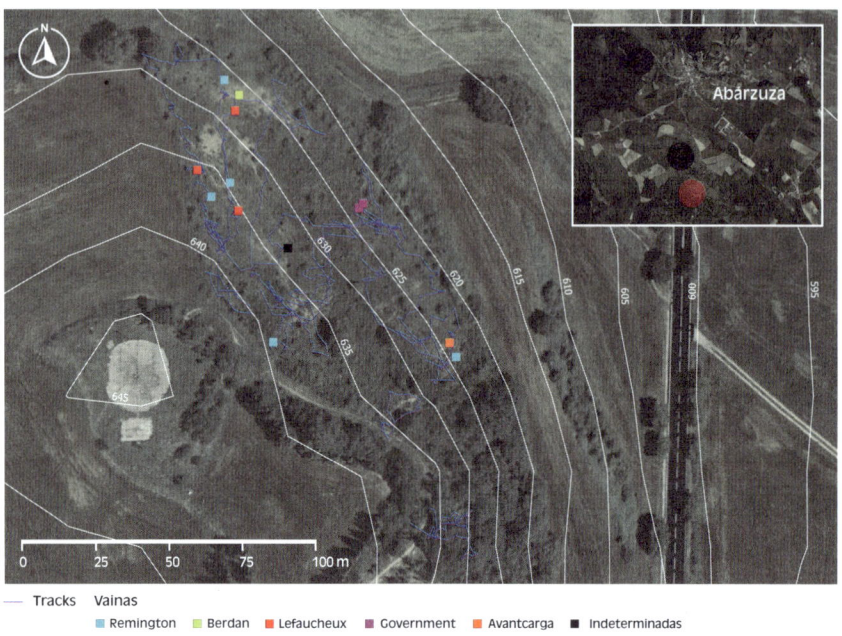

Figura 61. Mapa de la dispersión de vainas y fulminante de avancarga en la zona 3.

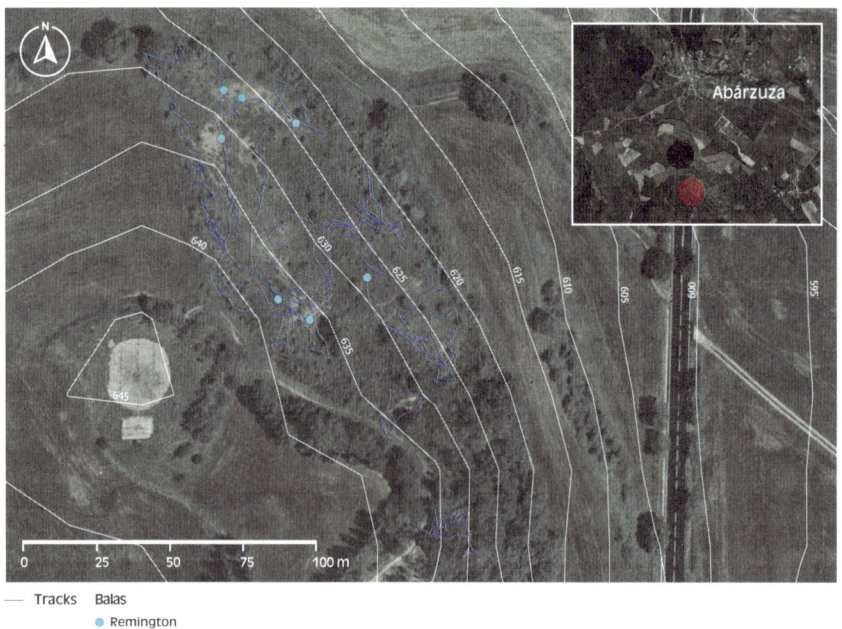

Figura 62. Mapa de la dispersión de balas en la zona 3.

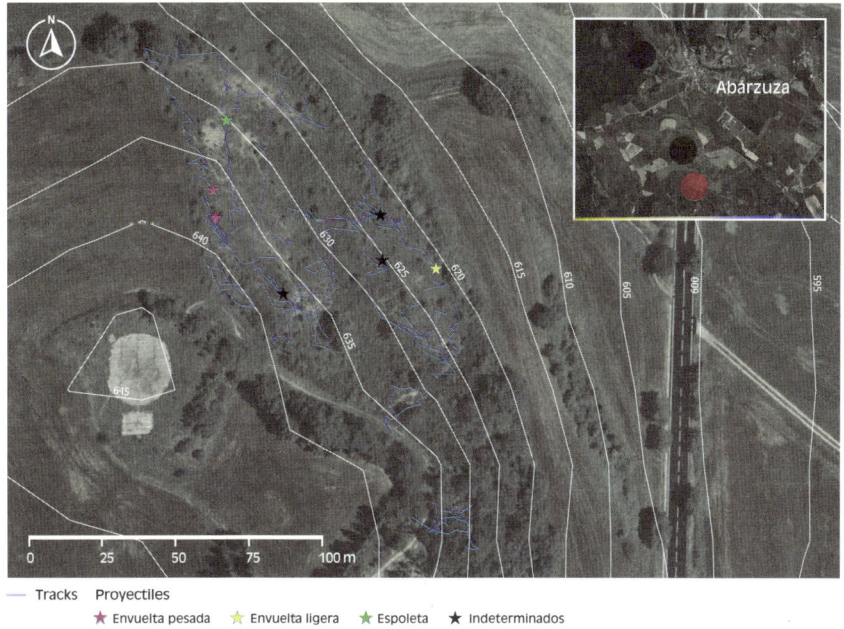

— Tracks   Proyectiles
★ Envuelta pesada   ☆ Envuelta ligera   ★ Espoleta   ★ Indeterminados

Figura 63. Mapa de la dispersión de fragmentos de proyectiles de artillería en la zona 3.

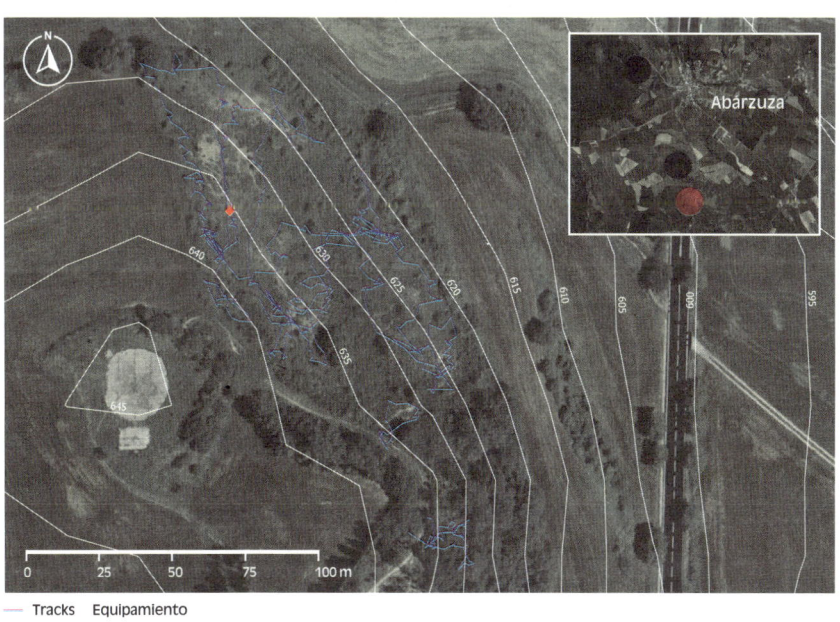

— Tracks   Equipamiento
◆ Contexto batalla

Figura 64. Mapa de la dispersión de elementos relacionados con la equipación del soldado en la zona 3.

En relación a las figuras anteriores, vemos cómo los materiales han aparecido de forma más o menos homogénea a lo largo de toda el área estudiada. Como en el caso anterior, abundan las vainas de cartucho. Las 12 que hemos llegado a identificar, corresponden con las diferentes tipologías halladas anteriormente. En cambio, la concentración de balas solo responde a la tipología Remington. Ésta sólo ha sido hallada en la parte media norte de la zona. En cuanto a la indumentaria se refiere, tenemos que hablar de la aparición de un pasador, como único elemento asociado. Finalmente, sobre la dispersión de fragmentos de proyectiles, los 7 fragmentos recuperados estaban repartidos en la misma área en el que aparecieron las vainas de fusilería.

En conclusión, hemos notado como el constante trabajo agrícola ha perjudicado en cierta manera el análisis de la dispersión de puntos. Ya que en general, vemos una diseminación homogénea en toda la superficie, lo que ha imposibilitado a nuestro juicio, localizar posibles líneas de defensa. Sin embargo, la variada tipología de vainas, una vez más, nos certifica la defensa carlista sobre el área. En este aspecto, es importante señalar que, la aparición de 3 vainas Lefaucheux del calibre 24 (todas bastante cerca) podrían evidenciar la posición de un único tirador con munición de ese calibre.

En cuanto a las balas Remington, todas ellas fueron disparadas por el bando republicano contra las posiciones carlistas. Igualmente, los proyectiles de granada fueron orientados hacia donde se hallaban las vainas carlistas. Aquí la concentración de estos últimos no fue tan significativa como lo había sido en la zona 2.

6. La evolución tecnológica como base del fracaso del nuevo alzamiento carlista

La conocida como guerra de los siete años o primera guerra carlista, fue el enfrentamiento fratricida entre dos ejércitos españoles en el que el bando cristino o liberal salió victorioso, no sin haber sufrido diversas dificultades durante la guerra. A pesar de que hubo diferentes causas que favorecieron la victoria liberal, como pudo ser la cuádruple alianza a favor de los cristinos, en un comienzo la tecnología militar que compartían ambos ejércitos fue similar. Sin embargo, en las siguientes líneas analizaremos cómo el desarrollo industrial fue un obstáculo para la posible victoria carlista en el nuevo alzamiento de 1872. Para corroborar nuestra hipótesis, abordaremos el estudio del desarrollo de la red de comunicaciones en España y las innovaciones articuladas en el campo militar[78].

6.1. El desarrollo de la red de comunicaciones

El tardío y lento proceso industrial que comenzó a desarrollarse en España, sobre todo entre 1840 y 1880, vino promovido por la modernización de la red de transporte, que ayudó al desarrollo o a la aparición de nuevas vías de comunicación como la red de carreteras, el barco de vapor, el ferrocarril, o el telégrafo (tanto óptico como eléctrico). De estos sistemas de comunicación, fueron los tres últimos los que contribuyeron de forma más decisiva en la evolución de la guerra (Ruiz, 1876: 102). Pero, en vista de que en Navarra el desarrollo de los buques de guerra no tuvo especial relevancia, a continuación nos centraremos en analizar las afecciones que causaron tanto la existencia de una red de ferrocarril, como una de telegrafía, en los entresijos de la guerra.

6.1.1. La red ferroviaria

En 1855 se publicó la *Ley General de Caminos de Hierro* (Martinena, 1976: 3-4) bajo mandato del gobierno progresista, que ayudó a impulsar la construcción de una red de ferrocarriles a nivel nacional (Eiroa, 2004: 361). Ésta, comenzaba desde Madrid, al ser el epicentro del nuevo estado central que estaba construyendo el estado liberal. Durante los siguientes años, España se vio surcada por una infinidad de líneas de ferrocarril pertenecientes a diferentes compañías, que terminaron por generar un importante primer tejido ferroviario nacional para 1866 (figura 65), momento en que se inicia una crisis financiera internacional, que propinó la paralización de su crecimiento hasta después de la segunda guerra carlista (Tortella y Núñez, 2011:166-168).

Dentro de nuestro marco geográfico de estudio, en 1857 Isabel II aprobó el proyecto de la construcción de una línea de ferrocarril que uniese Zaragoza con Pamplona. Tras otorgase las licencias, en 1859 se constituyó la Compañía del Ferrocarril de Zaragoza a Pamplona (Z.P.), iniciándose la construcción de la línea en diciembre de ese mismo año y extendiéndose hasta septiembre de 1861 (Martinena, 1998: 8-11). Posteriormente, se construyó un nuevo ramal por la Barranca hasta Alsasua, entre 1862 y 1865, que comunicase con la línea del norte, Madrid-Irún (Martinena, 1998: 14).

La llegada del ferrocarril a Navarra ayudó a la modernización de su infraestructura, logrando reducir tiempos y costes en el traslado de gentes y suministros. Algo que no pasaría inadvertido para ambos bandos en cuanto a las posibilidades que ofrecía para el control del territorio durante la guerra, ya que facilitaba el traslado de tropas y suministros para las campañas militares. Los carlistas, anteponiéndose al empleo de la línea por parte del gobierno gubernamental, tanto en el levantamiento de abril de 1872, como el de finales de ese mismo año, recurrieron pronto a los trabajos de sabotaje del tejido ferroviario. Destacan de fechas tempranas los ataques tanto del 28 de abril de 1872 a la línea de Irurzun, como el del 3 de enero de 1873 a la estación de Campanas y de Noáin (Pardo, 2013: 22).

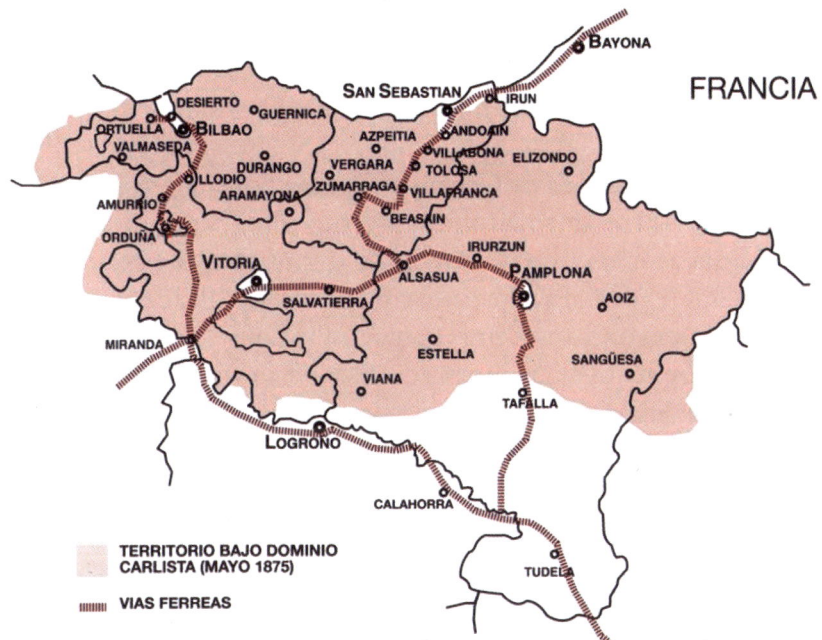

Figura 65. Tramo de las vías férreas en el País Vasco y Navarra durante la segunda guerra carlista (Pardo, 2013: 17).

Estos altercados trajeron la suspensión del tráfico entre Tafalla y Alsasua. Los posteriores ataques en otros puntos, lograron que desde 1874 hasta prácticamente el fin de la guerra, el tren solo funcionase entre Tafalla y Cortes (Martinena, 1998: 16). De forma significativa, el tramo Tafalla-Castejón se empleó tan sólo para uso militar (Pardo, 2013: 27).

Estos sabotajes fueron esenciales para que la ventaja del ferrocarril en manos de los liberales se viera reducida. Sin embargo, los carlistas eran conscientes de que la interrupción del servicio no era para ellos lo más beneficioso, ni tampoco para la compañía del ferrocarril. Por ese motivo iniciaron conversaciones entre ambos, para lograr el restablecimiento del servicio, a cambio de la prohibición de su uso para fines militares. De estas conversaciones se llegó a firmar un acuerdo por ambas partes el 14 de junio de 1873, en el que se garantizaría el fin de los sabotajes, a cambio de la neutralidad de la línea. Sin embargo, los intereses del gobierno rompieron el acuerdo, ya que su uso para fines militares resultaba algo prioritario y ventajoso (Pardo, 2013: 27-28).

Ante la imposibilidad de restablecer la línea del ferrocarril de forma neutral con el resto del país, los carlistas iniciaron en 1874 labores de reparación de la línea bajo el territorio que controlaban. El objetivo era volver a poner en marcha el ferrocarril con sus medios para ofrecer su servicio tanto a la población como, sobre todo, al ejército carlista. Entre mayo de 1875 hasta finales del conflicto, los carlistas recuperaron un tramo de 91 km entre las poblaciones de Andoáin (Gipuzkoa) y Salvatierra (Álava) (Pardo, 2013: 29-32). Esto demuestra el enorme interés que suponía este medio de comunicación para los avatares de la guerra.

Al inicio de este libro, hemos podido analizar cómo durante las primeras etapas de la guerra fueron las estaciones de ferrocarril, junto con algunos pueblos, los primeros en ser fortificados por las tropas gubernamentales. Esto subraya la importancia que desempeñaban estos puntos para el control provincial. No obstante, el incansable esfuerzo saboteador carlista logró desarticular parte de la red ferroviaria en Navarra, dilatando la guerra durante más tiempo, al causar retrasos importantísimos en el traslado de tropas y suministros al teatro de operaciones. Por ese motivo, uno de los objetivos prioritarios del gobierno fue defender a toda costa las posiciones cercanas a la vía del tren, para poder establecer o mantener las comunicaciones.

6.1.2. El telégrafo óptico y eléctrico

Durante la primera mitad del siglo XIX, se realizaron diferentes intentos para crear una red de telegrafía óptica en España, con sistemas como el de Betancourt o Lerena, aunque no tuvieron mucho éxito (Olivé, 1990: 37). Sin embargo, dentro del contexto de la primera guerra carlista, el ejército cristino mostró interés en las ventajas que podría darle dicha tecnología, e impulsaron bajo órdenes del director de telégrafos del ejército de operaciones del norte, Manuel Santa Cruz, dos líneas estables de comunicaciones en 1836 desde Logroño. La primera partía hacia Vitoria, mientras que la segunda se dirigía a Pamplona. En ambas líneas se necesitaron construir un total de 16 torres fortificadas y guarnecidas para garantizar la comunicación. El trazado de ambas líneas generaba un semicírculo alrededor de Estella, por entonces epicentro carlista y en donde creían que finalizaría la guerra tras ser sometida (Olivé, 1990: 33-34). No dudamos del papel importante que desencadenó esta tecnología como medio de comunicación entre los diferentes cuerpos del ejército. Sin embargo, una vez finalizada la guerra en Navarra en 1839, se abandonaron por completo, quedando inservibles para la siguiente guerra civil (Olivé, 1990: 36).

Tras la guerra, dentro del contexto de la década moderada (1844-1854), el gobierno incentivó la construcción de una primera red de telegrafía óptica, en tiempos en que la eléctrica ya comenzaba a sustituirla en Europa. La óptica en España, hoy catalogada como de *transición*, estuvo en servicio durante pocos años, una vez que la telegrafía eléctrica entrase en servicio en 1855, durante el bienio progresista (1854-1856). En tan solo dos años, se construyó una primera red, que sustituyó por completo en el norte a la óptica. Esto acarreó que las torres de telegrafía óptica quedasen fuera de servicio (Olivé, 1990: 66-67). Sin embargo, a pesar de que la telegrafía eléctrica representaba una mejora sustancial respecto a la óptica, una vez iniciada la segunda guerra carlista, se comprobó que los sabotajes a la red la hacían mucho más vulnerable que la óptica, ya que tan solo bastaba con cortar el cableado que generalmente viajaba en postes de madera junto al tendido ferroviario (Cruz et al, 2014: 20). Como imaginamos, los carlistas destrozaron al iniciar la guerra las líneas de comunicación y esto supuso que el ejército volviera a hacer uso de la telegrafía óptica, al igual que se empleó en otros ejércitos en guerras como la de Crimea, Secesión o la Franco-Prusiana (Olivé, 1990: 97), o en posteriores como en la guerra de Cuba (1868-78, 1879-1880 y 1895-1898), y la guerra de Marruecos (1909-1925)[79].

Llegados a 1874, el general republicano Manuel Gutiérrez de la Concha, mandó levantar una línea de telegrafía óptica, que recuerda a la construida durante la primera guerra carlista, al recorrer un trazado similar, pero esta vez con nuevos ramales. Dos líneas partían desde Logroño, una iba a Laguardia y otra hasta Vitoria. En Navarra, desde Tafalla (cuartel general del ejército liberal en esta provincia) nacía una línea que discurría hasta las inmediaciones del frente de guerra, hasta el fuerte de Alfonso XII en Monte Esquinza y otra hasta Pamplona (Olivé, 1990: 99). Los comunicados de guerra entre estos puntos se realizaba bajo la telegrafía óptica, pero lejos ya de las posiciones del frente, la transmisión se hacía mediante la telegrafía eléctrica (Cuerpo de Estado Mayor del Ejército, IV, 1885: 36) al ser lugares en donde las posibilidades de sabotajes carlistas eran escasas.

El bando carlista, por su parte, también desarrolló su propia red de comunicaciones. Esto nos hace ver la importancia que por entonces tenía estar informado de los movimientos enemigos y poder atajarlos a tiempo. Como en el caso liberal, los carlistas desde muy temprano en Gipuzkoa construyeron una primera línea de telegrafía óptica a finales de 1873, con un total de 12 estaciones, por orden del comandante general de Guipúzcoa, el general Lizarraga. Al mismo tiempo, el director general de telégrafos de Guipúzcoa, José de Ariztigui, establecía una primera línea de telegrafía eléctrica entre Azpeitia y Vergara. Con el tiempo esta línea eléctrica continuó en uso bajo la denominación de *líneas telegráficas del Norte*, tanto por Navarra como por Álava (Cerrato, 2012: 4-5). Además de las líneas de telegrafía óptica anteriormente mencionadas, los carlistas siguieron construyendo una nueva línea en Álava entre Aramayona y Murguía, con un total de 14 estaciones (*La Ilustración Española y Americana*, 30/09/1874).

6.2. Las innovaciones en el armamento

A lo largo del siglo XIX la sucesión de diferentes conflictos en el contexto del desarrollo industrial de las potencias europeas y americanas, propició un progreso industrial armamentístico sin precedentes. En el poco tiempo comprendido entre el fin de las guerras napoleónicas en 1815 y la década de los años 70, la evolución de la letalidad de las armas de fuego fue mucho mayor que la desarrollada en el transcurso de los 200 años anteriores (Saunders, 2010: 12). Por tanto, el constante desarrollo llevado a cabo durante este siglo propició que el carácter de los enfrentamientos de la primera y segunda guerra carlista fueran a nivel tecnológico totalmente dispares. A ello hay que sumarle que al menos hasta la primera mitad de la segunda guerra, el ejército carlista no dispuso de la mejor tecnología militar, a diferencia del ejército gubernamental. Esto favoreció la victoria del bando liberal a lo largo de la guerra.

En los próximos párrafos analizaremos los resultados de los desarrollos tanto en las armas de infantería, como de artillería y dedicaremos un último punto a los avances en la fortificación, como escudo natural de los dos anteriores.

6.2.1. Las armas portátiles

En España, el siglo XIX puede definirse como un período de constantes guerras. Comienza con la guerra de independencia (1808-1814) y le siguen la guerra realista (1822-1823), la primera guerra carlista (1833-1840), la guerra de los *matiners* (1846-1849) y la segunda guerra carlista (1872-1876); por no hablar de los diferentes enfrentamientos que se produjeron en las antiguas colonias, u otros alzamientos reivindicativos en España. Este contexto de cambios, unidos al proceso industrial, trajeron que desde el primer tercio de siglo comenzasen a aparecer intereses comerciales a nivel mundial en el desarrollo de nuevas armas y patentes que pudieran ser vendidos a los diferentes ejércitos. Los nuevos cambios demostraron ser vitales en la supremacía de un ejército respecto a otro y será esta una de las razones principales de que todos los ejércitos europeos y el estadounidense comenzasen a lo largo del siglo XIX una constante lucha por lograr armas más letales capaces de imponerse sobre sus adversarios (Saunders, 2010: 13).

Hasta la primera guerra carlista, las armas empleadas en España por la infantería podían reducirse al mosquete. Es decir, un arma portátil de cañón de ánima lisa, que funcionaba mediante el empleo de una llave de chispa, un pedernal y balas esféricas de plomo. Este mecanismo, aunque con algunos cambios, apenas había variado en los últimos 200 años, por lo que durante la primera guerra carlista, puede decirse que ambos contrincantes combatieron con una tecnología militar similar, por lo que las probabilidades de éxito en ambos bandos se encontraban equilibradas en este terreno.

Un tema importante de abordar es el origen de sus proyectiles. Las balas esféricas de plomo, por su simplicidad y facilidad de fabricación, podían ser realizadas por los propios soldados. Esto explica el éxito que tuvieron las diferentes expediciones carlistas por todo el país durante la primera guerra, dado que era fácil encontrar plomo y pólvora fuera de su territorio en casi cualquier sitio (Ruiz, 1876: 212).

Una vez finalizada esta guerra civil, en las próximas décadas hasta la segunda guerra carlista, se sucedieron importantes cambios en las armas portátiles. La aparición del estriado o rayado del ánima del cañón en la década de 1850, produjo una mejora en la precisión y distancia de la bala, al salir propulsado con giro centrífugo. También en esta época tenemos la aparición del método de disparo mediante percusión, frente al de chispa que venía siendo habitual desde el siglo XVII (Sánchez Gómez, 1991: 138). Estos nuevos adelantos y otros coincidieron con el desarrollo del cartucho. Se sustituyó la bala esférica por la ojival y la aparición del sistema de retrocarga facilitó la confección de cartuchos metálicos (Palacio, 2016: 232-233).

Estos importantísimos avances ampliaron la precisión, alcance y letalidad de las armas, cambiando por completo las formas tradicionales que se tenía de hacer la guerra, por la necesidad de cubrirse de los disparos en campo abierto. Si en época napoleónica un mosquetero podía matar con cierta precisión a una distancia de 100 metros y tener una cadencia de disparo de una a dos balas por minuto, en tiempos de la guerra franco-prusiana (1870-1871) el rango de alcance se había incrementado hasta los casi 1.000 metros, con una cadencia de disparo de hasta nueve por minuto (Saunders, 2010: 12; Palacio, 2017b: 88). Por tanto, la formación de fila estrecha en campo de batalla y descargas simultáneas de tiempos de las guerras napoleónicas, fueron evolucionando en favor de la protección de la infantería. Por ese motivo, ya durante la guerra de Crimea y la guerra civil americana, encontramos importantes avances dentro de la fortificación de campaña, como va a ser el perfeccionamiento de las trincheras, para frenar el acoso, cada vez mayor, de los disparos de las armas portátiles y la artillería (Torner, 1898: 96-98).

Llegados al contexto de la segunda guerra carlista, ya hemos mencionado cómo el ejército de la nación comenzó combatiendo con los fusiles de sistema Berdan y Remington. Este último sistema fue el aprobado en 1871 por Real Orden para el cuerpo de infantería, pero en la práctica, sólo una parte del ejército pudo hacerse con esta arma, ya que la producción de la fábrica de Oviedo y las importaciones de Estados Unidos no llegaban a cubrir la demanda del ejército. Habría que esperar hasta la Real Orden del 26 de enero de 1875 para ver finalmente a todo el ejército utilizar esta arma, ya que la orden obligaba a la inmediata sustitución de cualquier otro modelo (Palacio, 2016: 213). De modo que al iniciarse la guerra, a pesar de los intentos por parte del ejército liberal de generalizar el empleo del fusil Remington en sus tropas, este proceso no fue inmediato, pero sí constante. En este sentido, las balas, principalmente Remington, identificadas en la prospección de la batalla de Abárzuza, corroboran este proceso de homogeneización de los fusiles empleados por las tropas liberales. Esto supuso la entrega de las armas del sistema Berdan a tropas voluntarias, como fueron las contrapartidas compuestas de fuerzas locales irregulares (Palacio, 2017b: 88-89).

Por su parte, el ejército carlista comenzó la guerra con una amplia variedad de bocas de fuego ante la escasez de dinero y medios. También se hicieron con algunos lotes de fusil Remington empleados por las tropas liberales y en vistas a que era una de las mejores armas del momento, intentaron acceder al mercado para abastecerse con ellas. El problema vino cuando no encontraron medios para adquirirlas, ya que en Europa solo las empleaba el ejército español que, lógicamente, no iban a venderles parte de la producción que se estaba fabricando en España, tras haber adquirido la patente de la casa Americana *E. Remington and Sons*. Tampoco fue posible la adquisición de fusiles a través de Estados Unidos, al no simpatizar este país con la causa carlista (De Aguinaga, 2019: 158-159). Por lo que, ante estas adversidades, comenzaron a equiparse con diferentes armas, algunas de ellas ya obsoletas, o con muchísimas menos prestaciones que las Remington, como hemos podido documentar a través de las vainas carlistas de la batalla de Abárzuza. Esto les llevó al empleo de armas de uso personal, robadas al ejército gubernamental, compradas en el extranjero (sobre todo a países como Francia, Inglaterra o Bélgica)[80] (De Aguinaga, 2019: Intro) y a partir de 1873 a fabricarlas en sus factorías[81].

Mediante estos procedimientos lograron, a partir de 1873, armar a un maltrecho ejército de guerrillas. Comenzaron la guerra luchando con armas obsoletas y de avancarga como el mosquetón rayado modelo 1857, la carabina rayada 1857 y el fusil rayado modelo 1859 (De Aguinaga, 2019: 48-49), que eran armas oficiales del ejército antes de la llegada del fusil Berdan modelo 1867. Prueba de ello, tenemos dos cápsulas de avancarga documentadas en las posiciones carlistas del campo de batalla.

En Francia encontraron un mercado barato y con muchas posibilidades, debido a los excedentes de armas procedentes de la guerra franco-prusiana, las cuales, a pesar de no estar a la altura del Remington, siempre fueron mejor opción que las de avancarga. De estas negociaciones los carlistas adquirieron principalmente tres modelos de fusiles: en primer lugar, el fusil de cerrojo Chassepot modelo 1866 de fabricación francesa (De Aguinaga, 2019: 54), que había sido el arma reglamentaria del ejército francés. Sin embargo, la imposibilidad de dotar a todo su ejército con ese arma, les llevó a comprar a los ingleses fusiles de avancarga Enfield modelo 1853 reconvertidos a retrocarga mediante el sistema Snider al iniciarse la guerra, ya que Inglaterra reemplazó en 1871 este fusil por el Martini-Henry y los Snider se hallaban en la reserva (De Aguinaga, 2019: 240-242). Finalmente, también emplearon fusiles Springfield modelo 1866 (Hernando, 1877: 202), igualmente conocidos como Berdan reformados[82]. Estos habían quedado en la reserva americana en 1869 tras la guerra de secesión y fueron comprados a su vez por agentes franceses para el empleo durante la guerra. En relación a este último modelo, en el estudio del campo de batalla de Abárzuza, hallamos un total de 14 vainas de munición 50-70 empleadas para el fusil Springfield. Una cantidad de vainas que ascendía al 15% de la suma total.

En el caso concreto de Navarra, la Real Junta Gubernativa[83] realizó la compra en el extranjero de un lote de fusiles de avancarga Lorenz reformados al sistema de retrocarga Wänzl procedentes de Austria, para armar a algunas compañías de los batallones navarros. Hay que destacar que, lejos de existir una centralización, cada provincia carlista se encargaba de la adquisición y suministro de sus batallones[84].

Como hemos mencionado, al iniciarse el alzamiento, ante la imposibilidad de adquirir los carlistas fusiles Remington, comenzaron a idear una solución alternativa para la escasez de armas. Una vez ocupadas las primeras fábricas armamentísticas en 1873, que hasta entonces suministraban al ejército de la nación, los carlistas comenzaron a fabricar carabinas giratorias o Ibarra en la factoría de *La Euskalduna*, ya que resultaban más fáciles de fabricar que los Remington. Mediante un proceso atribuido a José Leopoldo Ibarra Cortázar, director de esta fábrica, pudieron emplear para esta arma munición Lefaucheux del calibre 16 y 24, que agentes carlistas compraban en Francia (De Aguinaga, 2019: 158-161) y que así hemos podido constatar en Abárzuza, al hallar un total de seis vainas que llevaban en su marcaje inscrito *París*, como lugar de procedencia. Miguel Dorronsoro y Ceberio, a la cabeza de la Diputación Foral Carlista de Guipúzcoa, se ocupó activamente en la búsqueda de armamento para el ejército (Garmendia, 1994: 73), prefiriendo la cantidad antes que la calidad y fue uno de los responsables del inicio de la fabricación de estas carabinas giratorias[85]. No obstante, esto no impidió el inicio de la fabricación de fusiles Remington en las fábricas de Éibar, Ermúa y Plasencia (Brea, 1897: 36).

A partir de los diversos enfrentamientos y victorias que los carlistas comenzaron a conseguir desde 1873, capturaron importantes lotes tanto de fusiles Berdan como de Remington. Esto supuso el comienzo de la fabricación de munición y recargas para estas bocas en sus factorías. Aquí podemos destacar el caso de la fábrica *La Azpeitiana*, la cual se ocupó entre otros menesteres de la construcción de cartuchos Remington, Berdan o Berdan Reformado, como la munición 50-70 Government empleado por los fusiles Springfield con llave Allin (De Aguinaga, 2019: 295-296). Esto demuestra nuevamente la necesidad del empleo de toda arma disponible y por tanto la diversidad de municiones.

En último lugar, quedarían los revólveres empleados por oficiales y ciertos cuerpos del ejército, fabricados con anterioridad a la contienda, como son el revolver Lefaucheux modelo 1854 (Calvo, 2014: 66), modelo 1858 (Calvo, 2014: 65), modelo 1863 (Calvo, 2014: 67), o el revólver Kerr modelo 1862 y 1864, destinado a la marina española, pero también usado por los carlistas (Alcalá, 2004: 222). A este respecto, de entre las diversas balas documentadas en Abárzuza, destacamos aquí lo que creemos haber identificado como una vaina Henry para revolver *Smith and Wesson*, autorizado para oficiales liberales en 1873. Por lo que como podemos ver, es muy probable que se llegaran a emplear otros revólveres que en la actualidad desconocemos.

A raíz del desarrollo militar en las armas portátiles llevado a cabo desde mediados del siglo XIX a nivel mundial, se transformó por completo el arte de hacer la guerra. La tecnificación alcanzada en cuestión de unas décadas produjo un salto cualitativo sin precedentes, convirtiéndose en armas mucho más letales, hasta el punto de modificar la forma de combate. Esto no solo supuso una mayor tecnificación del arma y su mayor encarecimiento, sino también la creación de una munición más compleja cuyo consumo creció de forma exponencial con el nuevo armamento. De este modo, el coste económico de un enfrentamiento aumentó en comparación con uno de inicios de siglo. Estos cambios perjudicaron gravemente a los carlistas, que se vieron obligados a impulsar políticas de consumo.

Al comparar ambas guerras civiles (la primera y segunda guerra carlista), hemos dicho que la tecnología militar empleada por ambos bandos durante la primera fue análoga, al compartir armas portátiles de avancarga. Está más que demostrado cómo la sencillez del armamento durante la primera guerra proporcionaba a los diferentes cuerpos la movilidad e independencia necesaria para realizar expediciones militares por la geografía española, como por ejemplo la realizada por el general Gómez en 1836, que la inició sin apenas contar con municiones, pero sabiendo que tanto la pólvora como el plomo eran elementos fácilmente adquiribles (Garmendia, 1994: 73). Esto en cambio resultaría del todo imposible durante la segunda guerra carlista. La aparición de armas con una mayor cadencia de disparo[86] supuso un grave contratiempo para el bando carlista, debido a la ingente cantidad de munición que tenían que transportar para poder mantener enfrentamientos armados equitativos, en los que sufrían terribles problemas de abastecimiento, lo que provocaba en muchos casos la retirada anticipada de las fuerzas en combate, ante la falta de munición. El aumento de la cadencia de las armas no solo iba unida a la necesidad de emplear mayores cantidades de munición, sino que además, debían de contar con el transporte necesario para poder llegar a los diferentes puntos de combate, en una geografía accidentada y en donde todavía se empleaba la tracción animal como medio de transporte. Esto suponía una ralentización del abastecimiento en muchos casos y la falta de suministros en otros, por la necesidad de un número cada vez mayor de mulas o caballos de tiro. Unido a lo anterior, desde la aparición del sistema de retrocarga y el cartucho metálico, la producción ya no podía ser elaborada por el propio soldado, sino que ésta dependía ahora de las fábricas. Esta circunstancia imposibilitó al ejército carlista un avance lejos de sus puntos de abastecimiento, ante la posibilidad de quedarse sin municiones. Además, se sumaba la problemática de la diversidad de modelos de armas con las que combatían los carlistas, cuyas municiones no podían ser compartidas entre los diferentes tipos de fusil. Esto suponía un enorme problema tanto para la planificación fabril del abastecimiento de las diferentes tipologías, como para el reparto en batalla, lo cual nos ayuda a visualizar los problemas que pudieron albergar los carlistas en Abárzuza, al haber documentado un total de 10 tipologías de vainas, al menos para 7 armas diferentes (figura 38).

Estos constantes percances en el suministro provenientes de una falta de capital, escasez de mano de obra especializada y tejido industrial, comparable a la situación vivida por el ejército confederado durante la guerra de secesión, trajo consigo una política de economizar cartuchos empleados en los campos de batalla. A los soldados se les exigía que sólo disparasen cuando los liberales estuvieran a tiro, y una vez finalizado el encuentro, se fomentaron políticas de reciclaje basadas en la recuperación de las vainas de latón, según los testimonios de los propios participantes (Brea 1897, 36). De esos cartuchos, algunos como el Remington, podían ser hasta ocho o diez veces recargados (*La Ilustración Española*, 15/04/1874: 214), lo cual suponía un ahorro en la fabricación de cartuchos, cuya adquisición muchas veces del extranjero podía ser complicada. Sin embargo, esta política de reciclaje que mencionamos, no se ha podido verificar en los trabajos de prospección del campo de batalla de Abárzuza. En la franja de las posiciones carlistas se han encontrado innumerables vainas de diferentes tipologías, que demuestran la diversidad de tipos de armas de fuego usados en la contienda y ponen en entredicho la magnitud o el carácter sistemático de la recuperación de vainas por parte carlista. Esta situación precaria en el abastecimiento del ejército carlista fue resolviéndose a lo largo de los meses, en parte gracias a una progresiva homogeneización armamentística y la tendencia a emplear un único tipo de fusil. Es muy posible que cuerpos enteros terminaran al final del conflicto usando el fusil Remington, al igual que sus contrincantes liberales. Esto tal vez podría contrastarse con el hallazgo de un número pequeño de vainas Remington que hemos podido recuperar en el fuerte carlista de San Juan de Arandigoyen, en contextos asociados al último año de guerra (1875-1876).

6.2.2. La artillería

El arma de artillería se desarrolló de forma análoga a las armas portátiles y en el transcurso de la primera a la segunda guerra, los cañones de avancarga fueron sustituyéndose poco a poco por los cañones de retrocarga, a pesar de que los primeros seguirán empleándose en este último conflicto[87]. Entre los principales cambios figura el rayado del ánima, que permitió aumentar tanto la precisión como el alcance, el paso de proyectiles esféricos a cilíndrico-ojivales, o la evolución de los cañones de bronce a los de acero, más potentes y ligeros (Sánchez Gómez, 1991: 95). Los primeros cambios importantes, como el inicio de la transformación a retrocarga y el empleo de proyectiles ojivales, comenzaron a desarrollarse en la fábrica inglesa de Armstrong sobre 1860, a consecuencia de los experimentos realizados durante la guerra de Crimea. En este contexto, la guerra de secesión fue una nueva oportunidad de seguir experimentando tanto con los cañones de avancarga, como con los de retrocarga. Aquí, se vio la superioridad de los últimos sobre los anteriores, una vez que el elevado porcentaje de piezas de retrocarga del ejército unionista, procedentes de las fábricas inglesas de Whitworth y Armstrong, superasen a la artillería confederada, dotada en su mayoría de piezas de avancarga. Sin embargo, hubo que esperar a la guerra franco-prusiana para terminar de constatar la superioridad de los cañones de retrocarga, una vez que los cañones Krupp prusianos superasen a la artillería de avancarga francesa (Saunders, 2010: 17-19).

El ejército liberal siguió muy de cerca todos los avances en el campo de la artillería y logró disponer de un parque totalmente renovado en los preámbulos de la segunda guerra carlista, precisamente con cañones Krupp modelo 1868 y la invención española de un cañón con acero Krupp, llamado Plasencia (Palacio 2017b, 95).

Pero no fueron los únicos elementos de artillería, ya que también siguieron usando antiguas piezas de bronce transformadas a retrocarga.

Los carlistas, debido a su debilidad económica, la imposibilidad de adquirir piezas de fabricación nacional, así como la dificultad de importar piezas por la aduana española, tuvieron que aceptar prácticamente todo el armamento disponible. Hasta mediados de 1873 no adquirieron sus primeros ejemplares, gracias a las victorias de Eraul y Udave en Navarra. Así se inició la composición de la primera batería navarra, compuesta primero de 2 piezas cortas rayadas y, un poco más tarde, de 2 obuses lisos cortos de bronce de 12 cm, tomados de los *blockhaus* que controlaban los republicanos en el túnel de Lizarraga (Brea, 1897: 40). A posteriori, se irían sumando nuevos ejemplares hasta contar al final del conflicto con la suma de 120 cañones, si aceptamos los datos aportados por Pardo (2000: 376): 15 cañones liberales capturados, 80 importados desde el extranjero y 25 producidos en las fundiciones carlistas de Arteaga y Azpeitia. Pero también están aquellos que bajan la cifra hasta un total de 81 (Alcalá, 2004: 90). Lo interesante aquí es resaltar nuevamente la diversidad de bocas de fuego obtenidas por los carlistas. Estaban por un lado, las fabricadas en sus fundiciones, que eran las más sencillas y las que menos prestaciones ofrecían. Por otro lado, estaban aquellas que consiguieron importar del extranjero, de grandes casas europeas como Whitworth, Vavasseur, Woolwich o Krupp[88].

Corroborando las fuentes escritas, al igual que ocurría con la cartuchería, los restos de granada han sido los elementos que nos han servido para estudiar la artillería empleada. A pesar de haber hallado algún que otro fragmento dentro de los dos fuertes excavados, su estudio se ha abordado principalmente a partir de los 70 fragmentos procedentes del campo de batalla de Abárzuza. En general, los fragmentos hallados eran demasiado pequeños para poder llegar a determinar el diámetro de los mismos. A pesar de todo, pudimos llegar a identificar claramente dos tipos de proyectiles: la granada de envuelta pesada modelo 1868, de 8 cm de diámetro para cañón de acero rayado; y la granada de envuelta ligera modelo 1873, de 8 cm de diámetro para cañón de montaña Plasencia.

Estos restos del campo de batalla están relacionados con las piezas de artillería republicana, al ser documentados en la zona en donde fueron bombardeadas las posiciones carlistas. No podemos decir lo mismo de la artillería carlista, al no haber documentado ningún elemento adscrito a su uso durante la batalla.

6.2.3. La fortificación

El avance de las armas de fuego, especialmente las de artillería, transformó totalmente la forma de hacer la guerra. Las mejoras en la distancia, precisión y destrucción, hicieron que desde mediados de siglo los antiguos sistemas defensivos se tuvieran que adaptar a los nuevos tiempos. En consecuencia, las diferencias en las fortificaciones entre la primera y segunda guerra carlista son notables. Durante la primera guerra, las defensas aún se basaban en el sistema abaluartado con frentes continuos de siglos anteriores, en el que predominaban los ángulos para una defensa más compacta. Las fortificaciones se construían además en las inmediaciones o en las propias ciudades como consecuencia del corto alcance de los cañones. Por el contrario, el aumento de la potencia de la nueva artillería, dio paso durante la segunda guerra carlista a nuevos sistemas de defensa como el alemán. Este sistema, procedente de la herencia de la escuela de Montalembert, se caracterizaba por la construcción de fortificaciones de frentes poligonales, con caponeras para la defensa de los fosos y casamatas para la protección de las piezas de artillería (Palacio 2011: 121-123). A este respecto, el fuerte San Juan de Arandigoyen con sus casamatas, creemos que representa un destacado ejemplo de este nuevo sistema de fortificación.

En cuanto a la tipología, durante la primera guerra, junto con las fortificaciones abaluartadas, pervivieron aquellas de forma estrelladas, como el de Kastillozar en Llodio, en donde pudimos intervenir en 2016 (Escribano-Ruiz et al, 2017). Estas formas cambiaron a lo largo del siglo, ya que durante la segunda guerra carlista, además del empleo de las fortificaciones de planta poligonal, observamos el uso tanto de *blockhaus* en el bando liberal, como de fuertes de planta pentagonal en el caso carlista[89].

Como hemos mencionado al inicio del libro, existe una diferenciación de hasta tres tipos morfológicos de construcción militar, de los cuales, los dos primeros (de campaña y mixto-semipermanente), son los únicos que se construyeron en tiempos de guerra. En este caso, tanto los liberales como los carlistas emplearon los mismos sistemas de construcción, pero en el caso de los primeros, al contar con más medios, sus construcciones en la mayoría de las ocasiones resultaron ser más compactas. En ambas guerras se generalizó la construcción mixta basada en el empleo de la tierra y la madera; y en aquellos casos en los que se le quiso dar una mayor resistencia, se empleó además la piedra y el ladrillo. Dentro de la categoría de mixto-semipermanente, encontraríamos los fuertes que hemos podido excavar en las localidades de Villatuerta y Arandigoyen (Roldan Bergaratxea y Escribano-Ruiz, 2017).

También es reseñable destacar la importancia que fue adquiriendo la guerra de trincheras. Sobre su origen, aunque no podamos llegar a precisarlo bien, sabemos que ya se empleaba en época moderna como camino cubierto para asediar ciudades. Sin embargo, la trinchera contemporánea que todos podemos tener en mente, aquella que se usaba para defender una posición del enemigo, comenzó a desarrollarse durante la guerra de secesión. Entonces conocida como *trinchera-abrigo*, fue posteriormente perfeccionada en Europa en los conflictos anteriores a la segunda guerra carlista (De la Llave, 1898: 239-240). Aquí cada ejército, motivado por los terribles efectos de la artillería y fusilería moderna, comenzó a mejorar y adaptar diferentes tipos de perfiles de trinchera según sus necesidades. De esta forma, llegados al conflicto de la segunda guerra carlista, los carlistas introdujeron de Austria lo que más tarde sería definido en el Reglamento Táctico Español de 1881 con el nombre de zanja-trinchera, también popularmente llamada *trinchera carlista*. Esta se definía como una trinchera de posición especial de montaña, en donde pasaba prácticamente inadvertida a ojos de los artilleros liberales (De la Llave, 1898: 532-533). El hecho de poder camuflarse tan bien en el paisaje, debió de ser una de las razones por las que durante la batalla de Abárzuza, el ejército republicano no consiguiera hacerles más de una baja diaria por cada tres piezas de artillería. Aunque el ejército liberal quiso limpiar su imagen, justificando la ineficacia de las granadas ordinarias que hasta entonces empleaba el ejército (Vigón, 2014, II: 382). Sin embargo, dentro del escalafón militar liberal, un oficial de gran prestigio como el propio Pedro Ruiz Dana, presente en la batalla de Abárzuza, afirmó que el perfeccionamiento de la trinchera carlista llevó a la artillería republicana al punto de hacer ineficaces sus fuegos (Ruiz-Dana, 1876: 155). Por lo que, ante los adelantos en el campo de la artillería, los carlistas también supieron desarrollar mejores métodos de defensa, con la implantación de la *trinchera carlista*, logrando alcanzar una cierta equidad entre ambos bandos durante el conflicto. Esta estrecha relación existente entre el arte del ataque y la defensa lo describió muy bien el ingeniero carlista Franciso Alemany, en su discurso inaugural como director de la academia del real cuerpo de ingenieros del ejército carlista en Bergara, un 18 de enero de 1875:

La fortificación ha marchado siempre a la par de la artillería. Los progresos de esta han marcado las variaciones, las modificaciones y adelantos de aquella. Como gemelas estrechamente enlazadas, que no es posible tocar a la una sin herir a la otra, del mismo modo todo adelanto balístico lleva consigo alguna modificación en el arte de fortificar (*El Cuartel Real*, 30/01/1875).

7. Algunas conclusiones generales

Como indicábamos al inicio del libro, en este trabajo hemos resumido los apartados fundamentales de la tesis doctoral defendida en 2021. Hoy, al igual que entonces, el objetivo principal ha sido el mismo, desarrollar trabajos en respuesta al vacío existencial de una arqueología de las guerras carlistas. Por ese motivo, uno de los aspectos fundamentales a lo largo de esta publicación ha sido el análisis de distintos casos de estudio. A lo largo de las páginas hemos navegado conociendo a nivel regional las distintas fortificaciones construidas en Navarra durante el conflicto, pasando por la excavación de dos fuertes (uno liberal y otro carlista) de una misma línea de frente, el estudio de un campo de batalla y finalizando con una valoración general de la tecnología militar empleada por ambos contrincantes. El recorrido que hemos realizado nos ha ayudado a acercarnos por primera vez a la cultura material de la segunda guerra carlista, a conocer sus características y comprender que son muchas las incógnitas que generan. Aun así, no queremos finalizar sin recalcar lo que en su día consideramos que fueron las conclusiones generales de toda esta labor.

7.1. La efectividad de la prospección geofísica en campos de cultivo

Los diversos mapas de dispersión de materiales relacionados con la prospección geofísica realizada en la zona 2 del campo de batalla de Abárzuza, confirman no sólo la validez de la metodología empleada en los estudios de campos de batalla sino, además, sus aceptables resultados en campos en donde existe una explotación agrícola. A pesar de la pérdida de la información de la ubicación original de los materiales, la prospección de carácter sistemático realizada en los tres sectores de la zona 2 revela la posibilidad de obtener información importante para el entendimiento de lo ocurrido. Un claro ejemplo de ello han sido las diferentes concentraciones de materiales hallados en los tres sectores, que nos han servido para la interpretación de lo ocurrido durante la batalla.

Esta labor ha sido posible gracias al buen uso del detector de metales, sin el cual no se podría haber abordado el estudio del campo de batalla de Abárzuza. Por lo que queda demostrado la necesidad e importancia de esta herramienta para la arqueología de los campos de batalla. Esperemos que la buena *praxis* desarrollada en este trabajo de campo sirva para mejorar la opinión pública que se tiene de ella. Aun así, es importante recordar que las excavaciones han aportado información estructural que permite contextualizar el material de las prospecciones y, además, acercarse al día a día del soldado.

7.2. La expresión material de la estacionalidad de los frentes de guerra

Como decíamos al inicio de este libro, el estudio arqueológico del patrimonio de la segunda guerra carlista no es un tema nuevo, pero sí reciente. Esto ha supuesto que a día de hoy todavía no tengamos apenas estudios centrados en su cultura material. De hecho, esta ausencia se debe en gran medida a la falta de restos en muchos de los yacimientos excavados. Podemos citar aquí los trabajos del arqueólogo Alfredo Moraza Barea, de la asociación Aranzadi, especializado en fortificaciones postmedievales, que a lo largo de su trayectoria le ha llevado a matizar en muchas ocasiones la supuesta falta de materiales relacionados con estos conflictos (Moraza y Garcia, 2009; Moraza, 2013). También nosotros pudimos ser testigos de esa escasez de elementos en una intervención sobre el fuerte carlista de Kastillozar (Llodio) de la primera guerra carlista, realizado en 2016, en el que sólo documentamos dos objetos (Escribano-Ruiz et al. 2017). Sin embargo, esta escasa materialidad que parecía convertirse en un patrón generalizado, pronto se contradijo con los más de 1.400 elementos registrados en la intervención del fuerte de la Princesa de Asturias. Esta nueva situación nos hizo ver que parecía existir una relación directa entre la temporalidad del uso de los fuertes con la materialidad mueble presente. Cuanto más tiempo se mantiene una guarnición en un emplazamiento, mayor será la probabilidad de hallar restos de su cotidianidad. Algo que parece lógico y que hemos podido constatar a través de nuestros casos de estudio.

Otro rasgo importante que ayuda a determinar la estacionalidad de los fuertes nos lo proporciona la diversidad de objetos que podamos documentar. Algo que ha quedado patente es que cuanto más tiempo perdura una guarnición en un emplazamiento, existe una mayor posibilidad de obtener otro tipo de alimentos o suministros, incluso algunos no necesariamente de primera necesidad, lo que implica mejoras sustanciales en la calidad de vida en el frente. Prueba de ello son las dos tacitas de café o una copa de licor hallada en el fuerte liberal, muy probablemente relacionados con la oficialidad. Esto puede indicar que una mayor permanencia en la posición puede llegar a implicar una mayor materialización de la jerarquización social.

7.3. La falta de investigaciones en la cultura mueble y el excesivo foco en lo militar

Debido a la escasez tanto de intervenciones como de restos muebles conocidos y estudios publicados, a lo largo del proceso de elaboración de este trabajo se ha hecho complicado el estudio y análisis de muchos de los elementos hallados. Este desconocimiento es mayor en aquellos elementos no bélicos, como por ejemplo los restos cerámicos.

En ambos bandos contamos tanto con cerámica vidriada como común sin vidriar. En general, parece que son formas que se han mantenido sin muchos cambios durante los últimos siglos, lo que unido al vacío de estudios, la historiografía ha terminado por definirlos generalmente como *cerámica popular* (por ejemplo, para nuestro caso: Ibabe, 1995). Sin embargo, aunque se plantee como algo atemporal, el concepto popular se formuló en un contexto histórico muy concreto. Fue en el siglo XX cuando se gestó como una expresión *sine die,* pero sabemos que lo que era popular en el siglo XIX o en el XX, no lo fue en los siglos XVI o XVII (Escribano-Ruiz, 2013). Además, resulta paradójico comprobar cómo hay un mayor interés académico por la cerámica medieval o anterior, que por la de estos contextos más recientes.

Esta falta de interés también es evidente en otros grupos materiales como, por ejemplo, el menaje metálico de cocina o las latas de conserva, de los que hoy por hoy resulta imposible hacer cualquier estudio más allá del descriptivo, no solo por la falta de estudios, sino también por la falta de materiales que nos proporcionen un conocimiento más exhaustivo de técnicas de producción o formas de contenido.

Por otro lado, como hemos adelantado, el estudio de los materiales bélicos goza de mayor conocimiento. En especial, todo aquello relacionado con el armamento del soldado, pero también los elementos nobles que conforman su uniforme (botones, insignias, elementos de identificación del cuerpo, etc.). Sin embargo, también aquí podemos apreciar una dicotomía en su estudio. Los elementos más ostentosos, como pueden ser los botones metálicos del uniforme, las insignias, las armas o las bayonetas, están muy bien estudiados, hasta tal punto que tenemos libros específicos en donde se han clasificado los botones del ejército español (Guirao et al, 2012) o sus armas (Sánchez Gómez, 1991; y De Aguinaga y García, 2019). No ocurre lo mismo con los elementos más austeros como pueden ser las hebillas del soldado, o los cartuchos que nutren las armas de fuego y que a pesar de que sí existe alguna publicación sobre la materia (Martínez Velasco, 2008; Arrate et al, 2014; y Palacio, 2016), las grandes referencias a esta temática se hallan en internet. Esta jerarquización que mencionamos podemos constatarla en los museos de armas. Mientras las condecoraciones, botones, espadas, o armas de fuego como carabinas, tercerolas, fusiles o revólveres decoran las vitrinas, aspectos interesantísimos como la diversidad de municiones que existió a lo largo del siglo XIX, en relación a los constantes desarrollos y competencias de mercado, se dejan de lado. La falta de interés en esta temática concreta, que puede extenderse también al conocimiento que tenemos sobre las piezas de artillería frente a proyectiles, nos ha dificultado notablemente su estudio. Vemos, por lo tanto, totalmente necesario estudios concretos que ayuden a paliar este desconocimiento que necesita ser resuelto para el progreso de esta arqueología. Como hemos podido concluir tras el análisis de las vainas de cartucho y balas del campo de la batalla de Abárzuza, algunas son por el momento desconocidas y otras tan solo podemos agruparlas dentro de una tipología más general (un caso ejemplar son las vaina de la familia 50-70). Por lo tanto, un mayor conocimiento de los diversos tipos existentes podrá aportar nuevos datos totalmente necesarios para un mejor conocimiento de la arqueología de los campos de batalla.

7.4. Una guerra en las puertas de la globalización contemporánea

Los grandes desarrollos industriales durante el siglo XIX cambiaron por completo el arte de hacer la guerra. La construcción de empresas especializadas, la aparición de las cadenas de trabajo o el desarrollo de nuevas máquinas que facilitasen la producción, ayudaron a pasar de una producción pequeña, cara y artesanal, a una masiva y más barata, posibilitando cada vez más la venta nacional e internacional. Este aspecto lo hemos tratado principalmente en el armamento de la época, que claramente resultó ser mucho más letal en comparación con el empleado durante la primera guerra carlista. Mientras a lo largo de las anteriores guerras podía ser el soldado quien fabricase sus propias municiones, ahora era necesaria la mano de obra cualificada que fabricase no solo las balas, sino también las vainas en donde iban a ir insertas. Esto, unido a una mayor cadencia de disparo, provocó que las guerras de mediados de siglo comenzasen a volverse tremendamente costosas, por la cantidad de munición que se empleaba en cada contienda. De modo que el proceso de fabricación también tenía que estar a la altura y se aceleró gracias a la industrialización de la producción. A este respecto, ya hemos mencionado cómo los carlistas presentaron grandes problemas de abastecimiento interno, lo que les llevó muchas veces a abandonar un enfrentamiento por la escasez de munición.

La industrialización no sólo afectó al armamento del soldado, ya que también se notaron grandes cambios en el campo de la artillería. Las granadas presentaban ahora una composición interna mucho más compleja que las granadas esféricas de antaño, con un sistema de espoleta que aumentaba la letalidad del arma. Nuevamente, los carlistas se encontraron con dificultades a la hora de elaborar sus propias granadas de esta tipología para sus numerosas y diversas bocas de fuego. Esto, traducido al campo de batalla, se materializó en una menor eficacia en comparación con las del ejército liberal, que fabricaban su artillería en las grandes fábricas nacionales, como la de Trubia o Sevilla (Sánchez Gómez, 1991: 197). Esto, unido a la estandarización de la producción, supuso la fabricación en masa de los estopines de fricción que hemos podido documentar en ambos fuertes.

Alejándonos del mundo estrictamente militar, otro elemento importante fue el desarrollo de la comida enlatada que ayudó claramente al mantenimiento de las guarniciones liberales en los frentes de guerra. Sabemos, como hemos mencionado, que la primera fábrica conservera en España se inauguró en Calahorra en 1848, por lo que la producción masiva de esta vitualla fue clave en el mantenimiento de los frentes de guerra, al menos como ración de reserva de un ejército mucho mayor al carlista y que en muchas ocasiones se encontraba alejado de sus puntos de abastecimiento. Creemos que este adelanto comenzó a emplearse en España a raíz de esta guerra y por el momento tan solo ha sido documentado en el bando liberal. Esto garantizó por primera vez un abastecimiento solvente. Ahora podían operar allí en donde en otro tiempo no les habría sido posible, al no contar con garantías de que llegase la intendencia.

En el apartado relacionado con la cerámica, también hemos observado una diversidad muy interesante. En el fuerte liberal hemos identificado dos elementos del mercado nacional, mientras que en el caso carlista tenemos dos de un mercado local y uno internacional, procedente de Francia. Reflexionando acerca de la procedencia de estos objetos, si bien la muestra de que disponemos es todavía muy pequeña, se podría aventurar que el ejército liberal pudo abastecerse mediante el comercio nacional por medio del ferrocarril. El ejército carlista, en contra, tuvo que recurrir al abastecimiento local y en la medida de lo posible a las importaciones del extranjero. En este último caso, sería de forma irregular, mediante compras puntuales, y no de forma continuada como tal vez sí pudo haberlo tenido el ejército liberal con productores nacionales[90]. Esto nos lleva a concluir que tal vez los carlistas tuvieron problemas para poder adquirir ciertos productos en territorio nacional y que quizá ante esa necesidad recurrieran primero a conseguirlo bajo el territorio que ocupaban o, en su defecto, a adquirirlo en el extranjero mediante transacciones comerciales que pudieron realizar con diversos

ALGUNAS CONCLUSIONES GENERALES

agentes. De esta forma, por ejemplo, se entienden las importaciones de munición procedentes de Francia, Inglaterra y otras potencias. Por su parte, el ejército liberal, al hallarse en un territorio hostil a su presencia, debió de encontrar bastantes problemas para su propio abastecimiento en el comercio local, que creemos que debía estar en gran parte acaparado por los carlistas. De esta forma se entendería la necesidad de avituallamiento constante con productos nacionales procedentes de posiciones de retaguardia.

Sin embargo, no todos los restos materiales que hemos documentado son resultado del proceso de la industrialización. Dos claros ejemplos los podemos encontrar en el cántaro y un jarro del fuerte carlista, de procedencia local y claramente unidos a un proceso preindustrial, fabricados por alfareros de forma totalmente artesanal. Estamos seguros de que junto a estos dos objetos tenemos otros tantos que son fruto de un proceso todavía artesanal y que debido a la fragmentación de las piezas no hemos sido capaces de identificar. Por ello, podemos deducir que la cultura material procedente de la segunda guerra carlista se encuentra en transición entre elementos propios todavía de una etapa pre-moderna y artesanal, y otra propiamente moderna e industrial.

7.5. El ignoto legado del paisaje militar

Una de las aportaciones más relevantes a nivel general, ha sido la identificación de 140 obras militares construidas por ambos bandos durante la guerra en Navarra. A pesar de que estamos convencidos de que todavía queda mucha labor previa a una catalogación, los resultados valen por sí solos para demostrar la complejidad constructiva alcanzada en esta guerra.

Durante la fase 1 y 2 de la guerra, las construcciones fueron obras de campaña. Es decir, estructuras construidas fundamentalmente a base de tierra y madera. Sin embargo, tras la batalla de Abárzuza y por tanto, al inicio de la fase 3, comenzaron a construirse fortificaciones mixtas, con el empleo tanto de piedra como de ladrillo, que se extendería a la fase 4. Este fenómeno no fue fruto del azar, ya que tras la batalla de Abárzuza, el ejército gubernamental comprendió que se hallaba combatiendo contra tropas regulares y que podían llegar a suponer una amenaza para la supervivencia del estado. Es por eso que la inversión en obras de carácter mixtas, primeramente en la ribera de Navarra, fue del todo necesario para contener la expansión territorial del carlismo. Como hemos matizado a lo largo del trabajo, alguna de las construcciones mixtas construidas durante la guerra fue más allá, comenzando a mostrar signos de las características construcciones de carácter permanente construidas en periodos de paz. En este sentido, los muros documentados en la intervención del fuerte de San Juan son una prueba de ello.

Tras la guerra, el paisaje militar comenzó a desarticularse. Primero a raíz del mandato del capitán general de Navarra, por el que ordenaba la destrucción de toda obra militar que durante la guerra hubieran construido los carlistas. Y segundo, por el desmantelamiento de las obras militares liberales que no fueran necesarias para el control del recién pacificado territorio. Una labor que hasta la actualidad se han ido encargando de continuar los agentes tanto ambientales como, sobre todo, antrópicos. Por todo ello, no son muchos los restos que quedan en pie en la actualidad.

El desconocimiento actual de este legado no se limita únicamente a los vecinos de las localidades próximas de las construcciones, sino que trasciende hasta las administraciones competentes en materia de protección. En las últimas décadas, la antropización de espacios naturales en Navarra ha ido en aumento, con la construcción de repetidores, aerogeneradores, carreteras, etc., que han perjudicado gravemente el patrimonio militar de la guerra. Por ese motivo, creemos que el trabajo de identificación realizado en este libro será muy útil de cara a futuro, para poder conocer la localización de estas fortificaciones y así poder preservarlas frente a futuras alteraciones.

7.6. La necesidad de fomentar planes de actuación, divulgación y turismo sobre el patrimonio de la segunda guerra carlista

Como hemos indicado unas líneas más arriba, la falta de conocimiento sobre la existencia de este paisaje militar, ha llevado a que en el transcurso de unas generaciones se fuera destruyendo el legado material de la guerra. Para remediar en parte esta situación, creemos que los trabajos que comienzan a ver la luz sobre este patrimonio, de los cuales sobresale por su labor divulgativa el del doctor en arqueología Gorka Martín Echebarría, deben tener un papel preponderante en el ejercicio de transmisión de conocimiento a las entidades locales haciendo partícipe a la sociedad de los proyectos que se van desarrollando y divulgando el conocimiento que se adquiera. De esta forma, se podrá recuperar una memoria que ayudará a proteger los restos de cara al futuro.

En este sentido, también es primordial crear un motor turístico que ayude a conservar y reivindicar un valor cultural. Ya en 2009, el gobierno de Navarra creó la malograda *ruta del carlismo*, como una vía para conocer la historia del carlismo, recorriendo algunas localidades en donde se desarrollaron importantes hitos históricos. En estos, se emplazaron algunos carteles y paneles para los visitantes[91]. A pesar de que la iniciativa era buena, la realidad mostraba una enorme carencia de fondo, al no haber lugares, infraestructuras, centros de interpretación, etc., que pudieran satisfacer el interés turístico del visitante, más allá del contenido histórico facilitado en el panel. Ante esta situación, la identificación en este trabajo de 140 fortificaciones y la intervención en dos de ellas, brindan la oportunidad de complementar las carencias que sigue presentando la actual ruta. Las visitas guiadas organizadas durante las campañas de excavación han suscitado el interés de los visitantes y creemos que desde la arqueología de las guerras carlistas se puede incidir en la creación de un turismo cultural que sirva como medio para conocer este patrimonio en peligro y para entender las guerras civiles del siglo XIX. A este respecto, una de las conclusiones más importantes desarrolladas tras la intervención en el fuerte liberal de la Princesa de Asturias, ha sido la panelización del fuerte, su consolidación estructural, adecuación del entorno y la creación de un sendero para el visitante. Estas tareas desarrolladas por el Ayuntamiento de Villatuerta suponen una apuesta por un turismo rural de calidad y fomentan el conocimiento de este patrimonio.

Bibliografía

ALCALÁ, C. (2004). *La tercera guerra carlista. 1872-1876.* Grupo Medusa Ediciones.

ALDECOA CALVO, J. S. (2003). «El azote de las guerras carlistas». En *Comarca del Jiloca* (pp. 131-153). Gobierno de Aragón.

ALMIRANTE, J. (1869). *Diccionario militar etimológico, histórico, tecnológico, con dos vocabularios francés y alemán.* Imprenta y Litografía del Depósito de la Guerra.

ANÍBARRO SÁNCHEZ, S. (2006). «Convento de Carmelitas de San José de la Isla (Sestao)». *Arkeoikuska*, 349-352.

ANÍBARRO SÁNCHEZ, S. (2007). «Convento de Carmelitas de San José de la Isla (Sestao)». *Arkeoikuska*, 375-380.

APALATEGUI IGARZABAL, F. (2005). *Karlisten eta liberales gerra-kontaerak (I eta II). Relatos de guerra carlistas y liberales (I y II).* Diputación Foral de Guipúzcoa.

«Apuntes sobre fortificación de campaña» (1866). Imprenta de la Viuda de Fernández y Compañía.

ARMENDÁRIZ MARTIJA, J. (2008). *De aldeas a ciudades. El poblamiento durante el primer milenio a. C. en Navarra.* Gobierno de Navarra.

ARRATE JORRIN, J. Á., RUBIO OLMEDO, A. y ASTORQUI HERNÁNDEZ, Á. (2014). «Batallas de Somorrostro, 1874: viejas guerras, nuevas tecnologías». *Kobie* (serie Paleoantropología), 33, 107-128.

ARRESE, A. (2013). «Fortificación de Atxetilun». *Arkeoikuska*, 320-321.

ARRIETA VALVERDE, A. (2015). *Euskal Herriko Forteak. Berpiezkundetik karlismora.* Txalaparta.

AUGÉ, M. (1998). *Las formas del olvido.* Gedisa.

AURREKOETXEA FERNÁNDEZ, U. (2011). «San José de la Isla. Fase III». *Arkeoikuska*, 275-283.

AYERBE, M. (2005). «Alto de Lugaritz (Donostia-San Sebastián)». *Arkeoikuska*, 408-409.

AZCONA GUERRA, A. M. (1996). *Comercio y comerciantes en la Navarra del siglo XVIII,* Gobierno de Navarra.

BELASKO, M. (1999). *Diccionario etimológico de los nombres de los pueblos, villas y ciudades de Navarra: Apellidos navarros,* Pamiela.

BELLÓN RUIZ, J., RUEDA GALÁN, C., LECHUGA CHICA, M. Á., RUIZ RODRÍGUEZ, A. y MOLINOS MOLINOS, M. (2017). «Archaeological methodology applied to the analysis of battlefields and military camps of the Second Punic War: Baecula». *Quaternary International*, 435(B), 81-97.

BENITO DOMÍNGUEZ, A. M. (2003). «Casco Arramendi (Rentería)». *Arkeoikuska*, 156-158.

BENITO DOMÍNGUEZ, A. M. (2004). «Casco Arramendi (Rentería)». *Arkeoikuska*, 151-152.

BLASCO SANCHO, M. F. (2002). «El fuerte de guerra de Novillas: origen y evolución de un edificio singular». *Cuadernos de Estudios Borjanos*, 45, 161-188.

BREA, A. (1897). *La Campaña del Norte de 1873 a 1876*. Biblioteca Popular Carlista.

BUCES CABELLO, J. (2011). «Fuerte Zumalakarregi». *Arkeoikuska*, 321-324.

BUSCH, J. (1981). «An introduction to the tin can». *Historical Archaeology*, 5(1), 95-104.

CALLE ITURRINO, E. (1961). *Evaristo de Churruca y Brunet. Primer conde de Motrico*. Junta de Cultura de Vizcaya.

CALVÓ, J. L. (8 de junio de 2004). *24 tipos de cubo en bayonetas encontradas en España*. 1-20. http://www.catalogacionarmas.com/public/bayonetas.pdf

CALVÓ, J. L. (1 de marzo de 2014). *Estopines en el material de antecarga*. 71-75. http://www.catalogacionarmas.com/public/09-estopines-antecarga.pdf

CALVÓ, J. L. (7 de marzo de 2014). *Espoletas en el material de antecarga*. 77-81. http://www.catalogacionarmas.com/public/10-espoletas-antecarga.pdf

CALVÓ, J. L. (28 de marzo de 2014). *Artillería de retrocarga en el ejército, primera época, 1867-1895*. 99-112. https://www.catalogacionarmas.com/public/12-retrocarga-Ejto-1867-95.pdf

CALVÓ, J. L. (11 de abril de 2014). *Proyectiles utilizados por la artillería de retrocarga, primera época, 1868-1895*. 121-126. https://www.catalogacionarmas.com/public/14-retrocarga-proyectiles1868-95.pdf

CALVÓ, J. L. (3 de noviembre de 2016). *Armamento portátiles en las 2.ª y 3.ª guerras carlistas*. 1-15. http://www.catalogacionarmas.com/public/capitulo1.pdf

CALVÓ, J. L. (10 de julio de 2017). *Armas cortas (revólveres)*. 63-70. https://www.catalogacionarmas.com/public/capitulo5-2.pdf

CANALES, C. (2004). «Abárzuza 1874: El punto de equilibrio». *Ristre*, 14, 10-27.

CARMAN, J. (2013). *Archaeologies of conflict*. Bloomsbury.

CERRATO, J. M. (2012). «Telegrafía liberal y carlista (1872-1876)». *Asociación de Amigos del Telégrafo*, 9, 1-9.

CLAIRAC Y SAENZ, P. (1877). *Diccionario general de arquitectura e ingeniería*, I. Zaragozano y Jaime.

CLAIRAC Y SAENZ, P. (1879). *Diccionario general de arquitectura e ingeniería*, II. Zaragozano y Jaime.

CLAIRAC Y SAENZ, P. (1884). *Diccionario general de arquitectura e ingeniería*, III. Pérez Dubrull.

CLAIRAC Y SAENZ, P. (1888). *Diccionario general de arquitectura e ingeniería*, IV. Pérez Dubrull.

CLAIRAC Y SAENZ, P. (1891). *Diccionario general de arquitectura e ingeniería*, V. Pérez Dubrull.

COSTA GARCÍA, J. M. (2015). «Las campañas augusteas en el noroeste peninsular: acción militar y propaganda». *Arkeogazte*, 5, 95-111.

CRUZ PEREZ, L., CAPDEVILA MONTES, E., y SLEPOY BENITES, P. (2014). *Estudio de la red de telegrafía óptica en España*. Instituto del Patrimonio Cultural de España.

CUERPO DE ESTADO MAYOR DEL EJÉRCITO (1883). *Narración militar de la guerra carlista de 1869 a 1876*, I. Depósito de la Guerra.

CUERPO DE ESTADO MAYOR DEL EJÉRCITO (1884). *Narración militar de la guerra carlista de 1869 a 1876*, II. Depósito de la Guerra.

CUERPO DE ESTADO MAYOR DEL EJÉRCITO (1884). *Narración militar de la guerra carlista de 1869 a 1876*, III. Depósito de la Guerra.

CUERPO DE ESTADO MAYOR DEL EJÉRCITO (1885). *Narración militar de la guerra carlista de 1869 a 1876*, IV. Depósito de la Guerra.

CUERPO DE ESTADO MAYOR DEL EJÉRCITO (1885). *Narración militar de la guerra carlista de 1869 a 1876*, V. Depósito de la Guerra.

CUERPO DE ESTADO MAYOR DEL EJÉRCITO (1885). *Narración militar de la guerra carlista de 1869 a 1876*, VI. Depósito de la Guerra.

CUERPO DE ESTADO MAYOR DEL EJÉRCITO (1886). *Narración militar de la guerra carlista de 1869 a 1876*, VII. Depósito de la Guerra.

DAMLUND, C. y MCMILLAN, S. M. (2019). «Review of the 6th PGCA conference». *Journal of Conflict Archaeology*, 14(2-3), 212-222.

DE AGUINAGA GARCÍA, F. y GARCÍA DE AGUINAGA, J. L. (2019). *Spanish rolling block. The Basque made rifles of the third carlist war*. Aguinaga.

DE LA LLAVE Y GARCÍA, J. (1898). *Lecciones de fortificación*. Madrid.

DE LA VEGA INCLÁN, M., DE CASTRO Y LÓPEZ, J., y ASTORGA, M.

(1874). *Relación histórica de la última campaña del marqués del Duero*. Madrid.

DE LOSSADA Y CANTERAC, J. (1903). *Artificios de fuego de guerra: empleados en España y en el extranjero*. Manuales Gallach, 32.

DEL ROMERO RENAU, L., SANCHEZ GIMÉNEZ, S., y MALLÉN ALCÓN, C. (2010). *El patrimonio bélico de las guerras carlistas en Cantavieja. Comarca del Maestrazgo*.

DÍAZ YUBERO, I. (2015). «Alimentos con historia. Conservas». *Distribución y Consumo*, 140, 58-68.

DOMÍNGUEZ SOLERA, S. D., y MUÑOZ GARCÍA, M. (2016). «Huellas arqueológicas del asedio carlista de Cuenca de julio de 1874». En J. Recuenco Pérez (coord.), *Entre la guerra carlista y la Restauración: Cuenca en el último tercio del siglo XIX* (pp. 139-148). Diputación Provincial de Cuenca.

DUARTE MARTÍNEZ, F. X. y NÚÑEZ CALVO, G. (2009). «Hospital Cívico-Militar de la plaza de Morella: Algunas causas de muerte durante la tercera guerra carlista». En M. Polo Cerdá, y E. García Prósper (eds.), *Investigaciones histórico-médicas sobre salud y enfermedad en el pasado. Actas del IX Congreso Nacional de Paleopatología* (pp. 99-115). Sociedad Española de Paleopatología.

EDITORIAL ARKEOGAZTE (2015). «Arqueología del Conflicto». *Arkeogazte*, 5, 9-23.

EIROA SAN FRANCISCO, M. (2004). «La economía española del siglo XIX». En J. Paredes (coord.), *Historia contemporánea de España (siglo XIX)* (pp. 349-366). Ariel.

ESCRIBANO-RUIZ, S. (2013). «Los antecedentes de la cerámica popular vasca. Consideraciones desde el consumo cerámico de Durango y Vitoria-Gasteiz (siglos XIV y XVII)». En B. Gómez de Segura (coord.), *Siglos de alfarería en ollerías* (pp. 34-61). Ayuntamiento de Legutio-Museo de Alfarería Vasca.

ESCRIBANO-RUIZ, S., ROLDAN BERGARATXEA, I. y MARTÍN ETXEBARRIA, G. (2016). «Kastillozar». *Arkeoikuska*, 103-105.

ETXEBERRIA GABILONDO, F. y SOLÉ I BARJAU, Q. (2019). «Fosas comunes de la guerra civil en el siglo XXI: antecedentes, interdisciplinaridad y legislación». *Historia Contemporánea*, 60, 401-438.

FERGUSON, N., NOVOTNY, J. y TRIGG, J. (2012). «Postgraduate Conflict Archaeology». *Journal of Conflict Archaeology*, 7(3), 161-163.

FERGUSON, N. y SCOTT, D. (2016). «Where the battle rages: war and conflict». *Post-Medieval Archaeology*, 50(1), 134-147.

FERNÁNDEZ BORDEGARAI, J. (2004). «Estudio arqueológico de la muralla de la villa de Peñacerrada-Urizaharra». *Arkeoikuska*, 47-52

FERNANDO DE LA SERNA, A. (1878). *El primer año de un reinado.* Imprenta de Enrique de la Vila.

FRONTELA CARRERAS, G., HERRERO FERNÁNDEZ, M.ª D., MEDINA ÁVILA, C. y VERDERA FRANCO, L. (2015). *La artillería española: al pie de los cañones.* Ministerio de Defensa.

GARCÍA ALONSO, M. (2011). «Las evidencias arqueológicas de la batalla de Ramales (primera guerra carlista)». *Castillos de España: publicación de la Asociación Española de Amigos de los Castillos,* 161-163, 107-116.

GARCÍA GARCÍA, M. L. (1984). «Alfareros estelleses en los siglos XIX y XX». *Cuadernos de Etnología y Etnografía de Navarra,* 44, 139-170.

GARMEDIA GARCÍA, V. (1994). «Miguel Dorronsoro y Ceberio. Un estadista guipuzcoano hace un siglo». *Sancho el Sabio: Revista de Cultura e Investigación Vasca,* 4, 51-104.

GEIER, C. R. y WINTER, S. E. (1996). *Look To The Earth. Historical Archaeology and the American Civil War.* Universidad de Tennesse.

GEIER, C. R., SCOTT, D. D. y BABITS, L. E. (2014). *From These Honored Dead. Historical Archaeology of the American Civil War.* University Press of Florida.

GIMÉNEZ ENRICH, S. (1876). *Secretos e intimidades del campo carlista en la pasada guerra civil.* Imprenta de Salvador Manero.

GIMENEZ ENRICH, S. (1877). *Memorias de la pacificación.* Imprenta de Salvador Manero.

GÓMEZ-DÍEZ, F. (2020). «Las consecuencias de la tercera guerra carlista en la Rioja Alavesa (Araba/Álava). Una aproximación desde la arqueología del paisaje». En T. Abelló, G. C. Cattani, V. Gavín, J. Ibarz, C. Santacana, Q. Solé y A. Vives (coords.), *Postguerres / Aftermaths of war.* Universitat de Barcelona, pp. 482-500.

GONZÁLEZ GARCÍA, C. (2018). «Campos de Batalla en Gallegos de Argañan, Salamanca, ss. XVII-XIX. Primera Fase». *Saguntum,* 50, 219-240.

GONZÁLEZ GARCÍA, C. (2019). *El ejército del centro en Castellón. Historia militar y arqueología de los campos de batalla en la primera guerra carlista, 1833-1840,* Universidad de Salamanca (tesis doctoral no publicada).

GONZÁLEZ GARCÍA, C. (2020a). «A corta distancia. Proyectiles esféricos de la acción de Las Useras, Castellón (17 de julio de 1839)». *Saguntum,* 52, 179-204.

GONZÁLEZ GARCÍA, C. (2020b). «Franceses contra británicos en el puente de Marialba. Historia y arqueología de un episodio de la guerra de la independencia en Gallegos de Argañán, Salamanca». *Gladius*, 40, 153-181.

GONZÁLEZ-RUIBAL, A. (2016). *Volver a las trincheras. Una arqueología de la guerra civil española*. Alianza.

GONZÁLEZ-RUIBAL, A. (2017). *Sondeos arqueológicos en los restos de la Guerra Civil en la Ciudad Universitaria de Madrid* (informe preliminar de la campaña del 2017).

GONZÁLEZ-RUIBAL, A. y AYÁN VILA, X. (2018). *Arqueología. Una introducción al estudio de la materialidad del pasado*. Alianza.

GORDILLO BEL, D. (2016). «La fortificación de Ampostas. De plaza de primer orden a fortificaciones de circunstancias». En D. Abella Plantés, F. X. Hernández Cardona y M. Romero Serra (eds.), *Actas de las II Jornadas de Patrimonio Defensivo de* Época Moderna. Universidad de Barcelona, pp. 209-223.

GOVANTES Y NIETO, J. (1887). *Material de artillería. Descripción del reglamento en España (láminas)*. Imprenta y litografía del Depósito de la Guerra.

GRACIA ALONSO, F. (2011). «La arqueología e historia militar antigua en Europa y Estados Unidos: situación actual y perspectivas». En J. Vidal, y B. Antela (eds.), *La guerra en la antigüedad desde el presente*. Libros Pórtico, pp. 1-40.

GUIRAO LARRAÑAGA, R., MACÍAS SERRANO, F., MILIÁN ARAGONÉS, M. Á., *Botones de uniforme de España, 1791-2011*. Montpellier, OMNI, 2012.

HERNÀNDEZ CARDONA, F. X. y ROJO ARIZA, M. C. (2012). «Arqueología y didáctica del conflicto: el caso de la guerra civil española». *Didácticas Específicas*, 6, 159-176.

HERNÁNDEZ PARDOS, A., ONA GONZÁLEZ, J. L. y FRANCO CALVO, J. G. (2016). «La intervención arqueológica en el castillo de Peracense (Teruel), campañas de 2015 y 2016». *Saldvie*, 16, 247-259.

HERNANDO, F. (1877). *La campaña carlista. 1872-1876*. Paris.

HERRASTI ERLOGORRI, L., ETXEBERRIA GABILONDO, F. y BERJÓN LOBATO, M. Á. (2012). «Muerte violenta en 1822: una fosa común en Ocio (Zambrana, Álava)». *Munibe. Antropología-Arkeologia*, 63, 345-366.

IBABE ORTIZ, E. (1995). *Cerámica popular vasca*. Fundación Bilbao Bizkaia Kutxa.

JIMENO JURÍO, J. M.ª (1991). «Ermitas de Estella». *Príncipe de Viana*, 193, 187-195.

JIMENO JURÍO, J. M.ª (1998). «Estella/Lizarra. Toponimia». *Fontes Linguae Vasconum*, 77, 133-164.

Jusué Simonena, C., Tabar Sarrias, M.ª I. (1988). «Cerámica medieval navarra. I. Producción no vidriada». *Trabajos de Arqueología Navarra*, 7, 273-318.

Landa, C. G., Montanari, E. G., Romero, F. G., De Rosa, H., Ciarlo, N. C. y Conte, I. C. (2009). «Not all were spears and facones: firearms from Otamendi Fortlet (1858-1869), Buenos Aires Province, Argentina». *Journal of Conflict Archaeology*, 5(1), 183-200.

Landa, C. y Hernández de Lara, O. (2014). «Campos de batallas de América Latina: investigaciones arqueológicas de conflictos bélicos». En C. Landa, y O. Hernández de Lara (eds.), *Sobre campos de batallas. arqueología de conflictos bélicos en América Latina*. Buenos Aires, Aspha, pp. 35-48.

Landa, C. y Hernández de Lara, O. (eds.) (2020). *Arqueología en campos de batalla: América Latina en perspectiva*. Buenos Aires, Aspha.

Larraz Andía, P. (2013). *Abárzuza, 1874. El día en que murió Concha*. Ayuntamiento de Abárzuza.

Larreta, A. (2006). *Arandigoyen a través de los siglos*. Zaragoza, Copy Center.

Leoni, J. B. (2014). «Obsolete muskets, lethal remingtons: Heterogeneity and firepower in weapons of the Frontier War, Argentina, 1869-1877». *Journal of Conflict Archaeology*, 9(2), 93-115.

Llorens, J. (1874). *Memorias de La Guerra Civil*. III. Imprenta de Juan Guix.

López Sellés, T. (1973). «Contribución a un catálogo de ermitas de Navarra». *Cuadernos de Etnología y Etnografía de Navarra*, 14, 169-218.

Madoz, P. (1845). *Diccionario geográfico-estadístico-histórico de España y sus posesiones de ultramar*, II. Establecimiento tipográfico de P. Madoz y L. Sagasti.

Martín Artíguez, R. y Palomar Macián V. (1999). *Las fortificaciones de Segorbe a lo largo de la historia*. Ayuntamiento de Segorbe.

Martín Etxebarria, G. (2017). «Aproximación al estudio de tres fuertes de los conflictos carlistas en el entorno de Bilbao». *Arkeogazte*, 7, 193-220.

Martín Etxebarria, G. (2019). «Defendiendo la "Invicta Villa". Génesis y desarrollo de la "Línea de Bilbao y su ría y Abra" durante la última guerra carlista». *Vasconia. Cuadernos de Historia y Geografía*, 43, 33-73.

MARTIN, S. (2011). «"A soldier intoxicated is far worse than no soldier at all": Intoxication and the American Civil War». *Social History of Alcohol and Drugs*, 25, 66-87.

MARTINENA RUIZ, J. J. (1976). *Historia del tren*. «Navarra. Temas de cultura popular» n.º 260, Pamplona, Diputación Foral de Navarra.

MARTINENA RUIZ, J. J. (1998). *Navarra y el tren*. «Panorama». n.º 25, Pamplona, Gobierno de Navarra.

MARTÍNEZ CARRIÓN, J. M. (1989). «Formación y desarrollo de la industria de conservas vegetales en España, 1850-1935». *Revista de Historia Económica - Journal of Iberian an Latin American Economic History*, 7(3), 619-649.

MARTÍNEZ VELASCO, A. (2008). «Breve introducción a la cartuchería para arqueólogos». *Sautuola*, 14, 383-398.

MARTÍNEZ VELASCO, A. (2011). «Fuerte de Arrontegi». *Arkeoikuska*, 198-201.

MARTÍNEZ VELASCO, A. (2013). «Monte San Cristóbal, en Apellániz». *Arkeoikuska*, 56-60.

MARTÍNEZ VELASCO, A. (2015). «Monte San Bernabé». *Arkeoikuska*, 266-270.

MELCHOR MONTSERRAT, J. M. y BENEDITO NUEZ, J. (1999). «Excavación arqueológica en la muralla de la calle Gaibiel de Castellón de la Plana (La Plana Alta)». *Quaderns de Prehistòria i Arqueologia de Castelló*, 20, 389-392.

MORAIS VALLEJO, E. (2007). «El recinto amurallado de León durante la primera guerra carlista». En Institución Príncipe de Viana (ed.), *Congreso Internacional «Ciudades Amuralladas»*. Gobierno de Navarra, pp. 1-10.

MORAZA BAREA, A. (2013). «Fuerte de Oriamendi». *Arkeoikuska*, 278-283.

MORAZA BAREA, A. (2015a). «Isla de Garraitz-San Nicolás». *Arkeoikuska*, 230-236.

MORAZA BAREA, A. (2015b). «Fortín y ermita de Santa Catalina». *Arkeoikuska*, 249-251.

MORAZA BAREA, A., BUCES CABELLO, J. y GARCÍA DALMAU, M. (2012). «Las fortificaciones de época carlista en Andoain». *Leyçaur: Revista de Estudios Históricos de Andoain*, 12, 9-82.

MORAZA BAREA, A. y GARCÍA DALMAU, M. (2009). «Fuerte de Ametzagaina». *Arkeoikuska*, 377-379.

MORAZA BAREA, A. (2017). «Fuerte de Pagamendi». *Arkeoikuska*, 338-339.

MORAZA BAREA, A. (2018). «Fuerte de Pagamendi». *Arkeoikuska*, 388-389.

MORAZA BAREA, A. y ARRATE JORRIN, J. Á. (2018). «Batalla de Somorrostro. Accesos al Parque Tecnológico de Ezkerraldea/Meatzaldea, en Las Carreras». *Arkeoikuska*, 253-254.

MORENO Y TOVILLAS, S. y ARGÜELLES Y FRERA, M. (1877). *Tratado de fortificación*, I. Imprenta del Memorial de Ingenieros.

MUNERA MARTÍNEZ, J. Á. (2020). «Lezuza en el contexto de las guerras carlistas. La facción del cura de Alcabón fue masacrada en 1874». *Al-Basit: Revista de Estudios Albacetenses*, 65, 113-170.

MURUZÁBAL DEL SOLAR, J. M. (2017). «Una colección de alfarería de Estella». *Terra Stellae*, 8, 52-77.

NAVALÓN MARTÍNEZ, V. y GUIMARAENS IGUAL, G. (2016). «El valor de lo invisible. La fortificación liberal de Requena». *Oleana*, 30, 123-140.

NAVALÓN MARTÍNEZ, V. y GUIMARAENS IGUAL, G. (2018-2020). «Refortificación y destrucción del fuerte de los Ángeles (Chulilla, Valencia) durante la primera guerra carlista». *Arché*, 13-15, 187-196.

OCÁRIZ BASARTE, J. M. y ROLDAN-BERGARATXEA, I. (2014). «El campamento de Montesquinza y sus reductos». *Terra Stellae*, 5, 48-73.

OCETE RUBIO, R. (2009). *Catálogo de armas*. Museo de Artes y Costumbres Populares de Sevilla. Consejería de Cultura.

OLANO, A. (1997). «Prospecciones de la Edad de Hierro: Koroa (Mutriku), Txatxarromendi (Aia), Saberri (Aia), Murgil (Larraul), Kanpusantuko Gaina (Andoain), Atxular (Andoain), Susperregi (Rentería)». *Arkeoikuska*, 160-162.

OLIVARES I PONTI, D. (1997). *La fortificació de la comarca del Bages en temps de les guerres carlines*. Secció d`Estudis del Centre Excursionista de la Comarca de Bages.

OLIVÉ ROIG, S. (1990). *Historia de la telegrafía óptica en España*. Ministerio de Transporte, Turismo y Comunicaciones.

ONA GONZÁLEZ, J. L. (1991a). «Castillo de Peracense: 1988». En J. I. Royo Guillén, y J. L. Acín Fanlo (coords.), en *Arqueología aragonesa* (pp. 273-278). Diputación General de Aragón.

ONA GONZÁLEZ, J. L. (1991b). «Castillo de Peracense: 1989». En J. I. Royo Guillén, y J. L. Acín Fanlo (coord.), *Arqueología aragonesa* (pp. 279-284). Diputación General de Aragón.

ORTIZ DE URBINA MONTOYA, C. (2005). *Vestigios militares de las guerras carlistas en Álava: el «Fuerte» y las torres de Vayagüen,*

El Encinal, y Almoreta en Nanclares de Oca. Diputación Foral de Álava.

PALACIO RAMOS, R. (2008). «Situación del patrimonio fortificado de época moderna en Cantabria». En Federación Acanto (ed.), *Actas de las VII Jornadas de Acanto sobre Patrimonio Cultural y Natural de Cantabria* (pp. 78-83).

PALACIO RAMOS, R. (2011). «La fortificación en Cantabria en el siglo XIX: pervivencias y cambios». *Castillos de España: publicación de la Asociación Española de Amigos de los Castillos,* 161-163, 117-128.

PALACIO RAMOS, R. (2016). «Identificación, contextualización y datación de artefactos de origen militar, 1840-1880». *Sautuola,* 21, 227-237.

PALACIO RAMOS, R. (2017a). «Las fortificaciones liberales en Cantabria durante la tercera guerra carlista». *Cuadernos de Arquitectura y Fortificación,* 4, 133-158.

PALACIO RAMOS, R. (2017b). *La tercera guerra carlista en Cantabria.* Guarnizo, Librucos.

PANDO DESPIERTO, J. (1982). «Monte-Muru, la última batalla». *Historia 16,* 76, 21-36.

PARDO SAN GIL, J. (2000). «La segunda guerra carlista en "El Norte" (1872-1876): Los ejércitos contendientes». *Bilduma,* 14, 359-395.

PARDO SAN GIL, J. (2013). «El ferrocarril carlista». *Bilduma,* 25, 7-55.

PASTOR MUÑOZ, F. J., ADÁN POZA, M.ª J. (2014). «La carga de Somosierra. Un estudio de arqueología del conflicto». *Desperta Ferro: Historia Moderna,* 8, 14-19.

PEARSON, G. S. (2016). *The democratization of food: Tin cans and the growth of the American food processing industry, 1810-1940.* Universidad de Lehigh (tesis de doctorado). https://docplayer.net/57682452-The-democratization-of-food-tin-cans-and-the-growth-of-the-american-food-processing-industry.html

PÉREZ MORATA, J. (2016). *Inicios y desarrollo de la industria conservera en España.* Universidad de Zaragoza (trabajo fin de grado).

PÉREZ OLLO, F. (1983). *Ermitas de Navarra.* Caja de Ahorros de Navarra.

PESCACEN PARDO, J. (1977). «La segunda guerra carlista en Sangüesa». *Zangotzarra,* 1, 181-226.

PIRALA CRIADO, A. (1856-1858). *Historia de la guerra civil y de los partidos liberal y carlista.* I-V, Madrid.

PIRALA CRIADO, A. (1875-1879). *Historia contemporánea. Anales desde 1843 hasta la conclusión de la actual guerra civil*. I-VI. Manuel Tello.

POLLARD, T. (2014). «Prólogo». En C. Landa, y O. Hernández (eds.), *Sobre campos de batallas. arqueología de conflictos bélicos en América Latina* (pp. 17-21). Buenos Aires, Aspha.

POLLARD, T. y BANKS, I. (2005). «Why a Journal of Conflict Archaeology and Why now?». *Journal of Conflict Archaeology*, 1(1), 3-7.

POLO CERDÁ M., GARCÍA -PRÓSPER E., DUARTE MARTÍNEZ F. X., HERNÁNDEZ GARCÍA, F. J. y CRUZ RICO, E. (2011). «Lesiones por bayoneta en la Morella Carlista (s. XIX)». En A. González Martín, O. Cambra Moo, J. Rascón Pérez, M. Campo Martín, M.ª del Mar Robledo Acinas, E. Labajo González, y J. A. Sánchez Sánchez (eds.), *Paleopatología: ciencia multidisciplinar* (pp. 403-418). Sociedad Española de Paleopatología.

QUESADA SANZ, F. (2008). «La "arqueología de los campos de batalla". Notas para una un estado de la cuestión y una guía de investigación». *Saldvie*, 8, 21-35.

QUESADA SANZ, F. (2011). «Reflexiones sobre la historia, situación actual y perspectivas de la arqueología e historia militar antigua en España». En J. Vidal, y B. Antela (eds.), *La guerra en la antigüedad desde el presente* (pp. 41-74). Libros Pórtico.

QUIROS, J. A. (2014). «Castillo de Labastida». *Arkeoikuska*, 83-87.

RAMÍREZ, M. (2017). «Uclés: el acondicionamiento museográfico de un campo de batalla de la guerra de la Independencia». *Boletín del Museo Arqueológico Nacional*, 36, 443-462.

RODRÍGUEZ DE QUIJANO, Á. (1876). *Apuntes para la campaña del Primer Cuerpo del Ejército del Norte en 1874 y 1875*. Imprenta del Memorial de Ingenieros.

RODRÍGUEZ DURÁNTEZ, L. (2008). «El fuerte de Cervera de Pisuerga y su tiempo: escenarios palentinos en la gran guerra carlista». *Publicaciones de la Institución Tello Téllez de Meneses*, 79, 395-420.

RODRÍGUEZ SALÍZ, J. (1986). «Fuerte de San Enrique». *Arkeoikuska*, 53-55.

RODRÍGUEZ SALÍZ, J. (1987). «Fuerte de San Enrique». *Arkeoikuska*, 46.

RODRÍGUEZ TEMIÑO, I. (2012). *Indiana Jones sin futuro. La lucha contra el expolio del patrimonio arqueológico*. JAS Arqueología.

ROLDAN BERGARATXEA, I. (2016). «Arqueología de las guerras carlistas». *DAMA. Documentos de Arqueología y Patrimonio Histórico*, 1, 109-123.

ROLDAN BERGARATXEA, I. (2017). «Sobre la puesta en valor del Fuerte Princesa de Asturias de Villatuerta». *Terra Stellae*, 8, 8-23.

ROLDAN BERGARATXEA, I. Y ESCRIBANO-RUIZ, S. (2015). «Valoración del legado material de varios fuertes del frente de Estella». *Arkeogazte*, 5, 133-149.

ROLDAN BERGARATXEA, I. y ESCRIBANO-RUIZ, S. (2017). «Programa de investigación del patrimonio de las guerras carlistas en Navarra. Primeras intervenciones». *Trabajos de Arqueología Navarra*, 29, 281-289.

ROLDAN BERGARATXEA, I., MARTÍN-ETXEBARRIA, G. y ESCRIBANO-RUIZ, S. (2019). «The archaeology of civil conflit in nineteenth century Spain: material, social and mnemonic consequences of the Carlist Wars». *World Archaeology*, 51(5), 709-723.

ROLDÁN GONZÁLEZ, E. (2005). «La batalla de Abárzuza». *Aportes. Revista de Historia Contemporánea*, 58, 102-113.

ROLDÁN GONZÁLEZ, E. (2009). *Un corresponsal en España: 50 crónicas de la tercera guerra carlista*. Actas, Colección Luis Hernando de Larramendi.

RUBIO CAMPILLO, X. y HERNÁNDEZ CARDONA, F. X. (2012). «La batalla de Talamanca, un combate del siglo XVIII». *Revista Universitaria de Historia Militar*, 1(2), 29-48.

RUIZ DANA, P. (1876). *Estudio sobre la Guerra Civil en el norte, de 1872 a 1876*. Imprenta a cargo de J. J. de las Heras.

SÁEZ GARCÍA, J. A. (2000). *Viejas piedras: fortificaciones guipuzcoanas*. Michelena.

SÁEZ GARCÍA, J. A. (2001). «Fortificaciones liberales en el entorno de San Sebastián en la I guerra carlista». *Boletín Sancho el Sabio*, 14, 11-39.

SÁEZ GARCÍA, J. A. y AGIRRE, G. (2002). *Gotorlekuak Gipuzkoan: XVI-XIX mendeeak*. Bertan. 18. Gipuzkoako Foru Aldundia.

SÁEZ GARCÍA, J. A. (2009). «Las fortificaciones costeras en Gipuzkoa (ss. XVI-XX)». *Itsas Memoria. Revista de Estudios Marítimos del País Vasco*, 6, 113-132.

SÁEZ GARCÍA, J. A. (2014a). *La línea de fortificación Erlaitz-Endarlatsa*. Ingeba.

SÁEZ GARCÍA, J. A. (2014b). *Fortificaciones en el noroeste de Guipuzkoa durante la última guerra carlista*. Ingeba.

SÁNCHEZ GÓMEZ, F. (1991). *El arma de artillería en el reinado de Alfonso XII*. Ministerio de Defensa.

SÁNCHEZ GÓMEZ, F. (2000). *La artillería en las láminas de Govantes de 1887*. Ministerio de Defensa.

SÁNCHEZ PINTO, I. (2009). «Torre del telégrafo (Quintanilla de la Ribera)». *Arkeoikuska*, 133-143.

SÁNCHEZ PINTO, I. (2010). «Torre del telégrafo (Quintanilla de la Ribera)». *Arkeoikuska*, 109-114.

SANCHO MIR, M., AGUSTÍN HERNÁNDEZ, L. y MARTÍN DOMÍNGUEZ, B. (2017). «La fortificación de Teruel durante el siglo XIX: un paisaje efímero». *Arqueología de la Arquitectura*, 14, 1-17.

SAUNDERS, A. (2010). *Trench Warfare. 1850-1950*. Barnsley, Pen & Sword.

SCOTT, D., FOX, R., CONNOR, M. y HARMON, D. (1989). *Archaeological perspectives on the battle of Little Big Horn*. University of Oklahoma.

SCOTT, D. D. y MCFEATERS, A. P. (2011). «The Archaeology of Historic Battlefields: A History and Theoretical Development in Conflict Archaeology». *Journal of Archaeological Research*, 19(1), 103-132.

SEBASTIÁN FABUEL, V. (2005). «La serranía del Turia: sus fortificaciones en la 1.ª y 3.ª guerras carlistas». En Asociación Española de Amigos de los Castillos (ed.), *II Congreso de Castellología Ibérica*. Madrid, pp. 989-1004.

SEGURA, H. (s. f.). *Diario del coronel del 4.º Batallón de Navarra. 1874-1875*.

SOROA Y FERNÁNDEZ DE LA SOMERA, J. M.ª (1898). *Fortificación de campaña y permanente, puentes, minas y castramentación* (4.ª ed.). J. Palacios.

SOTO, S. M. (1879). *Apuntes de fortificación para el oficial en campaña* (3.ª ed.). Imprenta de la viuda de Egaña e hijo.

SUTHERLAND, T. y HOLST, M. R. (2005). *Battlefield Archaeology: A Guide to the Archaeology of Conflict*. 8, BAJR Practical Guide Series.

TODOROV, T. (2000). *Los abusos de la memoria*. (M. Salazar, trad.). Paidós (obra original publicada en 1995).

TORNER DE LA FUENTE, E. (1898). *Fortificación de campaña*. I. Imprenta y Encuadernación Provincial.

TORTELLA, G. y NÚÑEZ, C. E. (2011). *El desarrollo de la España contemporánea. Historia económica de los siglos XIX y XX*. Alianza.

TOURIGNY, E., NEWSTEAD, S., ESCRIBANO-RUIZ, S., NYIRI, B., LLOYD-SMITH, L. y YLIMAUNU, T. (2017). «Global post-medieval/historical archaeology: what's happening around the world?». *Post-Medieval Archaeology*, 51(3), 515-523.

Urcelay Alonso, J. (2005). *El Maestrazgo Carlista. Una visita a los escenarios de las guerras carlistas del siglo XIX*. Antinea.

Urricelqui Pacho, I. (2008). *Recuerdos de una guerra civil. Álbum del bloqueo de Pamplona*. Gobierno de Navarra.

Urteaga, M. (2015). «Fuerte de San Enrique». *Arkeoikuska*, 356-357.

Valero de la Rosa, E. (2015). «Fortificaciones militares en Albacete durante las guerras carlistas». *Al-Basit: Revista de Estudios Albacetenses*, 60, 279-302.

Van der Schriek, J. y Van der Schriek, M. (2014). «Metal detecting: Friend or foe of conflict archaeology? Investigation, preservation and destruction on WWII sites in the Netherlands». *Journal of Community Archaeology & Heritage*, 1(3), 228-244.

Vigón, J. (2014). *Historia de la artillería española*, II. Ministerio de Defensa.

Vila Carabasa, J. M. (1997). *Prospeccions Serrat del Fortí Maurici-Bages*. Generalitat de Catalunya, Direcció General del Patrimoni Cultural. http://hdl.handle.net/10687/24265

Zuazúa Wegener, N., Zuza Astiz, C. y García-Barberena Unzu, M.ª (2016). «Evidencias arqueológicas del bloqueo de Pamplona (1873-1874)». *Trabajos de Arqueología Navarra*, 28, 309-317.

Archivos

Archivo Cartográfico y de Estudios Geográficos del Centro
  Geográfico del Ejército (ACEGCGE)
Archivo Histórico Foral de Bizkaia
Archivo Histórico Municipal de Estella
Archivo Real y General de Navarra
Centro de Documentación del Museo del Carlismo de Estella
Instituto de Historia y Cultura Militar del Ejército de Tierra
  (IHCMET)

Hemeroteca

Consulta de los repositorios web de la Biblioteca Nacional de España y la Fundación Sancho el Fuerte, en relación a los periódicos:

El Cuartel Real
El Estandarte Real
El Globo. Diario Ilustrado
El Imparcial
La Igualdad
La Ilustración Española y Americana

Glosario

Aspillera: Abertura larga y rectangular, estrecha por el exterior y ensanchada por el interior, practicada en una muralla, pared, puerta o en los costados y manparos de un buque para disparar contra el enemigo asomando por ella el cañón de un fusil. Se llama *apaisada* cuando tiene su mayor dimensión en sentido horizontal, e *invertida* cuando la parte ensanchada, que de ordinario está hacia dentro, se pone hacia fuera, como las cañoneras para artillería. (Clairac, I, 1877: 361).

Barbeta: Parapeto o muralla, ordinariamente en los salientes, que no teniendo merlones ni cañoneras está destinado a que tire la artillería ha descubierto convirtiéndose por lo tanto, en el perfil, la altura de apoyo en altura de rodillera, porque la cresta del parapeto llega efectivamente a las rodillas de los sirvientes de la pieza. (Clairac, I, 1877: 440).

Batería: La plataforma en que se sitúan los cañones en una plaza de guerra, campamento, etc. En general toda obra u obras destinadas especialmente a ser guarnecidas por un número, ordinariamente considerable, de piezas de artillería, reunidas y ha cubierto. (Clairac, I, 1877: 477).

Blockhaus: Palabra alemana, compuesta de *block*, tronco, y *haus*, casa. Es una caseta, barrancón o reducto de madera, a prueba de fusil, que se lleva desarmado y se asienta o arma donde conviene. (Clairac, I, 1877: 505).

Cañonera: Tronera o abertura practicada en una muralla o espaldón de batería para que por ella puedan dispararse las bocas de fuego. Están ensanchados por el exterior para facilitar la oblicuidad del tiro. El espacio que hay entre el merlón y merlón para colocar la artillería en batería. (Clairac, I, 1877: 747).

Caponera: Obra de fortificación que consistió primitivamente en una simple estacada con aspilleras o troneras para defender el foso en reductos y fuertes. El origen del nombre debieron ser las jaulas de encerrar y cebar capones. **Caponera *casamatada*:** La que se cubre por la parte superior y en cuyos lados se practican aspilleras o cañoneras. (Clairac, I, 1877: 773).

Casamata: Bóveda construida en alguna parte de la muralla de una plaza con objeto de establecer una batería baja para defender el foso y poner a los soldados a cubierto de los proyectiles huecos, formar hospitales de sangre o almacenes de pólvora o víveres. Reducto o *blockhaus* que sirve para poner ha cubierto la artillería de los efectos del tiro a rebote. (Clairac, I, 1877: 842). Cerrando con un muro de fondo y abriendo cañoneras o aspilleras en la escarpa, se forman unas casamatas que pueden comunicar entre sí por medio de puertas abiertas en los contrafuertes y utilizarse para la defensa del foso y también eventualmente para alojamiento o almacenes (De la llave, 1898: 172).

Contraescarpa: El talud del foso opuesto a la escarpa, o sea el que está del lado exterior o de la campaña. (Clairac, II, 1879: 210).

Enfilar: Dirigir una visual a dos o más objetos desde un punto que está en el mismo plano vertical que ellos. En fortificación: coincidir la trayectoria de los proyectiles de artillería con una fila enemiga, haciendo en ella, como es consiguiente, gran estrago. Los ingenieros acuden a desenfilar, esto es, a remediar la enfilada, ya por la traza o disposición de las obras, cuando es posible, ya por medio de traveses, espaldones, cestonadas o candeleros (Clairac, II, 1879: 711)

Escarpa: La cara del foso de un atrincheramiento que corresponde al lado del parapeto; la opuesta a la contraescarpa. (Clairac, II, 1879: 823).

Flanqueo: Es la acción y efecto de flanquear. Por tanto, flanquear es: procurar por medio del trazado, fuegos que se crucen sobre un saliente, sobre un foso o sobre otro punto importante y destituido de defensa directa o propia (Clairac, III, 1884: 107).

Foso: La excavación profunda y larga practicada en la parte exterior de una obra de fortificación, para dificultar su paso, aumentando la elevación del parapeto o de la muralla y los medios de defensa. Con las tierras que se extraen del foso se construye el parapeto, la banqueta, y aun el glacis, si las hay en bastante cantidad. Sus partes son fondo, escarpa y contraescarpa. Los fosos aquí presentes son secos. (Clairac, III, 1884: 177).

Glacis: En los parapetos, es la tierra dispuesta en larga y suave pendiente o declive. Desde la cresta del camino cubierto o desde el borde de la contraescarpa, hasta confundirse con el terreno o suelo natural, de manera que, aunque el enemigo llegue a la orilla del foso, no deja de estar expuesto a los fuegos del interior de la obra (Clairac, III, 1884: 373-374).

Luneta: Baluarte pequeño y con la precisa condición de no formar sistema, de estar suelto, aislado o destacado. Es obra abierta por la gola en forma de rediente, o ángulo saliente, a cuyas caras se agregan flancos paralelos a la capital próximamente, lo que permite abrir más el ángulo saliente sin que la obra quede expuesta a ser envuelta. Las caras pueden tener hasta 150 metros de longitud. Pero los flancos apenas exceden de 50, pues deben procurarse siempre poca profundidad en la obra para que los defensores estén más resguardados. (Clairac, IV, 1888: 548-549).

Mechinal: Agujero que se deja o hace en las paredes de un edificio o de otra cualquiera fábrica para formar después los andamios, introduciendo en él un puente. (Clairac, V, 1891: 280). En nuestro caso, para introducir las vigas de la techumbre del fuerte San Juan.

Parapeto: Defensa o reparo para resistir al enemigo, bien a campo raso, o bien en las poblaciones; pero más especialmente en terraplén o masa de tierra, ya insista sobre el terreno, ya sobre terraplén arreglado a dimensiones de perfil, que cubre hasta el pecho al que tira desde la banqueta. (Clairac, V, 1891: 634).

Reductos interiores: Llámese así a unas disposiciones cerradas que se construyen en el interior de las obras, cuyo objeto es servir de refugio a la guarnición, en el caso en que el enemigo, por sorpresa o fuerza, llegue a penetrar en la obra principal. Construíanse ordinariamente estas obras de madera, empleandose en este objeto los *blockhaus* (Moreno y Argüelles, 1877: 102-103)

Tambor: En fortificación de campaña, no se puede decir en rigor que es obra, si no *apéndice*, de traza próximamente semicircular y de cualquier material, generalmente mampostería, árboles rollizos, gruesas estacas, con o sin tierra, que se adosa o adapta, especialmente al exterior de puertas y esquinas de edificios, cuando se ponen rápidamente en estado de defensa y con las que se procura cubrir mejor y flanquear con unas cuantas aspilleras. (Almirante, 1869: 1065-1066).

Trinchera: En general toda zanja, no muy grande, abierta en el suelo, cuyas tierras excavadas se amontonan al lado. (Almirante, 1869: 1104).

Trinchera-abrigo: Consistía en cavar una línea tal que entre la profundidad de la misma y el parapeto, sumase una altura de 1.30 m, suficiente para que los soldados en pié pudieran abrir fuego cómodamente y protegidos (De la Llave, 1898: 239)

Notas

1. Fueron necesarias publicaciones como las de Connor y Scott en 1998, publicado en *Historical Archaeology*, para demostrar la utilidad de esta herramienta a la comunidad arqueológica (Scott, 2011: 106).
2. https://www.gla.ac.uk/research/az/battlefieldarchaeology/
3. https://mcaconf.com/
4. http://arqueologiadelconflicto.blogspot.com/
5. Abril de 2021 última consulta bibliográfica.
6. Analizados todos los volúmenes desde su nacimiento en 1983, hasta su último número del 2018 en formato digital. En sus publicaciones se recogen todas las actuaciones arqueológicas efectuadas en CAPV. Por lo que resulta una clara referencia a la hora de matizar cuantas intervenciones se han realizado bajo nuestra cronología de estudio.
7. Revista de difusión de algunos de los trabajos de arqueología realizados anualmente en Navarra. Revisada desde su inicio en 1979 hasta su último número del 2018 publicado en formato digital.
8. Doctor en Historia y miembro del Instituto Geográfico Vasco. Sus líneas de investigación son el patrimonio cultural en general y las fortificaciones en particular. Tiene una extensa bibliografía en publicaciones de fortificaciones, sobre todo centradas en Gipuzkoa.
9. Doctor en Historia por la Universidad de Cantabria con la tesis *Las fortificaciones costeras españolas en los siglos XVII a XIX: el ejemplo de la plaza fuerte de Santoña*. Entre sus líneas de trabajo se encuentran las fortificaciones de época moderna y contemporánea de la cornisa cantábrica y la historia militar.
10. http://mauranus.blogspot.com/2016/05/ramales-y-alrededores-paisaje-despues.html
11. Estudios inéditos. Ambos informes de excavación se encuentran en la Sección de Arqueología del Gobierno de Navarra.
12. Titulada *El Ejército del Centro en la provincia de Castellón. Historia militar y arqueología de los campos de batalla, en la primera guerra carlista, (1833-1840)*, defendida en 2019 por la Universidad de Salamanca.
13. https://mikelatz.blogspot.com/2020/02/la-fosa-de-putxeta-su-contexto-en-las.html?m=1
14. Tesis defendida en 2023 bajo el título *Arqueología del Conflicto Carlista en Bizkaia y Araba*.
15. Les separa una distancia máxima de unos 11km entre los dos más alejados (el fuerte Princesa de Asturias y el campo de batalla de Abárzuza). Estando el fuerte San Juan de Arandigoyen a una distancia media relativa entre ambos.
16. Nombre con que se distingue al collado que une las sierras de Alaiz y del Perdón (Cuerpo de Estado Mayor del Ejército, I, 1883: 27).

17. Conocido también como el Maestrazgo, situado a caballo entre las provincias de Castellón y Teruel (Urcelay, 2005: 9).

18. Luego llamados *Voluntarios de la República* (Pescacen, 1977: 182)

19. Aquí aparecen referencias del fuerte Santa Lucía, en el que el brigadier Montenegro, auxiliado por el capitán Lafuente, realizó obras antes de que los carlistas dispusieran de artillería (Rodríguez De Quijano, 1876: 15); es decir, durante la fase primera de fortificación.

20. El 2 de febrero una de las partidas carlistas incendió las estaciones de Caparroso y Villafranca (Cuerpo de Estado Mayor, II, 1884: 299).

21. Sakana en euskera, se refiere al corredor del río Araquil que se halla situado al noroeste de Navarra, en la frontera con Álava y Gipuzkoa (http:// sakana-mank.eus/es/mank/nor-garen/sakanako-herriak/).

22. I República Española: del 11 de febrero de 1873, hasta el 29 de diciembre de 1874. En este contexto, el ejército liberal pasa a ser llamado ejército republicano.

23. Ya que volvieron a perder tanto en las acciones de las alturas de Sª Bárbara y montes de Guirguillano el 6 de octubre, como en la acción de Montejurra de entre los días 7-9 de noviembre.

24. Sobre la existencia de uno de ellos lo supimos de forma casual gracias a una cuartilla escrita un 10 de agosto de 1875 por el coronel Ricardo Ortega, que hablaba sobre un reconocimiento realizado tres días atrás, un 7 de agosto, sobre las posiciones carlistas de Mendigorría. En el documento podemos leer: «... para ocupar de noche el reducto que tenían construido los carlistas en el sitio de la mula del alto, lo que tuvo lugar sin encontrar un carlista, dejando en él, para cerrar el paso hacia Lerga y San Martín [de Unx], a la sección de caballería de la reina y otra de infantería de forales, con orden al mismo tiempo, de que con los vecinos de San Martín, quedase destruido el reducto y trincheras lo que tuvo lugar» (Archivo Histórico Foral de Bizkaia, AQ01692/043).

25. Decisión tomada en junta un 13 de abril de 1875.

26. Decisión tomada tras un reconocimiento ofensivo realizado un 19 de abril de 1875.

27. Decisión tomada en junta un 7 de abril de 1875.

28. https://bibliotecavirtual.defensa.gob.es/BVMDefensa/es/consulta/resultados_ocr.do?forma=ficha&posicion=240&tipoResultados=BIB&id=10403

29. En el mapa hemos decidido poner dos de ellos como liberales (el fuerte de San Cristóbal y Miravalles), ya que tras la acción de Miravalles-Oricáin pasaron a este bando.

30. Tenemos registrado el ataque del 9 de enero de 1875 (Archivo Histórico Foral de Bizkaia, Q-01701/010), o el del 31 de julio de 1875 (Cuerpo de Estado Mayor del Ejército, VII, 1886: 33).

31. Esta narración forma parte de la descripción geográfico-militar del País Vasco y Navarra que realizó el Cuerpo de Estado Mayor del Ejército como prólogo a la narración de la guerra.

32. Refrendado por el hallazgo de dos castros del Hierro Antiguo Final en el alto de Mauriáin (Villatuerta) y Murugáin (Cirauqui) (Armendáriz, 2008: 601 y 779); y su posterior utilización como parte de la cañada real de trashumancia Tauste a Urbasa-Andía http://www.cañadasdenavarra.org/project/crtua-canada-real-de-tauste-a-urbasa-andia/).

33. Manuscrito extraído del Archivo Histórico Foral de Bizkaia. Signatura AQ01701/009. Ejército Carlista, Carpeta 17, legajo 3.

34. Archivo Histórico Foral de Bizkaia, AQ01656/041.

35. En referencia a las conversaciones con los mayores de Oteiza.

36. Dicho trabajo se ha realizado partiendo de los datos que obtuvimos para la elaboración del segundo apartado del libro, por el que recogimos información detallada pueblo por pueblo de las diversas construcciones que se realizaron durante la guerra.

37. Es un pueblo catalán con una gran tradición en la producción de ollas y cazuelas. A partir de mediados finales del siglo XVIII, la distribución de estas cerámicas no sólo se localizan en toda Cataluña, sino que llegaron incluso a América (Coll, 1971: 228-229).

38. Por poner un ejemplo, durante la campaña de excavación de la ciudad universitaria de Madrid del 2017, se documentó un porcentaje elevado de fragmentos relacionados con la ingesta de alcohol (González-Ruibal, 2017: 25-26).

39. En 1860 Luis Pasteur demostró la existencia de microorganismos en los alimentos y en 1874 Shriver patentó la esterilización a vapor y presión (Pérez, 2016: 10; Martínez Carrión, 1989: 621).

40. Ya que estas industrias se hallaban en territorio de la unión, principalmente en la costa este (Pearson, 2016: 41).

41. Las fuentes relacionan su invención con el bloqueo carlista que sufrió Bilbao en 1835, en plena primera guerra carlista (https://laroussecocina.mx/nota/bacalao-a-la-vizcaina-un-platillo-de-raices-espanolas-3/)

42. A pesar de que no está del todo claro, creemos que el ejército liberal se refirió al fuerte de Apalaz como de León, según la siguiente información: ... *la artillería de los fuertes de San Juan, Arandigoyen, Monte Muru, León, San Millán y otros, que se encontraba abandonada en el barranco de Iranzu...* (Cuerpo del Estado Mayor del Ejército, VII, 1886: 482).

43. Quedaría para otro estudio la relación de los nombres de fortificaciones de estas guerras, con santos de las inmediaciones y ver qué casuísticas guardan, como si creían que adoptando el nombre les protegerían, etc.

44. Básicamente lo fundamentamos en la extensa bibliografía y planos analizados para el estudio del apartado siguiente sobre la batalla de Abárzuza, en la que no hallamos evidencias de la existencia de este fuerte.

45. Archivo Municipal de Estella, caja 121: *1873-1876. Memoriales y expedientes de guerra carlista*, sección: *Estados 1876.*

46. Archivo Municipal de Estella, caja 121: *1873-1876. Memoriales y expedientes de guerra carlista*, sección: *Estados 1876.*

47. En el Archivo Real y General de Navarra no quedan indicios de que se realizase tal subasta. De modo que de ser verdad, únicamente quedarían referencias en el archivo del Valle de Yerri, o en el Archivo Histórico Foral de Bizkaia.

48. Archivo Real y General de Navarra, ACTAS_DFN.L.429, sesión del 20 de marzo de 1876.

49. Archivo Real y General de Navarra, caja 20273/7

50. LIDAR es el acrónimo del inglés Light Detection and Ranging o Laser Imaging Detection and Ranging. Estas imágenes, creadas a partir de una nube de puntos del terreno mediante un escáner láser aerotransportado (ALS), son capaces de crear modelos digitales de la elevación del terreno, eliminando la cubierta forestal. Por lo que todo resto arqueológico que mínimamente se intuya en el terreno, debería poder visualizarse (Roldan Bergaratxea, 2016: 118-119).

51. https://fototeca.cnig.es/help_es.pdf

52. Tanto en mi trabajo fin de grado (2014), como en mi trabajo fin de máster (2015).

53. Avala la hipótesis de un techo horizontal la acuarela del interior del fuerte, al igual que las vigas de madera dispuestas con esa orientación halladas en la unidad extratigráfica (UE) 2005 durante el proceso de excavación.

54. Esto explicaría los grandes depósitos de tierra que hallamos al excavar el sondeo, sobre todo la UE 2059 (el más grande), en donde documentamos el techo de madera carbonizado a causa de un incendio, entremezclado con todo ese sedimento.

55. https://web.archive.org/web/20110901085113/http://www.tourismecreil. fr/lafaience.html

56. Pudiendo continuar en 2012 en territorio cántabro, mediante un proyecto financiado por la Dirección General de Cultura del Gobierno de Cantabria, en base a un control de obras del gaseoducto Bilbao-Treto. En él se presentó un proyecto específico para el estudio de este patrimonio en particular.

57. Del 29/12/1873 hasta el 02/05/1874 (http://www.bilbaopedia.info/sitio-bilbao-1874)

58. 27 batallones (Cuerpo de Estado Mayor del Ejército, V, 1885: 120); 30 batallones (Gimenez, 1876: 32); 28 batallones (Roldán-González, 2005: 108).

59. Batalla de Estella o Monte-Muru conocida así por los liberales y llamada de Abárzuza por los carlistas (Brea, 1897: 193).

60. Según De la Vega (De la Vega et al, 1874: 120). Pero según el cuerpo de estado mayor del ejército, fueron 40 piezas de artillería (Cuerpo de Estado Mayor del Ejército, V, 1885: 143).

61. Su jefe de brigada fue el brigadier de infantería Ramón Blanco. La brigada se compuso de seis batallones, de los cuales en el enfrentamiento

de Monte Muru participaron cuatro: el batallón Cazadores de Barbastro nº4, el batallón Cazadores de Ciudad Rodrigo nº9, el batallón Cazadores de Alcolea nº22; y el batallón Cazadores de Estella nº21. Los batallones cazadores de Puerto Rico nº 27 (nº 19) y el de Las Navas nº 14, se encontraban en el teatro de operaciones, pero sus cometidos se destinaron a la protección de la intendencia (Cuerpo de Estado Mayor del Ejército, V, 1885: 17).

62. No existe ninguna ermita de San Pedro de Muru. En el lugar tan solo tenemos la ermita de Santa Bárbara. Que al estar más cerca del actual despoblado de Muru, se pensaría que pertenecería a dicho caserío. Según el cuerpo de estado mayor del ejército, los batallones de Ciudad Rodrigo y Alcolea se debieron dirigir a la derecha de la ermita, dejando en la izquierda el batallón de Barbastro (Cuerpo de Estado Mayor del Ejército, V, 1885: 144).

63. Estudio realizado por Pablo Larráz sobre el teniente coronel Simón Montoya, a través del Fondo Pirala (09/06881) en la Real Academia de la Historia

64. Puede que se refiera al batallón 1º de Aragón y al batallón de Durango. Este último llegó precisamente este último día, y seguramente ante la escasez de efectivos, lo enviaran directo a proteger las inmediaciones del pueblo de Eraul.

65. Luchó en la primera guerra carlista y en la segunda mandó una partida. Ascendido a comandante en 1872 y a teniente coronel en 1874. Mandó el 4º batallón de Álava, muriendo de sus heridas en la batalla de Abárzuza (Roldán-González, 2009: 190).

66. Los puestos de socorro más cercanos se hallaban en la propia ermita de Santa Bárbara de Abárzuza y en los sótanos de la iglesia de Monte Muru (Larraz, 2013: 80).

67. Actualmente de esta quedan algunas piedras y restos de tejas, a la izquierda de la carretera que asciende de Abárzuza en dirección a Monte Muru. El vivero de Chopos se encontraba junto al arroyo, a su derecha, según fotos de inicios del siglo XX (Larraz, 2013: 81).

68. Supuestamente por una bala de fusil procedente de las trincheras de Murugarren, que se descubrían sobre el flanco izquierdo. Aunque también están aquellos que dicen que la bala procedió del 3º o el 8º batallón de Navarra (Pirala, V, 1878: 362). En Eraul, se dice que vieron matarlo sus propios hombres, según testimonio oral recogido en 2016 a José María Lander, vecino de 82 años de edad. Según aquel, se recuerda en el pueblo, que fueron los propios hombres de Concha los que lo mataron, al ver que en cada nueva subida a las trincheras carlistas eran masacrados una y otra vez. Ante el miedo de un nuevo ataque, dice que fue asesinado y más tarde culpado a los carlistas por haberlo matado. Esta historia pasó de abuelos a padres y de estos a la memoria de este vecino de Eraul.

69. Es el fuerte de Iguste, en la sierra de Guirguillano. Es un fuerte pentagonal con un radio de 30 m (UTM: X 590175, Y 4728376).

NOTAS

70. Dentro de los datos que acompañamos en los siguientes diagramas, encontraremos en la columna de la derecha entre paréntesis, el número total de elementos adscritos a ese campo en particular.

71. Estos pequeños elementos fueron concebidos para las armas de percusión, surgidas a principios del siglo XIX. Colocadas sobre la boquilla del fogón, al ser golpeadas por el martillo de la cápsula, la mezcla de fulminante detonaba, proyectando una llamarada caliente en el oído y luego en la pólvora de la carga, lo que producía la salida del proyectil. A mediados de siglo y con la llegada de la munición de retrocarga, las cápsulas pasaron a incorporarse a la base de los cartuchos. Los componentes de las mezclas habituales usadas en la composición del fulminante eran entre otros, el clorato de potasio o el fulminato de mercurio (De Lossada, 1903: 13).

72. http://www.municion.org/altres/14_5x41R.htm

73. En la denominación comercial, .50-70 hace mención al calibre .50 (12,7 mm), por un lado; y por otro lado, 70, a la carga propulsora de 4,5 g de pólvora negra (70 granos). https://municion.org/50-70/50-70Fa.htm

74. http://www.municion.org/50-70/50-70Fa.htm

75. En Latinoamérica también es la munición que con más frecuencia aparece en los campos de batalla de esta misma cronología (Landa y Odlanyer, 2020).

76. Hemos optado por meter en este grupo, tanto a fragmentos de granada que por su deformación no hemos sabido identificarlos, como a fragmentos compactos, como son fondos y cabezas de granada. Ya que la forma de estos últimos, no responde a ningún tipo en concreto, pudiendo ser tanto de granadas de envuelta pesada, como ligeras, por poner un ejemplo.

77. Autor del proyecto de la prospección del campo de batalla de Somorrostro (Arrate, 2014).

78. Este último apartado es un desarrollo de uno de los apartados expuestos en una de nuestras publicaciones (Roldan Bergaratxea et al, 2019)

79. https://hoyodemanzanares.fandom.com/es/wiki/La_torre_del_Estepar_y_la_telegraf%C3%ADa_%C3%B3ptica

80. Según los cálculos realizados de la suma de fusiles introducidos al inicio de la guerra, es decir, entre 1873 y 1874, ascendían a 28.695 fusiles, logrados tras realizar seis desembarcos frente a las costas vascas (Roldán-González, 2009: 259).

81. Tanto en Éibar, como en La Euskalduna de Placencia, o en La Azpeitiana de Azpeitia. Estas fábricas de producción de armas para el gobierno fueron ocupadas por los carlistas durante la guerra (De Aguinaga, 2019: Intro).

82. Aquí no hay que confundir el sistema Berdan empleado por el ejército español a partir de 1867 en sustitución de sus antiguas carabinas y los fusiles del sistema Berdan reformado o Springfield americanos. Ambos comparten diferentes tipos de cartuchos. Para más información consultar las páginas 310-311 y la entrada al blog: http://mikelatz.blogspot.com/2014/09/springfield-mod-1866-el-rifle-de-la.html

83. La Diputación de Navarra a partir del verano de 1874 (Alcalá, 2004: 55)

84. http://mikelatz.blogspot.com/2020/04/fusiles-wanzl-y-canones-krupp-de-la.html

85. http://mikelatz.blogspot.com/2020/04/fusiles-wanzl-y-canones-krupp-de-la.html

86. La cadencia de disparo se incrementó de entre uno y dos disparos desde un mosquetón de chispa, a los nueve por minuto del fusil de retrocarga Remington (Palacio, 2017b: 88)

87. Hasta 1859, todos los ejércitos europeos llevaban en sus baterías cañones lisos de bronce de avancarga y algún que otro de hierro de las mismas características (Sánchez Gómez, 1991: 100).

88. http://mikelatz.blogspot.com/2016/08/armamento-carlista-el-canon-whitworth.html

89. Aquí podemos destacar los fuertes navarros del alto de Iguste en Garísoain (UTM: X: 590179, Y: 4728367) y el fuerte del alto de Armiñagain en Zabaldika (UTM: X: 614622, Y:4745654)

90. Siempre que consideremos que la cerámica adquirida sea del contexto de la guerra y no anterior.

91. https://www.turismo.navarra.es/esp/profesionales/notas-prensa/Nuevos-servicios-turisticos/20090820+Ruta+carlismo.htm (visitado el 08/04/2021)